纪录小康工程

河南省驻村第一书记志

HENAN SHENG ZHUCUN DI-YI SHUJI ZHI

本书编写组

河南人民出版社

图书在版编目(CIP)数据

河南省驻村第一书记志 / 本书编写组编. —郑州 :
河南人民出版社, 2022. 10
(纪录小康工程)
ISBN 978-7-215-13195-8

Ⅰ. ①河… Ⅱ. ①本… Ⅲ. ①中国共产党-基层干部-先进事迹-河南 Ⅳ. ①D263

中国版本图书馆 CIP 数据核字(2022)第 158838 号

河南人民出版社 出版发行
(地址:郑州市郑东新区祥盛街 27 号 邮政编码:450016 电话:65788077)
新华书店经销 河南新华印刷集团有限公司印刷
开本 710 毫米×1000 毫米 1/16 印张 30.25
字数 340 千字
2022 年 10 月第 1 版 2022 年 10 月第 1 次印刷

定价: 108.00 元

目　录

朱亚玲，女，汉族，1974年12月出生，河南沁阳人，1998年7月参加工作，2007年7月入党，郑州大学本科学历，历史学硕士。现任河南省委办公厅档案监督管理处处长。2015年8月至2018年2月任巩义市夹津口镇韵沟村第一书记。驻村以来，发展党员4名、预备党员4名；争取资金1600万元，累计修路13公里，建水坝4座，绿化道路2公里，铺设引水管8.8公里，安装健身器材20件，雨季造林1000亩，安装路灯150盏，新建广场3000平方米、游园1座、1000平方米民宿酒店1座、300平方米农产品交易展示中心1座。韵沟村被评为全国休闲农业与乡村旅游示范点、全国生态文化村。驻村期间，朱亚玲连续3年考核优秀，记三等功一次，先后获河南省五一劳动奖章、郑州市优秀驻村第一书记、河南省脱贫攻坚奖创新奖、河南省三八红旗手等荣誉。

脚下沾有多少泥土，心中沉淀多少真情

韵沟村位于巩义南部深山区，距离巩义市区25公里，海拔800米，地域面积8平方公里，属省级贫困村。韵沟村现有12个村民小组，430户1600人；党员35名；建档立卡贫困户25户88人。

2015年8月至2018年2月，朱亚玲在巩义市夹津口镇韵沟村任驻村第一书记。她创新发展模式，勇于开拓实践，聚焦脱贫攻坚，改革方式方法，走出一条党员拥护、干部满意、群众受益的扶贫攻坚新路子。两年半的时间，韵沟村发展党员 4 名、预备党员 4 名，争取项目 17 项，累计投入资金 1600 余万元。通过大力实施美丽乡村、整村推进、饮水工程、灌溉工程、绿化工程、亮化工程、道路工程、扶贫互助中心等基础设施建设，韵沟村的路、水、电、文化广场等群众密切关注的问题都得到了解决。累计修路 13 公里，建水坝 4 座，绿化道路 2 公里，铺设引水管 8.8 公里，安装健身器材 20 件，新建广场 3000 平方米，雨季造林 1000 亩，安装路灯 150 盏，建风车游园 1 座，民宿酒店 1 座，包含冷库、烘干线、真空包装线的韵沟村农产品交易展示中心 1 座。开发产业扶贫项目——韵沟高山玉米糁，实现销售收入 20 多万元。带领全村党员开辟旅游线路十多条，组织开展乡村旅游的"破冰之旅"，举办了"帐篷节"、篝火晚会等旅游活动。越来越多的游客走进大山，领略、传播韵沟深山风光。络绎不绝的游客把成千上万张韵沟村的美景照片传播到大山之外。

韵沟村先后获得了"全国休闲农业与乡村旅游示范点""全国生态文化村"等荣誉称号，获得巩义市"五好党支部"、夹津口镇奋进杯金奖、夹津口镇产业结构调整一等奖、夹津口镇脱贫攻坚一等奖等多项荣誉。2016 年 12 月 13 日，时任省委副书记邓凯带队到韵沟村调研了解精准扶贫的做法并看望慰问贫困户，《中国档案报》、河南广播电视台《新闻联播》、民生频道、新农村频道、《河南日报》、《河南日报（农村版）》、《东方今报》、河南广播电台经济广播、河南广播电台农村广播、巩义电视台、巩义广播电台、巩义时讯等多家媒体对韵沟村的脱贫攻坚工作深入报道近百次。

加强团结、融洽氛围，有效提升村“两委”核心意识、大局意识

朱亚玲主动加强与村“两委”班子成员之间的思想沟通和情感交流，一方面，谈工作、谈发展、拉家常、叙情谊，在短时间内得到村“两委”成员的认可和接纳，团结和谐的工作局面迅速被打开；另一方面，自觉当好“领头人”，引导村“两委”加强团结，振奋精神，形成“齐心协力谋发展，创先争优出亮点”的良好氛围，切实把抓党建、促脱贫、建设美丽新韵沟作为韵沟村开展各项工作的总目标和着力点。

挖掘“韵沟精神”，增强村党组织的凝聚力、战斗力、向心力

“胜利洞”是到达韵沟村必经的咽喉要道，是韵沟村老支书李文周带领全村人民在物资极端匮乏的20世纪70年代历时两年修建而成的。在全体党员大会上，朱亚玲邀请李文周老支书讲打通“胜利洞”的故事。老支书讲到当年艰苦岁月中，韵沟村党员当先锋、全村齐上阵，用“原始社会的方法干成了社会主义的事业”时，韵沟村全体党员都经受了一次灵魂的洗礼，党员的模范性、先锋性得到唤醒和重塑。

一是党员组织纪律性全面增强。之前韵沟村党员活动每年开

展两次。朱亚玲到韵沟之后，2016 年召开党员大会和党员活动 17 次，2017 年召开党员大会和党员活动 22 次。二是在韵沟村尝试开展“乡村旅游”中，党员积极性、主动性全面提升。全村党员利用节假日自发自觉自带工具回村修整旅游线路，当年翻山越岭的“羊肠小路”“放牧小路”“生产小路”，被轮番休整，恢复了十来条旅游路线。2016 年春夏两季韵沟“乡村游”实现了“破冰之旅”，举办了韵沟村第一届“户外节”“帐篷节”，篝火晚会红透韵沟天空，十里八乡群众赶到韵沟与“驴友”们共享音乐盛宴。三是严格执行党员积分管理，组织党员参加“党员奉献岗”活动。党员围绕人居环境整治、环境卫生治理等工作，自觉履行党员奉献岗任务，积极为韵沟面貌改善添砖加瓦。四是热心公共事务。韵沟村“两委”组织到栾川县、渑池县学习“美丽乡村建设”“一村一品”“基层党建”，党员积极参加、认真学习、勤于思考、主动交流。五是加强党性教育。向全体党员推荐了省委组织部“河南两学一做”、省纪委“清风中原”微信公众号，让全体党员在第一时间了解河南省的主要任务和重大举措。韵沟村党员在党性教育、公共事务、旅游实践中得到了锻炼成长。

问题导向、聚焦重点，完善脱贫攻坚工作机制，注重压实脱贫攻坚责任

一手抓贫困户精准帮扶、持续提升，一手抓村级三产融合、转型升级。一是认真落实扶贫脱贫政策，形成政策保障、思想提升、劳动光荣的脱贫攻坚工作氛围。二是建立村“两委”成员与建档立

卡贫困户的“一拖三”联户责任制。三是动员全村党员，建立党员联系贫困户机制。四是持续加大产业扶持力度。扩大土地流转面积，种植适应高寒地区的中药材，打造韵沟村的“百草园”。

多方谋划、产业升级，加强美丽乡村建设，提升乡村旅游品质

一是做好韵沟村旅游事业发展规划，打造重点、分片实施，联动发展、融合推进。二是加大土特产的规范生产和销售。旅游产品要求有鲜明的地域特色，包装具有典型的古风民韵。韵沟计划因地制宜开发旅游纪念品，体现“韵沟高山无污染”特点。三是提升乡村游体验的参与度和趣味性。设置游客自行采摘、垂钓、烹饪、劳动等旅游环节，体验豫西民俗风情，品农家饭、住石窑洞，通过全程参与体验农家生产、生活过程，陶冶身心、亲近自然、返璞归真。

加强以地理标志为特征的品牌建设

朱亚玲围绕产地做文章，持续加大韵沟农产品的品牌建设和推广销售，韵沟高山玉米糁迅速走红，打开市场。河南电视台《小莉帮忙》栏目组到韵沟村拍摄玉米糁生长、收购、加工、运输全过程，一年时间在电视上陆续播出 30 多期，得到广大市民的认可与喜爱。创造出 10 分钟销售 1000 斤、半个小时销售 1 万斤、两个小时销售

3 万斤的历史纪录。2018 年 2 月 7 日，经过《小莉帮忙》节目两天的预告预热，2 万斤预包装玉米糁在郑州世纪联华八个店（碧波园店、天旺店、锦艺店、经三路店、长江路店、橄榄城店、汝河路店、冉屯路店）同时销售。

朱亚玲在韵沟村担任第一书记期间，积极作为、勇于担当，奋力带领群众树立信心、改变面貌，从事关群众切身利益的每一件小事做起，从每一户贫困户帮起，凡事走在前、作表率，通过抓党建、聚合力、促发展、筑和谐，引导乡村旅游产业在韵沟落地生根，成长开花。让群众看到变化、享到实惠，得到了韵沟村干部群众的广泛认可。

兰永杰，男，汉族，1974年2月出生，河南通许人，1995年参加工作，1995年5月入党，西北大学研究生学历，工商管理硕士。现任焦作河务局纪检组组长、党组成员兼监察室主任。2017年11月至2021年1月，任黄河水利委员会驻郑州市中牟县小王庄村第一书记。帮扶期间，带领小王庄村村民发展草莓种植脱贫致富，开办农民夜校，开展乡贤文化建设，推广“枫桥经验”，实施“街长制”等。2020年，小王庄村被河南省评为“省级卫生村”。2018年，兰永杰荣获河南省脱贫攻坚创新奖。

心系群众福祉，铺就脱贫致富路

兰永杰同志是黄河水利委员会派驻中牟县小王庄村第一书记。自2017年11月驻村以来，他牢记组织重托，心系群众福祉，融入群众，引导所驻村党员干部抓党建、提治理、转观念，努力铺就脱贫致富路，群众收入快速提高，村产业发展模式被中牟县党委政府命名为“小王庄模式”推广。

党建引领，志智双扶，提升乡村治理水平

小王庄村不大，人不多，但兰永杰 2017 年入村伊始就被群众围着反映问题。后经他走访调研，发现小王庄村干群间存在的问题，从表面上看是缺乏有效沟通，群众不信任干部，干部怪群众“不给力”，本质上是党建的缺失，乡村治理的缺失，党员干部没威信，群众没自信。为此，他以党建为引领，就“志智双扶”采取了一系列措施。

首先是在村党员干部中开展“威信”建设活动。在思想上实施“定期洗澡”制度，通过思想政治学习提高认识，通过组织生活会查找并整改个人工作和生活中的偏差，通过民主测评了解群众的满意度，进一步明确自己的努力方向。在工作上，建立了村“两委”干部工作规则，实施周工作例会制度，让村里的各项工作从决策到实施都有规可循。在作风上，开展“党魂”建设活动，通过唱国歌、宣誓等内容丰富、仪式感强的党日活动，不断提醒党员回忆入党初心；通过在村里主干道悬挂每个党员肖像和承诺的宣传板，亮明党员身份，时刻接受群众的监督。

其次是在村务管理中开展“公开”建设活动。一是严格执行“四议两公开”，扩大党员、群众的知情权和参与权；二是定期通过村微信群和微信公众号向群众通报相关工作情况，征求群众意见。

再次是在村民中开展“知识”创建活动。建立小王庄村农民夜校，定期请专家和老师向村民讲授农业种植技术、健康养生知识、孝道文化、法律知识，讲解国家政策。农民夜校为小王庄村村民打

开了一扇学科学、学技术、认识世界的窗子。

一系列措施的实施，使小王庄村的乡村治理水平明显提升。2018 年小王庄村被中牟县委命名为县文明村，2019 年被中牟县评为脱贫攻坚先进村和中牟县乡村旅游示范村，2020 年被选定为中牟县乡村振兴示范村。

精心谋划，扎实推进，夯实群众脱贫致富路

脱贫攻坚，产业经济发展是关键。两年多来，兰永杰带领小王庄村紧紧围绕草莓种植发展产业经济，一步步使小王庄村成了当地闻名的草莓种植专业村。全村 149 户拥有草莓大棚 200 多座，人均年纯收入从 2017 年度的 5000 余元快速提升到 2020 年度的 1.5 万余元。

发展什么产业，是兰永杰入村后面临的首要问题。经过认真的市场调研，他同村"两委"确定了做大做强草莓种植业，适时拉长草莓种植产业链，开展乡村旅游、电子商务、草莓深加工等发展路子。

如何把草莓产业做大，是兰永杰面临的另一个问题。他就从两方面着手：一方面是筹集资金近 700 万元，在小王庄村建设了 55 个高标准产业大棚，产生了很强的示范带动作用；另一方面激发村民内生动力，从田间地头到院里屋内给村民做思想工作，动员村民自筹资金建大棚 100 多座。两项措施的实施，使小王庄村的草莓种植产业迅速发展，至 2020 年年底，全村拥有大棚 240 多个，2020 年度，全村仅草莓种植这一项的收入就近 1000 万元。

如何把草莓产业做强，是兰永杰面临的第三个问题。为此，他和村干部打出了一套"组合拳"：一是建立专业种植合作社，尝试

“合作社 + 农户”发展模式；二是建立“内外脑”技术服务机制，“内脑”为村内部种植技术能手组成的技术服务团，“外脑”为村外部科研机构专家；三是开展绿色品牌和无公害品牌认证，提升农产品质量；四是积极培育草莓销售市场，让村民足不出村就能把草莓销售到全国各地。

着眼未来，认真谋划，努力推动美丽乡村建设

2017 年刚入村不久，面对乡亲们期盼的目光，兰永杰作出承诺——不但要让小王庄村富起来，还要让小王庄村美起来。两年多过去了，小王庄村村容户貌发生了翻天覆地的变化，昔日的脏乱村一跃成为中牟县的明星村——乡村旅游试点村、乡村振兴示范村、河南省人居环境千村示范创建村。

兰永杰深知，美丽乡村建设千头万绪，规划最为关键。他就先从规划着手，协调相关部门先后为小王庄村制订了《乡村旅游发展规划》《乡村振兴发展规划》《乡村绿化建设规划》，为小王庄村成为美丽乡村绘制出了建设发展蓝图。

随后，他不停地奔走于黄委会和县乡党委政府，邀请新闻媒体到村采访宣传，争取社会各界的支持，想方设法推动规划落地实施。在上级领导的支持下，相关部门相继投入 1300 余万元，开展文化广场、党群服务中心、公共厕所、污水处理等 10 项村内基础设施建设项目，使群众生活环境发生了日新月异的变化。村民蒋文静在北京打工了近一年，2020 年 1 月回到村中，竟一时“找不到”自己的家，原来是眼前景象与脑中印象全对不上了。

赵晓红，女，汉族，1970年11月出生，河南获嘉人，1991年12月入党，1993年9月参加工作，河南大学历史学本科学历、郑州大学公共管理硕士。现任中共河南省委编办综合处副处长。2017年11月—2021年2月，被派驻郑州市巩义市小关镇南岭新村任党组织第一书记。驻村以来，她统筹打好脱贫攻坚和乡村振兴组合拳，争取7000多万元资金完善基础设施建设，开办农产品加工厂，实现村集体收入破零并逐年递增，带动贫困户全部脱贫；引进投资15亿元的博物馆集群和云上南岭文旅综合体项目。南岭新村获评全国一村一品示范村、全国森林康养基地试点建设单位、全国生态文化村、国家森林乡村和河南省乡村旅游特色村、郑州市最具发展潜力旅游特色示范村等。中央电视台制作25分钟专题片深度报道该村脱贫攻坚成效。赵晓红先后获全国脱贫攻坚先进个人、河南省社会扶贫先进个人、河南省三八红旗手等荣誉。

在心里种花，笑容就更加灿烂

巩义市小关镇南岭新村位于嵩山北麓深山区，是革命老区、省级贫困村。2017年11月赵晓红主动请缨任驻村第一书记以来，坚持党建引领走在前、“富脑袋”与“富口袋”两手抓，使一朵朵幸福之花遍开山间田头、绽放在党员群众心中。“两三年时间干了过去20多年的事”已成为镇村党员干部的共识。

打造一支永远不走的工作队

自入村起，赵晓红就把抓支部、带支书、带队伍放在了首要位置，不断将党的政治优势、组织优势转化为发展优势。在坚持“三会一课”等制度基础上，创建党员月学习例会、第一书记讲党课、党员微信课堂、党员微信积分管理、贫困户列席党员学习例会等制度，30余次组织外出开展党性教育、学习先进经验，激发干事创业热情。针对村域大、群众居住分散等实际，将全村106名党员就近设立21个党员服务岗，实行党员“五承诺五带头”制度；为3个支部各建一个活动阵地和新时代文明实践站，将党组织的服务平台由村党群服务中心延伸至群众家门口，畅通了服务群众“最后一公里”。三年来，村党总支先后发展入党积极分子4名，选拔3名年轻有为的党员任支部书记，2名常年在外奋斗的年轻人回村成为后备干部，村党总支被评为巩义市“十大先锋党支部”“先进基层党组织”。

精心“绣花”补足精神短板

尽管南岭新村于2015年年底摘掉了省级贫困村的帽子，但经济基础比较薄弱，群众生活还不宽裕，离村有主导产业、户有增收门路的目标还有不小差距，尤其是一些群众的悲观消极和“等靠要”思想更令赵晓红焦心。人心不立咋攻坚？在确保“两不愁三保障”等各项帮扶政策落实落地的同时，赵晓红从“心”开始，在补足精神短板上下足绣花功夫。唤醒荣耻良知。组织贫困户列席党员学习例会，和党员一起听党课，一起感受集体过政治生日、集体面向党旗宣誓的庄严和神圣，一起参加义务劳动，一起开展“学政策、算收入、晒变化、感党恩”系列活动和积分考评，贫困户感慨地说：“听听党课心里亮堂多了，当党员光荣，当贫困户太丢人。”树立学习标兵。加强对勤劳致富典型的挖掘宣传，评选表彰精准脱贫先进个人，用身边事教育身边人。贫困户李文献因创业致富在全市大会上作典型发言，张良敏、张元旺等贫困户获自主创业奖，带动形成了勤劳致富、脱贫光荣的浓厚氛围。夯实脱贫根基。开设“扶贫课堂”，20余次邀请专家来村开展自主创业、特色种养、厨艺服务等实用技能培训，确保每户贫困户都有增收技能。贫困户张廷秀还被推荐为市农业技术特派员。强化帮扶保障。建立“产业+贫困户”利益连接帮扶机制，协调各类经营体安排8名贫困群众就业并拿出资金17万元帮助开展“七改一增”。村绿源杂粮种植专业合作社与贫困户签订农产品种管销“四统一”服务协议，以高于市场15%的价格回收农产品，有效促进了群众增收。拓宽增收门路。想办法打通群众增收“最后一公里”，协调将南岭新村纳入郑州市消费扶贫社会实践活动路线节点，组织村里农产品参加省直机关节日“大礼包”和产品展销会，协调省市单位来村开展消费扶贫，三年来先后帮助群众售卖农产品100多万元。2018年年底全村建档立卡贫困户全部脱贫，2/3以上的家庭主要依靠外出务工和产业稳定自主脱贫。

让绿水青山变成金山银山

南岭新村林茂山青，如何将生态优势变为产业优势、让群众生活更幸福？赵晓红认真研读上级政策、深入开展调查研究、诚恳请教干群专家，出实招、用实劲、求实效。放大生态优势，在乡村旅游上求提升。先后协调引进3000多万元资金，持续完善道路、饮水、网讯等基础设施，建设景观台、特产街、康养步道等旅游设施，发动群众开办近20家农家乐（民宿），村庄迅速跨入郑州市1小时黄金旅游圈，旅游旺季每天游客三四千人，群众的农副特产在家门口就卖上了高价钱。挖掘绿色资源，在集体经济上求突破。整合政策性资金建设农副产品加工厂，每年为村集体增加十多万元固定收入，一举填补了集体经济发展空白。积极发展绿色农业，将小麦、玉米、红豆、核桃等农产品申报为国家绿色食品，注册“云上南岭”线上商标，帮助加工厂拓产延链、提升品质，产品深受顾客喜爱。援引社会资源，在美丽乡村建设上求提质。多方协调引入敬时·山谷博物馆集群、“云上南岭”文旅综合体等重点项目，打造生态康养基地和文化高地；成功申报郑州市美丽乡村精品村项目，连续三年每年至少投入1000万元资金建设美丽乡村。南岭新村初步形成了生态旅游带动农副产品加工、特色种植、餐饮服务等融合发展的产业格局，绿水青山正在变成金山银山。

既要“富口袋”，更要“富脑袋”

办好惠民实事暖人心。开展好“我们的节日”主题活动凝心铸魂，“庆重阳”表彰孝老爱亲模范，百岁老人吃饺子，庆“八一”退伍军人座谈会，“庆丰收”传统体育健身赛……协调建立省委编办图书漂流分站和中原惟美书画院创作基地，60余次协调爱心人士来村里送戏剧、送文化、送医疗、送物资。创新村庄治理促出彩。持续深入开展“南岭是我家·我为南岭添光彩”积分考评工作，对党员突出先锋模范作用发挥、对一般群众突出大局意识奉献精神、对贫困户突出实干增收等的考评，引领全村党员群众爱家爱村、勤劳实干、服务大局、争先出彩。有群众总结说：“积分考评既兑换了生活用品，又改善了村容村貌，真是一根甘蔗两头甜。”弘扬“南岭精神”铸脊梁。白天走转干、夜晚研学思，三年来，赵晓红先后组稿330余篇（其中省级以上105篇），深入挖掘宣传村里一心为公、苦拼实干、敢于吃亏、无私奉献先进典型，凝聚脱贫攻坚力量，激发干事创业热情，村里涌现出郑州市优秀共产党员，巩义市模范退伍军人、最美功勋老兵、最美老人、脱贫先锋等先进典型，强有力地倡树了正气、燃起了希望，前些年，整户迁走的群众陆续回迁。

三年来，在驻村第一书记赵晓红带领下，南岭新村从一个名不见经传的穷山村，一跃成为巩义市明星村、郑州周边网红打卡地，获评全国一村一品示范村、全国森林康养基地试点建设单位、全国生态文化村、国家森林乡村、河南省乡村旅游特色村、郑州市最具发展潜力旅游特色示范村等。群众收入增加了，笑脸多了，村子里热闹起来了，昔日山高地薄、缺水少路的省级贫困村正大踏步走在脱贫致富、乡村振兴的大道上。

王晓楠，女，汉族，1985年4月出生，河南开封人，2005年3月入党，2010年7月参加工作，中南财经政法大学研究生学历、金融学硕士。现任中国证监会稽查总队调查十五处副处长。2017年11月—2021年4月，被派驻开封市兰考县东坝头镇张庄村任党组织第一书记。驻村以来，以“党建+‘三治’融合”优化基层治理，探索“扶贫资金+NGO”项目资金管理模式，协调资金1500万元为村新建小学一所。探索农村金融创新，落地全省首单“期货+保险”“期货+保险+银行”鸡蛋帮扶项目，推动22家张庄村小微企业挂牌四板市场。运用财政金融手段发展旅游、特色种植养殖等多元产业，村集体年收入达到80万元，实现村民就业1100余人，返乡就业创业300余人。王晓楠曾获全国金融五一劳动奖章，被评为全国金融青年服务明星、中国证监会脱贫攻坚先进个人，是脱贫攻坚献礼电影《千顷澄碧的时代》事迹原型之一。

循着焦裕禄书记的足迹继续前进

开封市兰考县东坝头镇张庄村毗邻九曲黄河最后一道弯，是焦裕禄精神发源地，是习近平总书记2014年党的群众路线教育实践活动调研点。全村1008户3221人，2014年人均年收入仅2500元，村集体经济为零，是典型的贫困村。2017年11月，王晓楠在孩子仅一岁多时主动申请驻村扶贫，离开北京优越的工作和生活环境，克服夫妻分居、母子分离等许多困难，三年来扎根基层，紧密团结村“两委”，带领村民发展特色产业、探索农村金融创新、推动民生事业改善、提升乡村社会治理，在资本市场与贫困乡村之间架起桥梁，通过多件惠民实事的落地，筑牢干群信任根基，激活乡村内生发展动力，使建档立卡贫困群众212户816人全部实现脱贫，全村人均年收入提升至1.5万余元，获得“全国文明村镇”“全国乡村旅游重点村”等荣誉。中共中央政治局常委、全国政协主席汪洋等多名领导到村调研，对脱贫攻坚成效表示认可。外国专家政要观摩后，认为张庄村的实践为世界减贫提供了宝贵经验。

因地制宜发展产业，让老百姓切实受益

引入龙头企业，使得200余名村民实现家门口就业。2016年9月，《中国证监会关于发挥资本市场作用服务国家脱贫攻坚战略的意见》发布，鼓励挂牌上市企业支持贫困地区产业发展。受政策影响，2017年，新三板企业奥吉特生物科技股份有限公司迁址张庄村，投资1亿元，以绿色循环方式发展高端食用菌工厂化种植，带动200余名村民家门口就业。王晓楠又以“村企合作”为契机，设计单栋投资30万元、资金回收期2.5年的扶贫“小菇棚”，村民不但能打工，还能投资菇棚成为产业股东，进一步提高收入。与此同时，在食品深加工等上下游产业链上延伸，开发出菇脆片、菇饼干等食品，提高产品附加值。

实施旅游扶贫，旧资源焕发新活力。借助张庄村红色资源及

紧邻黄河的优势发展红色教育培训及旅游业，盘活乡村资源。闲置校舍改建成农村干部培训学校，发展培训经济；空闲院落打造成书屋、戏院、特色民宿及餐饮；鼓励村民发挥手工技艺开发农旅特产，自力更生勤劳致富。动员证券公司、上市公司、龙头企业经常性开展消费扶贫采购活动，有效激发老百姓发展生产的积极性。“张庄布鞋”“玫瑰花醋”等“无中生有”的张庄特产逐渐成为热销的“香饽饽”。

综合运用财政、金融扶贫举措发展壮大集体经济。针对集体经济薄弱的实际，借助证监会、河南省扶贫资金及政策，发展兰考蜜瓜种植、藏红花种植、南美白对虾养殖、采摘果园、红薯醋生产加工等多元产业，实现村集体年收入由零到80余万元的突破。联系上市公司、龙头企业与张庄村“村企合作”，逐步提高可持续发展能力；通过“股份合作”让张庄村产业走出张庄村谋求新发展。2014年以来，张庄村通过发展特色产业实现1100余名村民就业，300余名外出打工人员返乡。

探索农村金融创新，借力资本市场引资引智

兰考县是全国首个普惠金融改革试验区，张庄村就是试验田。王晓楠促成农业银行、农商行等在村建设服务站，腿脚不灵便的村民不出村就能办理业务；探索“党建＋普惠金融＋驻村帮扶”服务模式，利用扶贫工作队熟悉村情的优势，协助银行推荐客户、完善贷款资料等，降低农村金融服务成本、扩大覆盖面。2015年以来，仅农业银行已向村发放贷款4500余万元，有效助推产业发展。针

对鸡蛋价格“过山车”行情，2018年3月、2019年2月，先后协调落地全省首单“期货+保险”“期货+保险+银行”鸡蛋试点项目，为全村养殖户570余吨鸡蛋进行“价格兜底”，仅2019年2月即触发理赔12万元，撬动银行授信200万元，使养殖户面临的价格风险和融资难题同步解决。2019年12月，推动全村22家小微企业在四板市场——中原股权交易中心集中挂牌，迈出村办企业与资本市场对接步伐。2018年4月，由多家上市公司、证券公司出资的乡村智库“兰考焦桐共享经济研究院”在张庄村注册成立，提供可持续的智力、资源支持，并以此为载体将兰考经验向更多贫困地区传播。

注重民生领域投入，探寻解决“相对贫困”方式方法

探索“扶贫资金+NGO”资金项目管理模式，引导顶层下放资金透明高效使用，改善民生，如落地证监会扶贫资金1500万元为村新建义务教育标准化小学一所，过程中证监会负责资金筹措，河南省扶贫基金会负责资金管理，地方政府负责项目建设，发挥各方优势，相互配合、互相监督，共同确保项目落实。新学校已于2020年9月投入使用。与此同时，在村设立奖学金，在证监会系统单位支持下，对每年考上大学的孩子进行奖励，鼓励大家“用知识改变命运”；促成复旦大学等高校、中华少儿艺术促进会等公益组织支持农村儿童综合素质教育；援建多媒体教室、电脑教室等设备设施，以信息化手段共享优质教育资源。协调“中国平安”“嘉和智能”“城发环境”“猛狮科技”等挂牌上市企业在农村医疗、应急消防、污水处理、新能源照明等方面支持援建，弥补农村基础设施、公共服务

短板。为规范社会捐赠物资管理和使用，借鉴资本市场信息公开经验，建立“张庄村扶贫事业发展基金”，依托基金会信息公开平台，让捐赠人的爱心和村资金的使用都在阳光下运行。

“党建+‘三治’融合”，提高组织力、提振精气神

在基层组织建设方面，重党务、更重服务，采取党员积分管理等措施提高党员干部为民办事服务能力和主动性。与此同时，借鉴资本市场经验，聘请律师事务所为村提供法律援助，帮助村民解决工伤赔偿、合同纠纷等问题，提高村民法治意识和能力；搭建文化平台弘扬社会正气，如举办大讲堂、组建艺术团、召开运动会、举办饺子宴等；成立乡贤联谊会，更好地发挥本村能人、土秀才、返乡大学生作用，协助村“两委”在产业发展等方面带头和引领。通过统筹“法治”“德治”“自治”，确保良好乡村秩序的建立和维护。

王晓楠充分发挥第一书记“桥梁”作用　　党和政府联系群众的连心桥、乡村内需与外部资源的链接桥、新理念融入老传统的赋能桥，努力践行焦裕禄“三股劲”，时刻心系百姓冷暖，是村民眼里的好书记、好“楠妮儿”。现在，张庄村村容村貌整洁，干群一心，拼劲儿十足，老百姓安全感、获得感、幸福感提升明显。

2018 年 10 月 30 日改革开放与中国扶贫国际论坛召开前夕，来自全球 100 多个国家的专家、大使专赴张庄村调研，认为张庄村实践为世界减贫提供了宝贵经验。

2019 年 6 月 28 日，“中国共产党的故事——习近平新时代中国特色社会主义思想在河南的实践”专题宣介会在兰考举行，来自

30 多个国家的近 300 名政党领导和代表在考察张庄村时感慨地说，在这里看到了习近平总书记倡导的乡村振兴战略在中国农村的落地生根，看到了中国共产党对普通百姓的人文关怀，看到了中国百姓更加自信。

邓贵斌，男，汉族，1974 年 2 月出生，河南桐柏人，1991 年 10 月入党，大学本科学历。现任河南省劳动能力鉴定中心主任。2017 年 11 月—2021 年 3 月，被派驻开封市尉氏县邢庄乡屈楼村任党组织第一书记。驻村以来，争取资金 1152.1 万元，为派驻村打了深水井，引进了天然气入村工程，为村小学修建了围墙、道路和操场等，投资建设福甬集团屈楼村制衣厂、保鲜冷库等产业项目。屈楼村 2018 年、2019 年被尉氏县委、县政府评为“基层党建红旗村”“文明美丽红旗村”，2020 年被开封市人民政府评为“森林乡村建设优秀村”“农家书屋管理工作先进村”。邓贵斌先后获得 2018 年度开封市优秀驻村第一书记、2019 年度河南省脱贫攻坚奖贡献奖等荣誉。

不忘初心扶贫路，矢志不渝为乡亲

开封市尉氏县邢庄乡屈楼村位于豫东平原黄泛区，全村有户籍人口 391 户 1898 人，由 4 个自然村组成。屈楼村是全省 38 个艾滋病重点防治村之一，是远近闻名的贫困村，2017 年前全村有建档立卡贫困户 57 户 231 人，村民人均纯收入 3500 元，村集体经济空白。2017 年 11 月，在河南省人社厅机关工作的邓贵斌主动请缨，来到屈楼村担任驻村第一书记。驻村期间，他牢记组织重托，把派驻村当家建，把驻村工作当事业干，把困难群众当亲人，用脚步丈量着黄土地，奔走在脱贫攻坚道路上，用辛勤的汗水和无私奉献诠释着初心使命，带领屈楼村百姓把昔日落后的穷村、病村变成如今美丽和谐的先进村、示范村。

坚持抓班子带队伍，夯实发展根基

初到屈楼村的邓贵斌没有豪言壮语，军人出身的他更注重执行力。为改变村党组织和党员之前的形象，他脱下皮鞋换上布鞋，脱下西装换成迷彩服，带领村干部走街串巷，深入田间地头，一家一户调研走访，短短一个多月，他走遍了屈楼村 4 个村民小组的沟沟坎坎，走访了全村所有患大病户、贫困户和党员户，把屈楼村的村情民意摸清吃透。村班子服务能力弱，干群关系不和谐，是摆在他面前首先要解决的问题。在充分调研走访、争取各方支持的基础上，他与村干部一起研究确立了“以乡村振兴为主线，以精准扶贫、和谐稳定为重点，实施基层党建领航工程、基础设施筑基工程、产业发展振兴工程”的发展思路，把基层组织建设摆在首位，作为硬指标硬任务来抓。

从前的屈楼村“两委”班子只有 4 个人，平均年龄 67 岁，没有人会用电脑，很多工作无法正常开展。邓贵斌抓住村“两委”换届的机会，积极拜访老党员和村民，推选 4 名年轻人加入村班子，并选举一位“能人”为村支部书记，按照要求一次性配齐班子，使“两委”班子结构得到优化，精神面貌焕然一新。

他认真落实村干部值班、上班签到等制度，确保群众随时来村委办事有人接待。他严格推行“四议两公开”工作法，凡是涉及村里的重大事项，都必须开会研究，充分赢得群众的信任和支持。他在全村开展“佩戴党徽亮身份”“共产党员户挂牌”等活动，强化党员身份认同，引导党员发挥先锋模范作用，让党员干部成为群众有困难时想得起、找得到、靠得住的力量，让村委成为党旗高高飘扬的地方。

坚持打基础惠民生，建设美丽乡村

驻村以来，邓贵斌从群众反映最多的水、电、路、灯、气等问题入手，围绕村庄薄弱环节，多方争取支持，全力做好补短板惠民生各项工作，推动美丽乡村建设上台阶、见成效。

他筹措资金30万元实施“明亮工程”，安装太阳能路灯120盏，实现太阳能路灯全村覆盖。他协调安全饮水工程项目资金80万元，为屈楼村重新打了一眼500米的深水井，让村民吃上放心干净的自来水。他协调社会资金60万元，成功引进天然气入村工程项目，使屈楼村成为周边十里八乡第一个用上天然气的村庄。

在惠民生方面，他争取爱心企业支持，协调经费5.6万元为部分不符合危房改造条件的贫困户修缮房屋，改善生活条件；协调省民政厅为屈楼村捐赠轮椅25辆、拐杖55副、救灾棉被100床；协调郑州市共青团为屈楼村捐赠爱心衣物500件，解决困难群众实际困难，传递党和政府的温暖；协调武警河南总队医院到村开展健康扶贫系列活动，为村民义诊和体检，赠送价值10万余元的医疗设备和常用药品，并建成远程诊疗系统，把健康和温暖送到百姓家中。

坚持谋长远定方向，培育富民产业

过去屈楼村穷，主要是没有主导产业。邓贵斌和村干部分析村里情况后，决定从三方面入手，引导村民增收致富。

他鼓励群众发展高效农作物种植和规模养殖。先后发展大蒜种植500亩、辣椒种植250亩，使每亩地纯收益从2000多元提高到3000元左右。针对屈楼村缺地少水的实际，他引导部分农户养殖黑鸭3万只，养羊300余只，建造养殖棚10座，发展养殖户21户。他还主导成立了专业种植养殖合作社，注册资金200万元，采取“公司+合作社+农户”的模式，为村民提供生产经营信息和技术服务。

他支持村里发展木材加工业。在土地使用、手续审批、信息技术等方面对有志从事板材加工的村民积极给予帮助支持，使屈楼村的木材加工企业发展至15家，带动本村和邻村近100多名贫困人口就业，人均年增收1万元。

他千方百计发展村集体产业。通过多方协调努力，争取开封市财政专项资金50万元，成功引进资金300万元，建成1000平方米的福甬集团屈楼村制衣分厂，吸纳60余名适龄妇女就业。他还协调武警河南总队医院捐赠18万元用于屈楼村保鲜冷库建设，先后共协调投资100万元建成屈楼村500吨保鲜冷库。两个项目每年为村集体带来将近20万元的收入，实现了村集体产业从无到有的突破。

坚持既扶志又扶智，激发脱贫动力

邓贵斌坚持把乡村文明建设作为帮扶工作的重要内容。他组织开展“好婆婆、好媳妇”评比表彰活动、重阳节“孝老爱亲”系列活动，对全村31位80岁以上老人进行走访慰问。组建了屈楼村盘鼓队、秧歌队和广场舞队，定期组织表演和比赛，提振村民精气神。

他把乡风文明建设融入人居环境改善中，以建设“花园屈楼”为目标，争取专项资金249万元，对屈楼村文化广场进行整修，对村内主干道进行绿化、硬化和美化。先后栽种景观树2500余棵，铺设进村主干道路边石3千米，高标准硬化中心街道路300米，建成进村小花园1200平方米，改造沿街公共花园8处，建造户前花园400个，努力营造文明、和谐、美丽的环境氛围，实现从环境美向生活美转变、由外在美向内涵美提升。

扶贫先扶智，教育断穷根。为了让孩子们在良好的环境中接受教育，他多次跑省里有关部门，协调教育事业经费20万元，重新修建了学校的围墙、道路和操场，协调省体育局为学校配备了价值15万元的篮球架、乒乓球案、五人制足球门、健身器材等设施。同时，还协调多所厅属学校为屈楼小学捐赠学习用具和文体器材、开设公益课堂等，并且为学校修建了国防教育、卫生健康宣教室和计算机网络教室。

脚下沾满泥土，心中想着群众。三年多来，邓贵斌全身心投身屈楼村的脱贫攻坚事业，先后争取各类资金1152.1万元，用于基础设施建设和民生改善等项目，使屈楼村的村容村貌和群众的精神面貌发生了巨大变化。屈楼村先后被开封市人民政府评为“森林乡村建设优秀村”“农家书屋管理工作先进村”，被尉氏县委、县政府评为“基层党建红旗村”“文明美丽红旗村”。2019 年 10 月 9 日，时任省委书记王国生专程到屈楼村调研，对屈楼村的脱贫攻坚工作给予充分肯定。

邱晓晨，男，汉族，1972年5月出生，河南焦作人，1994年7月参加工作，2005年6月入党，西安公路学院（现长安大学）本科学历，长沙理工大学工程硕士。现任河南省交通运输厅公路管理局农村公路管理处副处长。2017年11月至今，被派驻开封市兰考县谷营镇曹庄村任党组织第一书记。驻村以来，他引进232万元新建2座标准化厂房和6个塑料大棚，发展加工高端种植产业，三年累计增加集体收入69.5万元；争取道路项目7个，共计15.2公里，总投资2286万元；协调275万元打造美丽曹庄，全村85户贫困群众全部稳定脱贫。邱晓晨获评2020年度河南省社会扶贫先进个人，荣获河南省交通劳动奖章。

脱贫攻坚显担当，乡村振兴再出发

谷营镇曹庄村位于兰考县城北10公里的黄河岸边，是远近闻名的贫困村和基层组织软弱涣散村。2017年11月以来，邱晓晨连续两届担任曹庄村第一书记，在各级党委政府的正确领导和派出单位的大力支持下，认真贯彻落实党的扶贫方针政策和习近平总书记扶贫开发重要战略思想，紧紧围绕第一书记四项基本职责，以党建工作为引领，不忘帮扶初心，牢记使命任务，聚焦重点，解决难点，曹庄村逐步实现了基层组织由弱变强，乡村治理水平逐年稳步提高；集体收入从无到有，产业连年快速发展壮大；村容村貌由乱变美，生态环境日益优化；群众文化生活由匮乏变丰富，乡风文明程度持续改善；村民增收渠道由窄变宽，生活富裕程度稳步提升。曹庄村脱贫攻坚和乡村振兴工作始终走在兰考县前列，先后获得“省级卫生村”、“市级文明村”、兰考县“基层党建红旗村”、“美丽村庄红旗村”、“人居环境改善先进村”和“城乡环境综合提升工作先进村”等荣誉称号。

党建引领，凝聚基层组织力量

作为驻村第一书记，邱晓晨深知首要职责是建强基层组织。只有选好“领头雁”，抓好村“两委”班子建设，带好党员队伍，以党建工作赋能引领，才能推动脱贫攻坚取得显著成效。他积极参加2018年换届选举工作，选优配齐村“两委”班子，初步扭转了组织软弱涣散局面并实现有效运转。为向村“两委”不断输送新鲜血液，先后发展党员1名、入党积极分子2名，培养2名年轻退伍党员为后备干部，确保了2021年换届选举取得圆满成功，进一步增强了基层组织战斗堡垒作用。严格落实“三会一课”制度，认真开展好“5+N固定党日”等党的各项活动。针对农村外出务工党员多的特点，建立党员学习交流微信群，切实强化了党员管理教育，有效增强了党员身份意识。每年积极安排党员干部参加有关部门举办的各类培训班。专门组织党员干部5次30人次到濮阳、新县、新乡等地参加培训学习、接受红色教育、观摩先进典型，其间聆听了李连成、张荣锁等村党支部书记的优秀代表上党课，进一步增强了党员干部的脱贫攻坚责任感和使命感，提升了干事创业综合能力。为充分发挥每个党员的作用，设置党员亮身份专题宣传栏，公布党员岗位、公开服务承诺，接受群众监督。为无职党员设置岗位，实施积分考核管理，并作为年度评选表彰优秀党员的依据，充分调动党员参与村内事务的积极性。

持之以恒，推动扶贫产业发展

邱晓晨始终把发展产业带动就业、转变观念促进产业升级作为带领群众脱贫致富的关键。经过深入实地调研，制订出养殖、加工项目为主,种植结构调整为辅的产业项目发展规划。他为原有超市、养猪场项目入驻企业提供最大支持，并强化监督引导，有效保持两个产业项目正常运转，保证村集体每年 22 万元资产收益稳定按时到位。积极协调引进产业发展资金 232 万元，先后推动 6 个塑料大棚和 2 个标准化厂房项目落地实施，引导贫困户承包大棚种植兰考蜜瓜增收，引进河南贝雅玩具有限公司和河南省曲大姐食品有限公司 2 个优质企业入驻厂房，发展玩具和食品加工产业，年均为集体新增资产收益 9 万元。2020 年村集体收入达到 30 万元，三年累计增加集体收入 69.5 万元。集体产业发展为群众进一步拓宽了就业增收渠道，目前仅玩具加工企业就用工 55 人，带动群众年增收不低于 120 万元，产业带贫社会效益显著。通过采取扶智扶志、协调银行贷款、落实产业奖补政策、实施消费扶贫等措施，充分调动了村民脱贫致富的积极性和主动性，个体产业呈现多元化发展态势。引导村民种植各类果树、绿化树达 20 多亩，“裕禄红”红薯 8 亩，部分果园已进入挂果销售期；大力支持村民发展养殖业，其中兰考盛牧养殖专业合作社肉牛饲养规模经过三年滚动发展，已达百头并实现盈利，群众依靠内生动力稳定脱贫和增收致富的能力不断增强。

落实制度，推动治理水平提升

提升基层治理水平关键在于基础制度落实程度。邱晓晨坚持以身作则，带头落实“四议两公开”、矛盾化解、便民服务和党风政风监督检查四项基础制度，推动基层治理水平不断提升。对涉及项目实施、资金分配等重大事项，带头认真执行“四议两公开”程序，推动基层管理的民主化、法制化、规范化。专门成立矛盾化解小组，积极参与矛盾化解工作，及早发现问题苗头，及时处理矛盾纠纷，为建设和谐稳定的曹庄村发挥了积极的促进作用。始终保持每天有干部在岗值班，带领村干部全心全意开展便民服务，树立了党员干部的良好形象，有效密切了党群、干群关系。充分发挥村务监督委员会作用，邀请委员对重大事项实行全程监督。设置村务公开栏，将群众关注的事项及时进行公开公示，便于群众广泛参与监督。积极配合当地党委、政府实施日常管理和定期巡视，切实加强了对干部的监督检查工作。

凝心聚力，办好各项惠民实事

党的宗旨是为人民服务，驻村干部的初心就是为村民谋幸福。邱晓晨牢牢抓好物质“硬杠杠”和精神“软实力”两方面工作，全方位提升村民的幸福感和获得感。他始终把全面落实扶贫政策作为脱贫攻坚的基础来狠抓落实，确保教育、医疗、危房改造等各项惠民帮扶政策，村民应享尽享，不缺不漏。对脱贫难点户给予重点结对帮扶，协调社会力量形成扶贫合力，同时发挥集体资产收益分配的作用，增加特困群众收入，确保2019年年底实现建档立卡贫困户85户368人全部脱贫的目标。持续完善道路基础设施，积极向派出单位争取2286万元建设曹庄村及周边道路7条共计15.2公里，极大方便了群众生产生活，为产业发展提供了便利的交通条件。统筹谋划美丽曹庄建设，先后争取协调资金275万元，实施村内外道路绿化美化、沟渠水系整治、游园广场建设、美丽庭院打造、村民厕所革命等一系列项目，促进生态环境得到显著改善。持续完善读书阅报和健身活动场所设施，组建娱乐健身队伍，举办节日联欢活动，极大丰富了群众文化生活；定期播放电影、邀请戏剧团下乡演出，传承优秀文化传统；为老人免费健康体检，举办“孝老爱亲”饺子宴，开展关爱留守儿童活动，践行引领好风尚；开展各类评选表彰活动，打造家风家训展示一条街，营造正能量氛围，倡导共树新时代乡风文明。

2021年，乡村振兴的号角已吹响。作为留任的第一书记，邱晓晨决心牢记初心和使命，坚守责任和担当，一如既往地以“抓铁有痕，踏石留印”的干劲与毅力，以“善始善终，善作善成”的信心和勇气，继续在兰考这片大地上谱写出更加华丽的乡村振兴篇章！

安显伟，男，汉族，1978年7月出生，河南开封市禹王台区人，2008年12月参加工作，2010年6月入党，郑州大学本科学历。现任开封市通许县孙营乡南李佐村驻村第一书记兼工作队队长。2016年2月至今，被派驻开封市通许县孙营乡南李佐村任党组织第一书记。驻村以来，他协调流转土地87亩，新建大棚57座，免费发放复合肥10吨；开展消费扶贫，帮助群众销售蔬菜2.6万吨，解决就业70人；成立康复站、万册书屋，创建市级文明村；协调资金207万元用于建设村室、文化广场、修路、安装路灯和村庄绿化等；自筹资金15万元，改善村容村貌。安显伟先后获得开封市脱贫攻坚先进个人、开封市焦裕禄式好干部、开封市五一劳动奖章、全国脱贫攻坚先进个人等荣誉。

耕耘，用最美好的姿态

南李佐村是通许县最边缘的一个村，是通许县、尉氏县、祥符区三县（区）的交界地，素有“鸡叫听三县”之说。由于地理位置偏僻，土质不好不易长庄稼，2012年被国家列为贫困村。安显伟是残疾人就业服务中心的一名职员。2016年2月，他受组织委派，到通许县孙营乡南李佐村参与扶贫工作，从队员到担任第一书记兼扶贫工作队队长。1800多个日日夜夜，他手上的5本扶贫日志，记录了5年来他在脱贫攻坚工作上的点点滴滴，也记录了很多平凡而有温度的故事。

事必躬亲，架通干群“连心桥”

到村的第二天，安显伟就开始走访调研，白天走村入户，晚上梳理户情，走遍了全村建档立卡的贫困户，有的甚至走访不下10次。在扶贫工作进程中，他感到群众心里都有一个问号：你来扶贫是不是“饱汉不知饿汉饥”？是不是光站在“干”地儿上说“大话”？这让他有了新的感触，和群众光有简单的接触还不够，只有真正沉下去，脚跟儿沾满泥土，心窝儿装满群众，和群众说真话、用真情、干真事，才能与群众在共同的脱贫事业中，成为一家人。

“民有所想，他有所应。”5年多的扶贫路上，安显伟和群众结下了深厚的情谊。过年过节，他都会买上一些礼物慰问群众；哪家有人生病住院了，他都会去看望一下；帮因病致贫的困难户申请医疗救助，甚至主动协调联系送他们到市级医院看病……

在最初的走访中，他听到了一个顺口溜：南李佐，路倒数；路不修，车掉沟。由于基础设施建设滞后，村里通往尉氏县界的一条1.5公里的土路，从来没有修过，沟沟壑壑的道路，车子走起来像是在扭秧歌，极大地影响了村子发展和农产品销售。他就想：“这事传成了顺口溜，一定是群众多年的心结。”于是他多方奔走，向“娘家”汇报，向市县交通部门申请，前前后后跑了十几趟，先后申请到交通专项资金175万元，不仅修好了通往尉氏县界的那条道路，还硬化美化了村内、村外的多条道路。当他多次协调晋开集团支援的10吨高效复合肥，通过新修的道路送到村里时，村民们伸出了大拇指说："安书记，真中！"

一条路，打通了他和群众之间的"心路"。这"中"，是群众对他扶贫工作的初步鼓励和认可。但是，一个村的脱贫发展，远远不是一两件事情就能"一蹴而就"的。村里要发展，农民要致富，关键靠支部。作为驻村第一书记，他不仅"强堡垒、夯根基、促发展"，发挥党支部在脱贫攻坚主战场上的主力军作用，还率先发挥脱贫路上带头人的作用，和村"两委"一起"传帮带"。南李佐村长期以来仍保留着传统的耕作方式，要摆脱贫困，必须找到一条适合该村的发展之路。他四处搜集致富信息，有时晚上想到一个点子就睡不着，整夜在网上查资料。看到生姜种植有经济优势，他带领村"两委"班子先后到安徽、山东、河南许昌等地考察生姜种植，与许昌市生姜协会签订种植协议，利用第一书记专项资金 4 万余元购买姜种 5500 斤，在南李佐村扶贫大棚里"试点引领"。种植的 5 棚生姜，第一年便喜获丰收，产销 3 万斤，收益的 5 万余元全部给贫困户分红。

善思善学，铺筑脱贫"致富路"

扶贫大棚让脱贫攻坚看到了新希望。经过多次和村"两委"班子研究论证，在保持原有种植优势的基础上，通过流转土地 80 余亩，先后筹措 77 万元建设 57 座蔬菜大棚，形成了产业扶贫基地。成功带动起 60 户贫困户稳定脱贫，实现贫困户中 40 余人"家门口"务工。他还积极找门路、搭平台，促成了村里的产业扶贫基地振国合作社与山东绿农种业有限公司，签订了西兰花、甜瓜等订单种植项目。

2019 年，由于市场行情突然变化，蜜瓜遭遇了销售难题。眼看着贫困户的蜜瓜卖不出去，他心急如焚地当起了“卖瓜郎”。骑着自行车，顶着火辣辣的太阳，在市区四处联系销路，跑单位、进团体、问摊位，用真情唤起了社会各界助力扶贫的拳拳爱心。当200箱蜜瓜运到开封市第一附属小学门前时，瞬间就被在此等候的教职员工们认购一空。在短短两天时间里，他就为贫困户卖瓜1270多箱，收益12.7万余元。最后一车甜瓜卖出，瓜农们拿到瓜款，大家心里全都乐开了花。

为销售村里种植的2000多亩胡萝卜，他与村干部在网上查找信息，与广州江南胜利批发市场利新菜业有限公司做好对接，促成了每年以每斤高于市场价格5分钱的价格收购贫困户种植的胡萝卜的5年约定，5年来不仅累计销售胡萝卜2.6万余吨，还为贫困户每年提供了清洗分装就业岗位70多个，每人每天收入300元左右，成为可持续发展、让村民做到稳固脱贫的产业。

夙兴夜寐，敲开振兴“小康门”

通过分类识别、精准扶贫、到户到人、精准施策，2018年，南李佐村摆脱了贫困，走上了小康路。贫困户脱贫了，精神风貌也要靓起来。他和村“两委”班子重视脱贫后的精神文明建设，在村民中倡导文明健康的村风民风，开展了“星级文明户”“十星优秀共产党员”“好婆婆”“好媳妇”等评选活动。村文化广场上种植了25棵香樟树，安装健身器材2套24件，成立了农家书屋，修通了从产业扶贫基地至南李佐小学350米的道路，种植215棵樱花树，为南李佐村增添了一道亮丽的风景线。2017年，南李佐村被评为市级文明村。

8 年的脱贫攻坚战，安显伟在南李佐村的扶贫岗位上坚守了 5 年。2018 年冬天，下雪路滑，他在走访贫困户路上摔断了左侧第六根肋骨，村民们把他当亲人，一个个围在身边嘘寒问暖。群众对他的关心支持，就是他能扎根一线、忘我工作的动力源泉。

他常说："为群众办点实事儿，对得起自己的良心和组织的嘱托！"5 年的扶贫岁月，他一步一个脚印，用最美好的姿态去默默耕耘，用自己的实际行动改变了一个贫困村的面貌，终于等到了使命完成的那一刻。而这段经历，也将是他无悔走过的一段宝贵的人生路途。

脱贫攻坚不辱使命，乡村振兴更加光荣。安显伟还将继续奋斗在一线，希冀在以后的乡村振兴路上，看到群众更多的幸福笑脸。

王智，男，汉族，1979年6月出生，山东郓城人，1999年3月入党，2001年7月参加工作，研究生学历、文学硕士。现任洛阳市新安县委副书记、县长。2015年8月—2018年2月，任洛阳市汝阳县刘店镇红里村驻村第一书记。驻村期间，大力开展“领航”“暖心”“奋进”“丰翼”“强基”五项工程，探索出一条“学校＋企业＋农户”的发展道路，成功实现贫困村脱贫摘帽。他以“两学一做”学习教育为契机，制定了党员管理制度，实现党员活动规范化、常态化；争取各类资金1000余万元，用于村小学教学楼、卫生室扩建等工程建设；流转土地500余亩，招引龙须坡公司、瑞晨农业开发有限公司等企业；带领兴建食用菌基地、大棚蔬菜基地和现代化养鸡场，促进村民稳定增收。王智先后获评河南省脱贫攻坚工作先进个人、河南省扶贫青春榜样、2016“最美洛阳人”、洛阳市优秀党务工作者、汝阳县优秀共产党员等。

勇担时代新使命，决胜脱贫攻坚战

红里村地处丘陵，共有15个村民组2600余人。长期以来，红里村山多地少，水源严重短缺，经常出现人畜饮水困难和粮食减产绝收的情况。种植业产量低、成本高，养殖业技术弱、效益差。2015年8月，王智赴洛阳市汝阳县红里村担任省派驻村第一书记。

在脱贫攻坚第一线，王智始终情系红里发展，情牵贫困群众，结合红里实际，大力开展“领航”“暖心”“奋进”“丰翼”“强基”五项工程，为红里村脱贫摘帽作出了巨大努力。

扎下根，深度融入农村基层工作

2015年8月驻村后，王智发现，红里村村民“等靠要”的依赖思想较为严重，历届村干部累积的历史纠纷和多达40余万元的村集体债务问题使部分群众与村委会关系十分紧张，村基层组织的凝聚力、号召力和战斗力明显涣散弱化。

王智始终与村民同吃、同住、同劳动，走访全部5个自然村，与干部群众广泛交流，牢牢把握第一手资料。在工作中，面对部分群众的不理解、谩骂侮辱甚至人身威胁，他积极宣传政策，与村干部密切配合，调解处理村民纠纷数十次。五岁半的女儿突发重病，住院一周仍然高烧40度，岳母刚做完脑部手术卧床不起，王智没有为此请一天假，坚持在村里带领干部开展贫困户入户核查、信息比对和民主评议工作，精准完成省市建档立卡“回头看”工作任务，为扶贫工作的扎实开展奠定了稳固的基础。

带队伍，充分激发农村干部活力

针对红里村干部队伍涣散、党组织弱化等问题，在乡镇党委的大力支持下，王智团结凝聚红里村党员干部，大力开展“领航”工程，使党员干部逐步成为脱贫攻坚的核心力量。

红里村党支部从实际出发，顶住各种压力，先后两次调整村党支部班子，任命新的村支部书记，明确党支部的领导核心地位，树立党组织威信；以“两学一做”学习教育为契机，王智联络河南科技大学为村支部捐赠了260余套党建图书和音像制品，先后为村干部组织了20余次集中政治理论学习，为脱贫攻坚提供政治保证和政治动力；王智指导村支部制定党员管理制度，落实“三会一课”，实现党员活动规范化、常态化，同时把支部建设与脱贫攻坚具体工作有机融合，多次召开会议研究制订符合本村实际的脱贫发展规划，积极申报争取各级扶贫项目资金，真正发挥了党支部政治引领和决策把关作用；村支部先后组织党员干部到先进村镇考察学习，到龙头企业参观取经，到帮扶单位交流沟通，累计有100余人次。村支部招商引资建设食用菌基地，面对迁坟阻力，村支部发动党员成立工作组，连续数周逐户逐人做思想工作，确保了项目如期开工。党员干部在精准识别、土地流转、项目落实等脱贫攻坚各项工作中经受住了考验，发挥了先锋模范作用。

鼓干劲，积极提振村民脱贫信心

针对红里村贫困户普遍缺乏脱贫致富勇气的情况，王智依托帮扶单位广泛动员引导群众，大力开展“奋进”工程，帮助贫困户树立靠努力奋斗摆脱贫困的信心。

王智联络河南科技大学出资1万余元为红里村建立了无线广播站和宣传栏，覆盖全部5个自然村，广泛宣传扶贫政策和项目；为红里村建立了官方微信平台，推送最新的工作动态、致富项目，推广普及种植养殖新技术，让远在千里之外打工的村民也能看到村里的新变化；组织河南科技大学 20 余个二级学院的党员干部同红里村贫困户建立“一对一”帮扶联系，为贫困户量身定制精准脱贫规划，因户施策、多策并举；组织文艺晚会、拔河比赛、露天电影播放、广场舞比赛等村民文化体育活动 10 余次，覆盖群众 1000 余人次，提振了红里村村民的精神面貌和脱贫信心。

谋福祉，大力改善村民生活质量

针对红里村贫困群众生活条件差和村基础设施薄弱的情况，王智带领村干部广泛协调资源，大力开展“暖心”工程，帮助解决贫困群众生产生活中的实际困难。

王智联络河南科技大学为红里村建立“爱心援助社”，组织教师和社会爱心人士捐赠生活用品，定期救济困难群众，河南科技大学师生先后为红里村捐助了 30 余万元的生产、生活物资；联络学校附属医院专家先后 10 余次赴村义诊，并依托河南科技大学第一附属医院专家团队和远程医疗软件在村卫生室建立网络远程医疗门诊，并挂牌成立“专家志愿者工作站”；联络河南科技大学宣传部为全村 119 位 70 岁以上老人现场拍摄制作全家福照片；组织红里村小学生到河南科技大学开展体验活动；联络河南科技大学各学院的 7 支社会实践小分队 100 余名大学生分期分批到红里村，开展支教、支农、支医服务。多方争取各类资金 1000 余万元，用于村小学教学楼建设、卫生室扩建、生产道路兴修、文化健身广场兴建、河道治理等，村民们真正感受到了党和政府的温暖，体会到了扶贫好政策、好形势带来的幸福感。

促发展，扎实增强村民脱贫能力

针对红里村农业生产落后和工商业近乎空白的局面，王智充分利用河南科技大学技术优势，积极招商引资，大力开展“丰翼”工程，让贫困村民拥有适合自己的脱贫致富的方法、能力和创业就业环境，从根本上拔除穷根。

王智联络河南科技大学农学院、林学院、动物科技学院开设小麦种植、烟叶种植、肉羊养殖等培训班10余期，培训村民600余人次；联络河南科技大学为全村贫困户捐赠价值6万余元的良种母种羊,结合政府脱贫引导项目18万元的贫困户养牛补贴资金，大力发展高效养殖；联络河南科技大学为红里村捐建高产耐旱的中麦175小麦示范田200余亩，积极推广科学种植；充分利用结对帮扶平台，联络河南科技大学师生先后为贫困户捐建机械化磨坊、蛋鸡养殖场、红薯保鲜窖、家庭超市等，不断拓宽贫困户增收渠道。

王智积极探索“学校＋企业＋农户”的发展道路，着力打造产供销一条龙的脱贫产业链。在产业链上游，依托河南科技大学技术资源优势，为龙头企业提供全面技术支持；在产业链中游，先后流转土地500余亩，招引3家企业，累计投资近亿元，在村里兴建食用菌基地、蔬菜基地和现代化养鸡场，以土地流转金、委托带种、就近务工等方式，保证村民长期稳定增收；在产业链下游，利用河南科技大学采购、企业回购农产品等渠道为农产品销路提供保障，最大限度为贫困户发展生产免去后顾之忧。

树正气，全面推进农村法制建设

针对红里村曾经在村务管理中出现的优亲厚友、暗箱操作、损害群众利益等实际问题，王智从指导、监督村干部全面落实“四议两公开”着手，大力开展“强基”工程，全面完善务实为民的村民自治机制。

王智联络河南科技大学法学院博士、律师服务团“送法下乡”，在红里村挂牌开设《法律讲堂》，为村民讲解法律问题并进行无偿法律援助 30 余人次；完善村规民约，制作村党务、村务、便民服务公示栏，公布村级小微权力清单、民主决策流程，及时、全面公开公示各项事务和党风政风监督举报电话，不断强化基层民主，弘扬文明新风，促进和谐稳定。

驻村期间，王智获评河南省脱贫攻坚工作先进个人、河南省扶贫青春榜样、2016“最美洛阳人”、洛阳市优秀党务工作者、汝阳县优秀共产党员等多项荣誉称号，并在洛阳市和汝阳县 2016 年庆祝中国共产党成立 95 周年大会上作为受表彰代表发言。在 2015 年度、2016 年度省派第一书记工作考核中均获得“优秀”。

在王智的努力下，红里村基层组织凝心聚力，基础设施逐步完善，村容村貌持续提升，农业产业渐成规模，乡亲们的日子越过越红火。通过洛阳市组织的第三方脱贫成效验收，红里村贫困发生率由 2015 年年初的 9% 降至 2016 年年底的 0.9%，贫困户人均年收入增加1500元以上，成功实现贫困村脱贫摘帽，获得“汝阳县先进基层党组织”“汝阳县农业农村先进村”称号。

卢东林，男，汉族，1972年12月出生，河南沈丘人，1994年12月参加工作，1997年6月入党，中国政法大学本科学历、法学学士。现任河南省政府办公厅副主任。2015年8月—2018年2月，被派驻洛阳市栾川县陶湾镇协心村任党组织第一书记。驻村期间，他团结带领村“两委”班子和群众，探索实施“党建+扶贫”工作模式，成功创建“基层党建5A示范点”；大力发展以运动休闲、健康养生为主题的乡村旅游业，成立洛阳市首家农民乡村旅游专业合作社，获批当地首家AAA级无门票旅游景区，年旅游综合收入达到500万元以上，村集体经济收入达到30万元；创新“党支部+合作社+基地+农户”的规模化、普惠化、集约化发展模式，实现小农户与现代农业发展的有机衔接。协心村先后荣获“中国美丽休闲乡村”“全国乡村旅游扶贫重点村”“全国森林康养基地试点建设单位”等“国字头”称号。卢东林先后荣获栾川县优秀共产党员、优秀驻村第一书记标兵等称号，被河南省人社厅嘉奖1次、记个人三等功1次。

但愿苍生俱饱暖，倾力投身攻坚战

洛阳市栾川县地处国家集中连片特困地区秦巴片区，是豫西伏牛山腹地的一个国家级贫困县。协心村位于该县西南深石山区。

长期以来，由于土地贫瘠、交通不便，该村经济社会发展水平比较滞后。特别是2010年，该村遭遇了百年一遇的“7·24”特大洪灾，耕地、民房、基础设施严重损毁。2014年新一轮建档立卡之初，该村有贫困户65户269人，综合贫困发生率达到16%，被确定为省级贫困村。

2015年8月，河南省人民政府研究室社会发展研究处处长卢东林被组织选派到该县陶湾镇协心村担任第一书记，同时担任栾川县驻村帮扶工作队总队长。驻村期间，他始终牢记“小康路上不让一个困难群众掉队”的使命担当，满怀“但愿苍生俱饱暖”的深厚情感，坚决落实中央和省委、省政府关于脱贫攻坚的决策部署，把驻地当故乡、把群众当亲人，根植农村、融入群众，倾情倾力、攻坚克难，团结带领干部群众脱贫致富奔小康。2017年，协心村率先摘掉了贫困帽子，并成功蝶变为一个远近知名的“中国美丽休闲乡村”“全国乡村旅游扶贫重点村”和当地首家AAA级无门票旅游景区。

脱贫攻坚、党建先行，着力打造一支永不撤离的驻村工作队

“帮钱帮物，不如帮助建个好支部。”真正做到扶贫先扶志、扶勤不扶懒，首先要解决好村组干部的“志”和“懒”问题。卢东林入村后，第一件事就是狠抓基层党建，探索实行“党建＋扶贫”工作模式，以党建促扶贫，促进党建与扶贫深度融合。他从建章立制入手，制定了落实四项基层基础制度、村务监督制度、“三会一课”

制度等实施办法，明确了村“三委”工作开展的标准程序。针对部分群众对个别村组干部意见大、工作推不动等问题，他和村班子顶住压力，按照程序及时对两名组长进行了改选。为了开阔干部群众的视野思路，他创建了“协心村公共信息服务”“同心协力协心人”两个微信平台，及时为大家宣传解读各种政策信息，并多次带领大家“走出去”取经，先后到南街村、北京密云和江浙等地学习考察，促进了村组干部的思想观念转变和发展技能提升。为了加强组织阵地建设，他多方筹集资金10万元，对原来破旧不堪的党员活动室进行改造提升，更换了25套全新的桌椅，对地面进行了硬化，将各项制度、标语上墙，并安装了学习培训用的投影设备。为了把精准扶贫落到实处，他推行“1+N”帮扶责任制，将全村65户贫困户的脱贫任务分解到每一位党员干部头上，并逐户明确了帮扶时间节点和目标任务。

随着一系列党建措施的落实推进，村组班子成员的工作积极性、号召力、战斗力大大增强。村支部被评为“栾川县基层党建5A示范点”“栾川县脱贫攻坚先进党支部”，协心村被评为“洛阳市平安示范村”，连续多年实现全村“零信访”。协心村先后有20多名党员干部带头发展了农家宾馆、观光采摘园、农业生态园等致富项目，先行示范作用、辐射带动作用进一步提高。广大群众从中看到了希望、找到了方向，心气顺了、干劲足了，精气神上来了，“等靠要”思想消失了，实现了“要我脱贫”向“我要脱贫”的良性转变。全村上下抓机遇、谋发展、促扶贫、奔小康的氛围空前浓厚。

产业为基、就业为本，着力培育一个特色优势富民产业

贫困问题从根本上讲还是发展不足问题。驻村以来，卢东林考虑最多的问题是不仅要让群众实现眼前脱贫，而且还要让群众有一个长期稳定的收入防止意外返贫，而实现长期稳定收入就必须有一个可持续发展的特色优势产业来支撑。他走遍了协心村 10 平方公里的山山水水，深入一家一户促膝谈心，并请来河南省产业经济发展研究所、河南省东方智慧旅游规划设计公司的专家来村进行考察指导。在充分调研论证的基础上，他撰写了《关于加快协心村脱贫致富的调研报告》，提出了立足协心村的生态资源优势和区位优势，着眼于推动一二三产业融合发展，大力发展特色乡村旅游产业的发展思路。

发展产业特别是乡村旅游业，关键要依托市场、突出特色、准确定位，通过完善提升基础设施和服务设施功能，吸引、聚集各方游客前来消费。为此，卢东林多次向河南省旅游局汇报协调，成功争取到免费编制《协心村乡村旅游扶贫发展总体规划》项目，为发展乡村旅游明确了方向和重点。同时，他多次往返奔波于省市县之间，驱车行程 3 万多公里，积极向有关部门汇报工作思路、申报项目资金，成功争取各类项目资金 1500 万元，用于基础设施、服务设施和旅游发展。两年间，投资 80 万元实施下河西、朋良店河滩整治及水系建设，投资 155 万元建成游客服务中心，投资 150 万元修建环山自行车绿色骑行道，投资 160 万元修建国家登山健身步道，投资 400 余万元进行池水沟道路改造，投资 100 万元修建 3 个

休闲健身广场，投资160万元建成精品民宿，投资85万元建立百合、天麻、茯苓、立体种植养殖等4个产业园，全村面貌焕然一新，一个以运动休闲、健康养生为特色的“森林康养小镇”旅游特色品牌已经形成。

生态环境变美了，服务设施完善了，前来村里休闲观光的省内外游客更多了，这为发展农家乐、销售土特产增收致富创造了条件。卢东林深入群众家中做思想工作，鼓励支持他们发展农家乐、搞特色种植来实现就业增收，并协调国铁集团支持，争取贫困户小额贷款政策，开展实用技能培训，帮助群众解决了资金、技术难题，增强了群众的发展实力，打消了群众的疑虑。全村先后发展精品民宿3家、农家宾馆38家，总床位530张。2017年，全村旅游综合收入超过500万元，户均增收1万元以上。

放眼长远、创新机制，着力探索一条深石山区可持续发展新路

脱贫摘帽不是重点，而是新生活、新奋斗的起点。为了实现贫困群众稳定脱贫不返贫、村子持续发展奔小康，他积极探索实施“党支部+合作社+基地+农户”的发展模式，不断提高群众生产经营组织化程度，增强群众发展实力和抗风险能力，走规模化、集约化、生态化、普惠化、集体发展、共同致富的路子。他多方协调，成立了全省第三家、洛阳市首家乡村旅游专业合作社，动员一些村组干部和先富起来的群众成立了种植专业合作社，对全村65户贫困群众实现产业发展全覆盖，有效解决了“扶强不扶弱”“扶富不扶贫”

等突出问题，同时对于非贫困户愿意参与发展的也积极支持、全部吸纳，有效改变了以前农户各自为战、一盘散沙的状态。为了解决群众发展产业技能不足的问题，他协调栾川县人社局在村里建立了免费技能培训基地，邀请相关专家到村里现场教学，举办林下经济发展培训班，开展“雨露计划”实用技术培训，先后有400余人次接受培训。为了解决群众发展资金不足的问题，他协调市县金融部门在协心村成立了金融信用社，每年授信额度达到1000万元，而且免担保、贫困户免息，一般户贷款利息不到市场的一半，为村民发展提供了强大动力和有力支撑，既加快了贫困户脱贫致富，也推动了全体村民共同发展和区域经济的可持续发展。

接好地线、摸清实情，着力为领导决策当好参谋助手

作为河南省政府研究室的一名处长，服务省委领导决策是分内职责。卢东林在做好驻村帮扶各项工作的同时，充分发挥自己政策理论研究方面的优势，把精准扶贫工作实践与深入开展调查研究有机结合起来，深入农家小院、田间地头，与基层干部群众促膝谈心、拉家常，及时从中发现问题、思考问题，研究解决对策，为省领导提供客观全面的第一手资料。驻村期间，他先后向省驻村办报送驻村工作简报62份，撰写了《当前易地搬迁扶贫工作存在的突出问题和建议》《提升基层医疗服务保障水平　筑牢因病致贫因病返贫防火墙》《当前脱贫攻坚存在的突出问题和建议》等5篇有分量的调研报告，得到了省委、省政府领导的充分肯定和好评。

在驻村帮扶工作过程中，卢东林始终坚持以身作则、率先垂范，

严格执行党的政治纪律、组织纪律、群众纪律、工作纪律、生活纪律、廉洁纪律。他自己动手种植小菜园，坚持吃住在村。妻子患腰椎间盘突出症住院多日，他没有回去陪她一天；75 岁的老父亲突发大面积心肌梗死，在重症监护室住了 5 天，他没有陪他一天。《人民日报》《河南日报》《澎湃新闻》以及河南电视台等媒体对他的先进事迹多次进行报道，他用自己的实际行动阐释了一名共产党员的初心使命，撒播着党对人民群众的阳光雨露。

仇培建，男，汉族，1972年3月出生，安徽砀山人，1990年10月入党，1990年12月参加工作，本科学历。现任河南省委统战部机关党委二级调研员。2017年11月—2021年2月，被派驻洛阳市洛宁县城郊乡在礼村任党支部第一书记。驻村以来，先后培养入党积极分子7人，预备党员按期转正4名；引进资金342.2万元，解决200余人就业；协调单位投入资金86.6万元，修建道路3000余米，安装路灯32盏；建成党建文化长廊、影视文化中心、爱心超市、知礼书屋、家风家训馆；深化“四议两公开”工作法，举行“送法进村”活动，推行孝善基金，举办迎新春联欢会，评比“最美庭院”“星级文明户”“脱贫标兵”等，开展“快乐星期天”活动，倡树文明新风。在礼村被评为市级文明村、党建示范村，村党支部被评为五星级党支部。2021年2月，在礼村驻村工作队被评为全国脱贫攻坚先进集体。

驻村路上的初心与使命

洛阳市洛宁县是典型的山区农业县，属国家级贫困县、国家集中连片特困区。城郊乡在礼村位于县城东5公里处，全村辖14个村民组，1202户4386人，是洛宁县人口较多的村。2017年11月，仇培建带着组织的重托，再次到11年前曾经工作过的地方，担任在礼村驻村第一书记。他认真学习贯彻落实习近平总书记关于扶贫工作的重要论述，坚持以党建引领、三治并进、服务进村为抓手，切实发挥第一书记的“尖刀”作用，统筹做好脱贫攻坚工作，发展了村集体产业，增加了贫困群众收入，改善了人居生活环境，提升了基层治理水平，夯实了党的执政基础，打造了一支“永不走的工作队”，为夺取脱贫攻坚战全面胜利、如期全面建成小康社会作出了积极贡献。

访民情，摸清基层底数

入村后，为了尽快熟悉村情民意，仇培建主动挨家挨户去走访，尽快转变工作角色，拉家常、交朋友，听民声、知民意、解民忧，走遍了街巷、水渠、河滩、山岗。每天走路上万步，“微步”作了记录，鞋子作了见证。当时，村“两委”班子不健全，连续两届没有换届，班子年龄结构老化，文化程度偏低，带领群众致富本领和干劲不足，党员队伍管理“宽松软”，组织活动开展较少，多年没有发展党员，村集体经济收入基本上没有来源。20多年的军旅生活让他懂得，只有经得起磨炼，人生的路才更有光彩。经过反复思考，他确定了抓班子、带队伍、促发展、惠民生的工作思路，把抓党建作为第一书记的第一要务，从打基础利长远的事入手，注重基础设施建设、产业发展和民生改善三个方面统筹兼顾、协调发展，带领党员干部撸起袖子加油干，坚决打赢这场脱贫攻坚战。

抓班子，夯实组织基础

他始终把强班子、带队伍贯穿驻村全过程。先后两次指导做好村“两委”换届，优化年龄、学历结构，新进3名班子成员，变“老散软”为“青聚强”。深化巩固“不忘初心、牢记使命”主题教育成果，严格落实“三会一课”、组织生活会、民主评议党员等制度，开展丰富多彩的主题党日活动，引导党员干部悟初心、守初心、践初心。组织党员干部参观焦裕禄纪念馆、主题教育档案文献展、黄河博物馆、洛阳市党建馆、“中共洛阳组”纪念馆，赴郑州参加“统一战线学习大讲堂”，到栾川县拨云岭村学习基层党建经验。邀请专家教授、党的十九大代表、先进典型等辅导授课、作报告。筹措资金10万余元建成党建文化长廊。先后培养入党积极分子7人，预备党员按期转正4名。评选表彰优秀党员和优秀党务工作者。组织开展“戴党徽、亮身份、作表率”活动。举办在礼村党务知识暨脱贫攻坚培训、计算机基础知识培训班，提升干部能力素质。建立党建微信群，把党支部建在网上、把党员连到线上。利用工作经费给在礼村购买添置会议桌椅2套、柜式空调3台、台式电脑3台和打印机3台。设立党员突击队、党员示范岗，既锻炼了队伍、锤炼了党性，又密切了党群干群关系，让党的旗帜在脱贫攻坚一线高高飘扬。

强措施，决胜脱贫攻坚

他协助村“两委”制订年度脱贫计划和乡村振兴规划，坚持因户施策、一户多策，坚持保障与增收、短期和长期相结合，确保各项政策落地见效。2017 年以来，协调单位直接投入资金 86.6 万元，引进铅笔材料厂、服饰箱包厂，累计投入资金 342.2 万元，建成在礼村扶贫车间，带动群众 200 余人就业。协调安排 26 名贫困群众落实公益岗位。累计为 109 名就业群众联系就业岗位，安排技能培训，提供就业信息、职业指导和信贷支持。建成在礼村“爱心超市”，累计捐赠物资价值达 7 万元。利用省委统战部帮扶资金和驻村第一书记专项资金购买社区门面房，增加村集体经济收入，实现了由“输血式”向“造血式”转变。组织召开在礼村脱贫攻坚表彰大会，赠送书法家书写的“听党话、跟党走、感党恩”的书法作品，举行“感恩新时代、携手奔小康”迎新春联欢暨脱贫攻坚志智双扶表彰大会，颁发“奋进奖”奖金 1.3 万元，激发脱贫攻坚内生动力。

抓治理，倡树文明新风

坚持自治、法治、德治相结合，他指导村“两委”制定村规民约，规范提升党群服务中心，打通服务群众“最后一公里”。落实“四议两公开”工作法，加大基层小微权力监督，组织学习全省各地村级腐败案例，组织村干部及党员聆听《民法典》专题报告。深化乡村文明行动，建成家风家教馆、影视文化活动中心，成立村孝善理事会，推行缴纳孝善基金。开展“星级文明户”“五好家庭”“好媳妇”“好公婆”等评选活动，培育文明乡风、良好家风、淳朴民风。组织党员干部清理在礼西街、中街排污渠道2000多米。为广场舞队购买移动音箱，为锣鼓队购买服装20套，安装广场椅10条。指导开展“最美庭院”创建活动。举行送法进村活动，捐赠法律书籍200余册。开展“快乐星期天”文化活动。落实农村宗教工作网格化管理，促进农村宗教工作法治化、规范化、制度化。

做实事，凝聚民心力量

驻村以来，他把所驻村当家乡，把群众当亲人，带着感情帮，真心实意干。利用省派驻村第一书记专项资金，修建村组道路1500余米，安装路灯25根，实现村组道路全覆盖。组织重度残疾贫困户王辉率先入住集中托养中心。连续3年组织开展结对帮扶困难家庭儿童“暖心、牵手”活动，捐赠学习用品和慰问金，组织学生赴洛阳科技馆、洛阳博物馆、隋唐遗址植物园游学等。协调有关企业捐赠残疾轮椅、电风扇、凉席、大米等爱心物资价值5万余元。协调有关部门投入10余万元对在礼村小学升级改造，建设校园足球场，捐建“中山爱心书屋”。举行“暖冬行动”温暖包发放仪式，捐赠礼物价值4.9万元。争取公共福利，开通在礼村城市公交专线。协调建成休闲小广场，安装广场椅、儿童游乐设施、健身器材及太阳能路灯。开展捐赠爱心粽子、夏日送清凉和“知联中原、专家学者洛宁行”活动，捐赠物资和帮扶资金2.5万元。邀请河南爱心之家赴在礼村向10名受助学生捐赠助学金2万元。协调“海联新农村卫生室”公益项目落地洛宁，投入75万元，建成15个卫生室。

农村是广阔的天地，实践是最好的课堂。仇培建积极投身脱贫攻坚的主战场、服务群众的最前沿，用心、用情、用力决战脱贫攻坚和推进乡村振兴，既增长了本领才干，也锻炼了工作作风，用实际行动践行了中国共产党人的初心和使命。

李海彬，男，汉族，1977年12月出生，河南安阳人，2003年6月毕业于河南大学法学院，本科学历，学士学位，中共党员。2017年11月—2021年3月，被派驻洛阳市栾川县庙子镇河南村任党组织第一书记。驻村以来，协调2500多万元用于村基础设施建设，引进300多万元发展龙峪湾铁路驿站精品民宿、河南村仓储物流产业用房、集体经济门面房、苗木绿化基地等扶贫产业，集体经济年收入突破20万元。他先后获栾川县脱贫攻坚先进个人、洛阳市脱贫攻坚贡献奖、洛阳市优秀共产党员等荣誉。2021年2月，河南村驻村工作队获评全国脱贫攻坚先进集体。

紧守初心勇担当，情真意切办实事

庙子镇河南村是2018年脱贫村，位于栾川县城东约11公里处，全村辖5个村民组，共234户861人，其中，建档立卡贫困户43户147人。李海彬2017年11月驻村后，河南村的村容村貌发生了巨大变化。提起现在的河南村，村民们无不引以为豪，老乡们有说不完的话："俺村现在美得很！变化可真大！村里修了新桥，村道种上了新树，沿街房屋搞了提升美化，太阳能路灯将全村点亮，出门就有小游园，家门口就能就业……"说起河南村的新变化，村民心里乐开了花。

党建引领促脱贫

坚持党建引领，是落实党中央决胜脱贫攻坚战略部署的重要抓手。李海彬说："脱贫任务重，不是一个人能完成的，大家必须凝心聚力一起干！"

李海彬到村里做的第一件事就是抓党建、聚人心。他坚持以身作则，廉洁干事。李海彬在村"两委"班子和群众代表及党员联席会议上，公开作出三个"不"的承诺，即不因为村里办事动用河南村一分钱、不因个人私利干预村内工程、不准亲朋好友承包河南村工程项目。李海彬深信，群众的眼睛是雪亮的，只要行得正、干得实，守住廉洁这个关口，就一定能走进河南村干部群众的心坎里。驻村以来，他坚持把脱贫攻坚与基层组织建设紧密结合起来，先后配合庙子镇党委优化健全村"两委"班子结构，建成党建长廊，营造浓厚的党建氛围，成功创建"五星级"农村党支部、"六星级"平安建设示范村、市级文明村等，同时充分利用每月 15 日"主题党日"活动这个载体，开展党员教育培训等活动，通过多种形式教育培训党员干部，强化村里党员干部为民办实事和为民服务的意识，有力助推了河南村脱贫攻坚工作的开展。

实干为民践初心

工作中李海彬真心把贫困群众当亲人一样对待，他也早已成为贫困群众的“暖心人”。为深入了解情况，李海彬多次走访每户贫困户，与他们“心换心”交谈，帮他们解决生活上的困难，还帮他们培训就业技能，解决就业问题，制定合理的增收项目。贫困户申军家的房子属于危房，院内堆满了各种杂物和垃圾，凌乱不堪。但由于各种原因，申军并不愿意进行危房改造，村干部多次协调，也没有结果。第一书记李海彬对申军家住房问题心急如焚，多次晚上到申军家里与他们夫妇面对面真诚沟通，耐心倾听他们诉说，一一解答申军夫妇心中的疑惑，还自己花了1000多元钱请人将院内的垃圾全部清运出去，看着整洁一新的院子，申军彻底被感动，同意进行危房改造。如今，申军不仅搬进了新房，院里也变得宽敞漂亮。“当初也不知道咋想的，幸亏李书记一直劝我，没想到房子一弄怪美哩！”申军不好意思地笑着说。

驻村三年多来，李海彬坚持精准落实好每项政策，力争让贫困群众早受益、真受益。2018年，河南村全体贫困户实现了“到户增收”政策全覆盖、金融扶贫政策全覆盖。43户贫困户中，36户享受到住房政策，发放到户增收资金20.4万元；33户贫困户享受光伏扶贫政策，每户每年收益3000元。

古语说：不谋全局者，不足谋一域。实际工作中李海彬注意统筹好贫困群众和一般群众的利益平衡，着力办了一批惠及全体村民的实事。2017年以来协调争取各类资金900多万元对河南村基础设施、基本公共服务、集体经济、贫困户增收、产业发展等进行改造提升和扶持。

在精准落实好政策的同时，李海彬着力补短板，狠抓集体经济项目推进，2018年河南村集体经济收入实现“零”的突破。河南村与杨树底村共同投资建设100千瓦小型光伏电站，实现正常并网发电，当年为村集体增收 5.4 万元；河南村与庄子村、杨树底村共同建设特色民宿一座，并与客商签约合作，年新增收益达 8 万元；2019 年他又利用第一书记资金 50 万元在县城繁华地段购买村集体经济产业用房，年收益在 4 万元以上；2020 年投资 135 万元在庙子镇尧栾西高速上下站口附近建设河南村集体经济仓储物流园。

立足实际谋长远

李海彬虽是村民口中的“好书记”，却因为自己不是个“好爸爸”而感到愧疚。脱贫任务重，李海彬心里有压力，常常忙到深夜，好几个星期才能回家一次和家人团聚，同事都说他是“工作狂”。9 岁的儿子经常打来电话，问爸爸怎么还不回来。“再过两天就回去了！”夜深人静，一个人在空荡荡的村委办公楼里，听着电话那头儿子委屈的声音，李海彬也是一阵心酸。“为了打赢脱贫攻坚战，必须坚持到底。”他暗下决心。古语说：不谋万世者，不足谋一时。实际工作中李海彬坚持统筹好村庄脱贫与长远发展的关系，合理协调推进巩固脱贫成效和实施乡村振兴的阶段性工作。河南村交通便利，村两头有两条高速上下站口，三面环水，距离老君山、庄子休闲度假区和龙峪湾景区都很近，非常适合做休闲农业项目。经过李海彬的不懈努力，河南村沿洪洛河休闲农业项目已被正式列入实施项目库。该项目由栾川县城投公司投资 1000 万元，着力打造集休闲、餐饮、住宿、采摘、传统工艺体验等于一体的沿洪洛河农家特色休闲带。项目建成后将为河南村创出一条绿色、稳定、共享的长久产业之路。

为了配合沿洪洛河休闲农业项目，2019 年李海彬争取县级河道水系资金 1800 万元对洪洛河河南村段 2.5 公里进行河道治理和水系打造。工程完工后，河南村沿洪洛河一线将成为生态走廊、绿色通道、休闲长廊。

张军，男，汉族，1973年8月出生，河南上蔡人，1992年12月参加工作，1994年10月入党，石家庄陆军指挥学院本科学历。现任河南省文化和旅游厅政策法规处三级调研员。2017年11月—2021年2月，被派驻洛阳市嵩县车村镇天桥沟村任党组织第一书记。驻村以来，张军始终坚持抓党建、促脱贫工作思路，修建4个饮水工程，引进旅游企业3家，发展集体经济3个，发展农家宾馆22家，28户58名贫困群众顺利完成易地搬迁。通过他的不懈努力，99户384名贫困群众全部脱贫，2020年贫困群众人均收入超过1.7万元，天桥沟村实现了由贫困山村向3A级旅游景区的蝶变。张军先后获评嵩县2018、2019年度优秀第一书记和嵩县2020年度先进个人，他带领的驻村工作队2021年2月获评全国脱贫攻坚先进集体。

贫困山村的蝶变——白云小镇

天桥沟村位于嵩县南部、伏牛山腹地，面积12平方公里，全村317户1142人，贫困群众99户384人，耕地面积840亩，人均0.7亩，距县城65公里，距洛阳150公里，距郑州270公里，属于典型的贫困山村。2017年11月，带着组织的重托，张军到任天桥沟村第一书记，他不忘初心、牢记使命，严格落实帮扶责任，加大帮扶资金投入，积极进行招商引资，增加村集体经济收入，有力推动了天桥沟村脱贫摘帽和经济发展。

基层党建的“领头雁”

几年来，张军始终坚持抓党建、促脱贫的党建工作思路，将建强基层党组织的凝聚力和战斗力作为引领各项工作健康发展的龙头。一是抓好制度落实。认真落实好“三会一课”和各项组织制度，根据农村工作的实际，在田间地头、群众家里开展党员学习和党小组会议，对于外出工作的党员，采取“云党课”“群讨论”的形式，确保将党建工作落到实处。二是抓好村“两委”干部的培训。他积极向单位汇报加强基层干部培训的建议，天桥沟村的支部书记、村委会主任先后 4 次参加省厅举办的乡村旅游培训班。三是抓好党员发展和后备干部的培养。共发展党员 4 人，转正 4 人，培养后备干部 7 人，培养致富带头人 3 名。四是让党员形象树起来。2018 年，在上级政府的帮助下，天桥沟村幸福院正式落成，有效地解决了全村贫困群众的住房问题。张军积极向单位领导汇报搬迁中遇到的困难。单位拨款 5 万元为搬迁群众购置了取暖炉、床、柜子和被褥等物品。为了让搬迁群众搬得来、住得好，村里成立了党员“义务理发服务队”和“环境卫生保洁队”，定期为孤寡老人理发并打扫家庭卫生。每到节假日，组织党员和热心群众为幸福院的老人包饺子，树立了党员的良好形象，拉近了党群的关系。通过抓党建，党支部的战斗力得到进一步增强。2020 年全年村集体经济收入 5.8 万元，比上年增长 9.4%。全村 99 户 384 人全部达到脱贫标准。村党支部被嵩县评为“五星党支部”。

全村群众的“贴心人”

张军协调河南省文化和旅游厅机关党支部与村党支部开展结对帮扶活动，党员与贫困户结对，每人结对帮扶1—3户，定期开展向贫困户送政策、送温暖、送技能等活动。人事处帮扶人不仅开展了结对帮扶工作，还组织全村贫困群众共同举行了“饺子宴”。艺术处向村小学赠送了书包、图书、教具等，又给全村的群众送来精彩的戏曲演出。几年来，张军协调本单位和社会力量直接投入帮扶资金97.33万元，办实事30余项；协调各级政府投入扶贫整合资金566.95万元，建设了21个水、路和产业发展项目。2019年，村民张松明的爱人、段成果由于患了大病，造成家庭生活上遇到了很大的困难，张军看在眼里急在心里，先是自费给两户群众送去了慰问金，协调镇政府为段成果办理了低保和残疾证，又通过村党支部协调让段成果的爱人到村里沙厂上班，既能照顾病人还能就业，解决了家庭的后顾之忧。五保户向儿子患有严重的胃病和关节炎，张军拿着他的片子，到郑州找中医进一步诊断，为他购买中药，还为其购买了上百盒风湿止痛膏。

发展产业的“探索者”

天桥沟村紧邻5A级景区白云山，郑西高速、311国道穿村而过，森林覆盖率达到90%，海拔850米以上，夏季平均气温28℃左右，负氧离子含量高，自然资源和地理位置优越。在厅机关的帮助下，张军邀请了旅游规划专家、民宿专家到村把脉问诊，确立了发展乡村旅游这条思路。虽然思路有了，但在实施过程中，还是遇到了个别群众不理解、不愿加入合作社、土地不愿流转等困难，张军利用召开党员大会、与个别村组骨干谈心谈话、组织群众到西峡栾川参观考察等办法，让群众树立了发展的信心。为了达到双赢的目的，既让企业得到发展，又能充分照顾到群众的利益，村里采取了“群众＋合作社＋公司”的运作模式。群众的耕地、林坡、宅基地和房屋经过评估公司的评估后，全部作价入股到合作社，合作社将这笔资产入股到公司，企业减少了先期在征地过程中投入的巨额资金，群众又不需要拿出资金入股，双方都减轻了负担，工作得以顺利推进。同时，张军在单位的帮助下，积极引进旅游企业，发展休闲养生、精品民宿和乡村游等项目，带动发展农家宾馆22家，床位500余张，引进旅游企业3家。3年来，在上级政府的帮助下，全村共计投入资金500多万元，对道路、饮水、排污和环卫设施等进行升级改造，全村道路拓宽，自来水和污水管网覆盖每个村民组，乡村旅游基础公共服务设施进一步完善，为发展乡村旅游打下了坚实的基础。通过发展乡村旅游，群众足不出户，实现了家门口就业，更多的群众吃上了旅游饭，捧上了“金饭碗”。2020年全村贫困群众人均收入超过1.7万元。

经过几年的努力，2017年天桥沟村白云小镇被评为国家3A级旅游景区，天桥沟村2018年被评为河南省乡村旅游特色村、2020年被评为河南省文化产业特色乡村，2020年天桥沟村党支部被嵩县评为“五星党支部”。全村99户384人全部达到脱贫标准。2020年天桥沟村驻村工作队被国家评为全国脱贫攻坚先进集体。

张卫国，男，汉族，1980年2月出生，河南栾川人，2002年5月入党，2003年6月参加工作，河南大学本科学历、中国政法大学法学硕士。2017年1月任洛阳师范学院商学院党委书记。2017年11月—2021年2月，被派驻洛阳市栾川县庙子镇杨树底村任党组织第一书记。驻村以来，他坚持党建、产业、民生、精神一体帮扶，村林、农、旅协同发展，所有贫困户清零；动员“80后”“头雁党员”回村任党支部书记，实现软弱涣散党组织摘帽；协调投资近1000万元建设四合院、星空帐篷房、铁路驿站等民宿，种植巴马藤茶、蕙兰，培栽国储林等，集体经济年收入达25万元；累计投入642万元完成水利、文化广场等13个基础设施项目建设；组织春节联欢、孝老爱亲模范表彰等。杨树底村获评洛阳市文明村。

2021年2月，驻村工作队被评为全国脱贫攻坚先进集体。张卫国2020年12月被评为河南省社会扶贫先进个人；2020年3月，获中共洛阳市委组织部通报表扬。驻村期间连续三年考核优秀。

三股劲推动三件事，一颗心献给一方人

2017年11月，带着组织的重托，洛阳师范学院商学院党委书记张卫国到栾川县庙子镇杨树底村任驻村第一书记。他以“对群众的亲劲、干事业的拼劲、抓工作的韧劲”推动“抓党建、谋发展、办实事”，直面支部软弱涣散、主导产业和村集体经济薄弱等难题，团结带领党员干部群众走出一条以旅游产业为主导，以林农产业促增收的脱贫致富之路。杨树底村于 2018 年脱贫，所有贫困户于 2020 年清零，集体经济年收入达 25 万元，连续三年为“零上访”村，获评栾川县平安建设六星村、洛阳市文明村。

抓党建的“主心骨”

“第一书记要想把工作干出彩，首先要加强村支部建设，把支部带强、把支书带优、把党员带好。”张卫国参与组织 2018 年、2021 年两次村“两委”换届，动员“80 后”“头雁党员”回村担任党支部书记；狠抓“三会一课”、主题党日和组织生活等制度落实，开展支部结对共联建，邀请专家、纪检干部入村上党课，带领党员干部到八路军驻洛阳办事处纪念馆、嵩县三合手绘小镇、栾川县抱犊寨红色教育基地等参观学习，接受教育；实行“戴党徽、亮身份”和共产党员户挂牌，为全村党员设岗定责，在美化环境、平安建设、产业发展等方面发挥党员先锋模范作用；坚持贯彻“四议两公开”工作法，村“两委”面向党员、群众代表述职，公开重大项目和财务支出，组织“模范婆媳”“十佳文明户”评选和党员评定等，把党风廉政建设落到实处。2019 年 7 月，实现软弱涣散党组织摘帽，党组织的凝聚力、战斗力进一步增强。

谋发展的“引路人”

“我们要发展，就要把思路打开，要充分利用咱村的优势，去闯出一条脱贫致富的路子！”这是张卫国常说的一句话。立足村情，围绕特色，打造休闲农业乡村旅游，推动村林、农、旅协同发展。为发展特色民宿，多方考察后，在海拔1000米的望君山顶建设栾川首个星空帐篷房，目前已建成6个。引进上海客商投资300万元装修运营望君山四合院，年增加集体收入6万元。抱团取暖，和邻村共同争取国铁集团扶贫资金100万元建设“龙峪湾·铁路驿站”民宿。结合护林防火瞭望塔建设，设计全县首座兼具“防火预警、遥望星空与乡村民宿”等多重功能为一体的瞭望塔，建成之后，将成为村又一项增加集体收入的亮点项目。

2018年3月，为实现广西巴马藤茶种植，他多次拜访巴马硒园农业开发有限公司，与村委反复商议，最终敲定免费提供3亩土地、试植一年等优惠政策。2019年藤茶在杨树底村种植成功，2020年投资商又扩大种植规模，目前已达15亩，实现“南茶北种”的栾川实践。此外，还栽培雪松、国储林200亩，新品种枣树100棵，积极开展林下种植，引进资金300万元发展蕙兰种植，推动蕙兰交易集散地建设。

办实事的“孺子牛”

“老百姓最讲求实惠，做一件实事胜过千句豪言壮语。”他从群众所急、所需、所盼的事情入手，一件一件地谋划好、落实好，把好事办到老百姓的心坎上。3 年多来，1700 立方米的蓄水坝建成，2 万米的饮用水、污水管网铺设完成，建成公交车停靠站 2 处，安装旅游配套路灯 55 盏，水泥路实现户户通，健身广场、综合文化活动中心和标准化卫生室纷纷建成并投入使用。

“扶贫先扶智”，张卫国争取铁路帮扶资金 60 万元，为小学建好体育设施，协调做好咸池完小“三专两趣一辅”专项帮扶、中心小学“送经典下基层公益活动”，开展“六一”儿童节慰问、暑期阳光支教，协调 2 名贫困大学生得到社会捐助，对接洛阳师范学院到村举办农家宾馆经营能力提升培训班，组织专家到村开展种植、电焊、厨师培训，用实实在在的行动诠释爱心与奉献。

大年初一，本应是阖家团圆、共贺新春的日子，可对于他来说，没有什么比村里的事儿更重要。连续两年的大年初一，他都早早到村组织春节活动，与村民一起热热闹闹地过年。开展三届“孝老爱亲模范”表彰，邀请省市剧团到村演出 20 余场次，为群众制作家风家训牌，营造了风清气正的新风尚。2019 年，杨树底村被洛阳市委、市政府评为“洛阳市文明村”。

解民困的“贴心人”

困难群众是他的一块心病，也是他起早贪黑、多地奔波的一个主要原因。村民徐某某 33 岁的儿子患有精神疾病，常年卧床。他走访之后发现其没有身份证、残疾证，便协调有关部门上门给其办理身份证、进行残疾鉴定，为其申请办理低保。他还协调学校捐赠

5000元，为徐家硬化地平，建设水冲式卫生间。

3年多来，他带领村“两委”为贫困户办理到户增收、小额贷款等22笔共计13.5万元，办理危房改造、“六改一增”等16户，为23人办理交通补贴，为17人办理创业补贴，为34名在校生办理教育扶贫应享政策事项，为7户群众办理家庭无障碍改造，开发公益性劳务岗位覆盖全村所有贫困户，联系学校帮扶人为贫困户刘某某、申某某筹集1.3万元助其发展养殖业。协调栾川县中医院到村义诊，联系镇卫生院为全村65周岁以上老人进行免费健康体检。对接洛阳师范学院向农家宾馆捐献液晶电视、空调等670余台（件），联系学校、栾川县纪委常年采购困难群众农作物，对接学校购买栾川农产品240余万元。在村民眼中，他不仅仅是“第一书记”，更是与他们心贴心的大好人。

守初心的“忘我者”

刚入村时，为了更好地了解民情，他上山下坡，用3个月时间对全村近400户群众进行了全部走访。2018年4月，他被诊断患上了膝盖滑膜炎。为了不影响工作，直到两个月之后，他才就近到栾川县人民医院住院治疗，出院之后尚在康复期，他腿绑支具依然坚持工作。2019年3月，其父亲因心肌梗死晕倒，他当天晚上匆匆返回洛阳办理入院手续，第二天就赶回村里，直到忙完一周的工作才送父亲到手术室接受治疗。2020年6月，其父亲因胃贲门患大病到郑州大学第一附属医院接受治疗，他待父亲做完手术未及出院即返回驻村一线，之后6个疗程的住院治疗，他都未能好好照顾，始终将一颗心放在群众身上。

夏峰，男，汉族，1975年3月出生，河南项城人，1997年8月参加工作，2005年6月入党，中共河南省委党校行政管理专业研究生学历。现任河南省政府研究室决策咨询办公室主任、一级调研员。2017年11月—2021年2月，被派驻洛阳市栾川县陶湾镇协心村任党组织第一书记、工作队队长。他探索“党建+扶贫”模式，着力建强支部，打造不走的工作队；建成河南省海拔最高的足球场，举办全省首个“山娃足球”夏令营；建设智慧景区，农家宾馆增至58家750张床位，旅游收入、人次名列全县第一、第二；培育农业产业化龙头企业1家，村级集体经济从零增至近百万元；坚持“主题党日+”等活动，表彰先进、慰问老人、举办儿童足球和广场舞比赛；2次接受国家扶贫定点监测，受河南省扶贫办奖励。他获评栾川县2017年度脱贫攻坚先进个人，栾川县2018年度优秀驻村干部，2019年度获河南省脱贫攻坚奖贡献奖；2018、2019、2020年度考核优秀。

带领乡亲追梦的“协心人”

洛阳市栾川县是国定贫困县，协心村是栾川县典型的深石山区贫困村，距县城23公里，产业单一，土地贫瘠，经济长期落后。2010年遭遇百年一遇的“7·24”特大洪灾，基础设施和农户住房损毁严重。全村483户1778人，2014年前有贫困户92户贫困人口367人，是全县有名的穷村。2017年11月，夏峰到任村第一书记、工作队队长以来，积极探索实践“党建+扶贫”模式，打造不走的工作队和可持续发展的乡村休闲旅游产业，带领群众走出一条共同致富的路子，还带动周边3个村共同打造了洛阳市3A乡村旅游景区。

抓好党建立规矩

夏峰牢记党建第一职责，坚持教育培训和建章立制相结合，促进党建与扶贫深度融合，激发村组干部和党员干事创业积极性。一是实行研究室党员干部分包和村党员“1+N”帮扶责任制，将全村贫困户的脱贫任务分解到每一位党员干部头上，明确了帮扶时间节点和目标任务，针对贫困户实际情况制订有针对性的帮扶措施。二是深入开展“不忘初心、牢记使命”主题教育，严格落实“三会一课”、主题党日和组织生活等各项制度，建立完善“学习强国”学习制度、党员学习约谈制度，在坚持第一书记上党课的基础上，研究室领导、专家为村里党员上党课，制作专用的党员学习袋，营造浓厚的党建氛围，逐步纠正个别村党员的不良习惯。协心村党员学习在各村中始终名列第一。三是对协心村年度党员干部标兵进行表彰奖励，组织全体村组干部和部分党员赴陕西袁家村，山东中郝峪村，信阳郝堂村、东岳村等学习考察，还与铁路总公司定点帮扶的大王庙村支部多次联建。四是加强班子和队伍建设。2018年村“三委”换届时对4位班子成员调整了岗位，1名组长入选村委会，1名后备干部进入支部；2020 年，选拔 1 名组长担任村监会主任；2021 年年初，选举出支部成员和支部书记。协心村成为洛阳市委党委、栾川县委党校现场教学点，协心经验被洛阳市委党校作为案例收入教材。

精准施策强根基

夏峰始终把提高脱贫质量放在首位，坚持“五个一批”“六个精准”要求，脱贫攻坚成果不断巩固拓展。一是巩固成果不返贫。他走遍全村所有贫困户，积极争取民政部门对困难群众的生活救济，做好一户贫困户交通事故处理和救助工作，教育引导一户有酗酒等不良习惯的贫困户开饭店实现脱贫，帮助一名贫困户家性格内向没有找到合适工作的大学生找到满意的工作，协调一名贫困户大学生得到社会捐助，支持多户贫困群众申请低保。二是办好实事暖人心。他协调河南豪威智能系统工程有限公司来村开展爱心捐赠活动；协调郑州公交三公司等爱心单位和人士进村慰问 65 岁以上老人和散养五保户，开展九九重阳节活动。三是务求实效重统筹。他密切关注群众生产生活情况，协调村龙头企业静水山居精品民宿改造工程等，带贫就业 40 余人；拓宽农产品销路，帮助 10 多户贫困户推销萝卜菜、天麻、百合粉等土特产品；帮助农民外出务工，积极为 157 名贫困户外出务工人员办理健康卡，还利用河南广播电视台“打工直通车”平台推荐外出务工 32 人。四是经受检验过得硬。2020 年 7 月 20 日协心村作为全县第一批普查村，为其他村普查提供了借鉴；在顺利通过 2018 年贫困村定点观测典型调查的基础上，协心村作为 2020 年全省 3 个国务院扶贫办贫困村观测点之一，8

月 18—19 日接受北京大学调查，受到调查组充分认可和河南省扶贫办表扬奖励；11 月 27 日，接受国务院扶贫办委托的清研灵智信息咨询（北京）有限公司的调研，受到专家组高度评价。

谋划发展图长远

夏峰确立了乡村旅游和特色种植两大主导产业，谋划实施了一系列产业项目，打出了产业扶贫的组合拳。一是突出足球特色。推进乡村体育健身竞技场项目，2018 年邀请河南省校足办功勋教练王随生指导协心村成功举办“山娃足球”公益活动，2019 年举办河南省首个“山娃足球”夏令营活动和 2019 年“麒麟杯”河南栾川青少年足球邀请赛（丙组）。现已建成河南省海拔最高的五人制足球训练场 2 个，省政府研究室、省校院足球办公室、建业球迷协会等为训练场授牌，开展经常性的球迷活动。2020 年，再次与“山娃足球”合作，开展扶贫日活动。二是壮大集体经济。2018 年建成栾川大峡谷漂流下码头土特产品展销长廊 9 间，当年增加村集体经济收入 2.25 万元。2019 年争取铁路扶贫资金 60 万元，建成栾川大峡谷漂流下码头土特产品展销长廊 14 间，再增加村集体经济收入 3.5 万元。现在村集体经济从无到有，3 年来累计达到近百万元。三是完善旅游设施。协调镇村规划设计下河西组荷花塘项目和道路拓宽项目。实施协心村智慧景区项目，实现全村无线网络全覆盖、重点区域监控全覆盖，对贫困户开办的农家宾馆进行信息化改造。建成登山步道 20 公里。四是发挥引领作用。协心村承办了 2019 年栾川县农民丰收节和第二、第三届镇桃花节，还邀请河南省农业农村厅专家进村指导乡村振兴工作，邀请省发改委研究院专家编制乡村振兴规划。组织协心村种植合作社参加河南驻村第一书记精准扶贫富民成果展，销售土特产品 15 万元，时任副省长武国定等领导到协心村展台巡视，给予现场指导。返乡创业的企业——河南协心生态旅游公司成为农业产业化省重点龙头企业。

讲究文明展风采

2017 年协心村整体脱贫以来，夏峰把提高村民文明程度、形成良好的精神风貌提上议事日程。一是成立村环境治理领导小组，建立村干部分包组制度，制订保洁标准和卫生评比办法，于 2018 年 7 月开始每月对各级进行评比排名，评出月度、季度、年度“美丽家庭户”“卫生文明户”“优秀保洁员”。二是组织就业创业精准扶贫培训班和各类座谈会，制定村规民约“三字经”，设计旅游宣传扑克牌，组织开展致富能手、孝道家庭评选，弘扬正能量，崇尚新风尚。三是突出抓好村环境整治、厕所革命、垃圾处理等工作，先后装配电暖桌 190 台、热风机 197 台，推进全村安装自来水水表和实施外墙保温工程 241 户，下院组至幢根堰坝 2000 立方米，全村实现露天垃圾池清零。四是协调研究室投资 8 万元，为协心村赠送大型垃圾桶 10 个，开展“美丽家庭户”“卫生文明户”“优秀保洁员”评选表彰；开展教师节慰问活动；举办协心村首届广场舞和拔河比赛，近百人参加比赛，展现向上向善的精神风貌。现在，协心村被作为省级文明村重点培养。

李少沛，男，汉族，1976年9月出生，河南汝阳人，1999年12月参加工作，2002年7月入党，河南大学本科毕业。现任洛阳职业技术学院学生处处长。2017年11月—2021年2月，被派驻栾川县湾滩村任第一书记。驻村以来，他时刻不忘驻村第一书记四项基本职责，抓班子带队伍，牵头制定湾滩村第一部制度汇编，不断加强基层组织建设；注重“志智双扶”，高质量完成湾滩村和64户贫困户脱贫退出任务，实现贫困户各项政策应享尽享；协调帮扶单位开展义务支教、全民体检、文化惠民演出、年终慰问等活动，全村百姓的满意度和幸福感大幅度提升。他先后获评栾川县“担当作为好干部”、脱贫攻坚先进个人等，2020年被评为河南省社会扶贫先进个人。

湾滩村来了个“小李”书记

栾川县湾滩村曾经是国定贫困村，距离县城10余公里，共有361户1149人，其中建档立卡贫困户64户268人。这个曾经是当地干部群众口中没人愿意分包的村于2017年11月由李少沛担任了驻村第一书记。3年多的时间里，他真抓实干、为民谋福，贫困户全部脱贫，村里的面貌发生了巨大的改变。

就业创业，开启贫困群众致富之门

村里大部分青壮年劳动力曾经常年闲置在家，刚入村的时候，在村里走一遍到处能听见“哗啦啦”搓麻将的声音，这可急坏了驻村的“小李”书记。

经过走访，李少沛发现，这种情况的出现跟村民缺乏职业技能有直接关系。长期以来,村里的青壮年男子大多靠“挖窝”(挖地基)挣钱，但毕竟“挖窝”的工作量非常有限。面对这种现状，李少沛决定从举办技能培训班开始做起。经多方奔走，中餐烹饪技能等各类培训班终于在湾滩村陆续开班了。然而原本同意参加烹饪技能培训的50多名贫困群众在开班当天却只到了7名，有部分群众又去搓麻将了。经过李少沛苦口婆心地做思想工作，一部分群众终于回到培训教室。20多天培训下来，参加培训的大部分群众通过考试拿到了中餐烹饪资格证书。贫困户刘建新腿部有轻度残疾，家中开销全部靠刘建新夫妇打零工维持。自从刘建新爱人范小群参加中餐烹饪培训班后，他们在湾滩村幸福小区建筑工地旁边搭建了钢板房开起了饭店，生意日益兴隆，截至2019年年底，这个家庭人均纯收入超过1.3万元，夫妻俩开上了小轿车，生活过得有滋有味。每当说起“小李”书记，他们夫妇嘴中总是有说不完的感激。贫困户纷纷表示要积极参加技能培训，利用学到的烹饪技术开家庭宾馆，争取早日开上小轿车。

掌握了一项劳动技能以后，如何才能找到合适的工作呢？为此，李少沛多方打探，了解到栾川四条高速公路开工需要大量工人，于是他一方面积极联系施工单位争取岗位，一方面连夜逐户打电话动员闲置的劳动力积极报名。那一夜，他登记、造册、上报，忙到深夜，眼熬红了，颈椎病又犯了，最终解决了30多个群众的工作岗位。同时，李少沛利用自己单位校企合作的优势，介绍5人到合作企业工作。光伏发电提供公益岗位，安排21人就业。目前，全村62户贫困户实现了户户有务工、户户有收入的良好局面。

“志智双扶”，激发贫困群众内生动力

李少沛到湾滩村后，遍访全村所有贫困户，找到贫根——缺乏内生动力。作为一名教育工作者，他深知扶贫先扶志，扶贫要扶智。

李少沛清楚地记得，2017年刚到村的那个冬天，一场暴雪把任平川等几个贫困户辛苦经营的17个蔬菜大棚全部损毁，任平川他们欲哭无泪。这时，李少沛踏着没膝深的大雪到大棚查看灾情，帮助他们联系洛阳农科院购买菜苗补种，鼓励他们重拾信心继续经营。如今，任平川只要说起此事，这个堂堂五尺男儿依然几度哽咽：如果不是李老师帮俺想办法，真不知道该咋办了。

郝喜兰、常留长是湾滩村的低保户，两家的孩子都辍学在家，李少沛一边做孩子们的思想工作，一边协调学校让这几个孩子免费到洛阳职业技术学院就读，如今这几个孩子都已经毕业。郝喜兰的孙子李京阳现在在洛阳移动公司工作，月保底收入5000元。常留长的儿子常新涛在郑州某饭店找到了工作，月收入也是几千元。如今这几个家长逢人就说，如果不是李老师，这几个孩子说不定还在社会上晃荡呢，保不准还会走上邪路。

2019 年 7 月，李少沛协调学院的师生利用假期休息时间到湾滩村开展义务支教活动，目的是通过义务支教，把“当贫困户不光荣”的思想植根到孩子们的心中，让孩子影响家长。活动开展过程中，他指导支教师生把“志智双扶”贯穿教学全过程，通过喜闻乐见的教学形式，教育孩子们从小树立远大理想，学会自立自强，常怀感恩之心。此举得到了广大村民的一致好评。

惠民实事，提升贫困群众幸福指数

湾滩村紧邻县城，2018 年整村实现拆迁重建。怎样让贫困群众用好政策红利，不因拆迁而返贫，李少沛同村“两委”干部着实下了一番功夫。贫困户杨红庆家中仅有自己和 80 多岁的老母亲两人，因要照顾老母亲，杨红庆依靠村里的公益岗位勉强脱贫。拆迁前家中有三间土坯瓦房和一间几乎要垮塌掉的灶屋，如果安排不好，杨红庆就有返贫的可能，这种情况在湾滩村也不在少数。李少沛带领村干部积极向上级反映情况，说服上级在制订拆迁方案时充分考虑多方面因素，最大限度保障贫困户的利益，最终使得 361 户湾滩百姓在短短一个月时间顺利拆迁。

贫困户王峰一只眼睛残疾，离婚多年，一家人生活非常困难。走访中，李少沛了解到王峰业余时间对奇石很有研究，就鼓励王峰发挥自己的特长，销售奇石。为了扩大影响力，李少沛帮他制作美篇推销奇石。如今王峰不仅生活小康，50 多岁的他还找到了新的伴侣。如今王峰逢人就说，是党的政策好，要不是李老师，这样的生活在以前想都别想。

在村里帮扶的几年，他争取到317.79万元，建设体育广场2处、文化戏台1座、标准化卫生室1个、农村图书馆1座、卫生厕所2个、垃圾池4个，改造党群服务中心1处，还栽下了绿化观景植物，大大改善了湾滩村的基础设施，高质量完成了湾滩村脱贫退出任务，各项扶贫政策做到了应享尽享，受益金额达141.24万元，2019、2020年分别高质量通过河南省评估验收和国家扶贫普查。付出终有回报，在李少沛的辛勤努力下，曾经是基层组织软弱涣散的湾滩村党支部获评栾川县2018年度“五星级党支部”。

如今，湾滩村脱贫了，贫困户收入增加了，整村拆迁后新建的湾滩幸福小区已经封顶，今年全体村民将回迁到新建的楼房中，面朝伊水、背靠青山、乡风文明、美丽富裕的新型社区雏形已现。不满足现状的“小李”书记对湾滩村的未来又有了新的规划：利用湾滩村临近洛栾高速口、依山傍水的地域优势和栾川的“凉”资源，大力发展休闲旅游产业，带动贫困群众持续增收。李少沛深信，未来的湾滩村必将是栾川的又一个休闲度假打卡地，是全村群众全面奔小康的一片乐土。

崔秋辉，男，汉族，1979年10月出生，河南鄢陵人，1997年12月参加工作，2002年4月入党，洛阳广播电视大学专科生学历（在读工商行政管理本科学历）。现任洛阳城市发展投资集团有限公司所属二级子公司洛阳天囿园林发展有限公司副总经理。2017年11月—2021年2月，被派驻洛阳市汝阳县十八盘乡木庄村任党组织第一书记。驻村以来，崔秋辉牢记职责使命，真情投入，精心谋划，制订木庄村发展规划，明确发展方向，大力发展村集体经济，协调引进洛阳世权农业开发公司投资800余万元建成生态果园2000余亩，2020年村集体经济收入突破40万元大关。崔秋辉先后获评河南省社会扶贫先进个人、洛阳城投集团党委先进工作者、汝阳县优秀驻村第一书记、五星共产党员等。

真情帮扶谋发展，勇担重任奔小康

木庄村位于汝阳县城南16公里处，地处山区，是十八盘乡典型的山区村落。全村总面积7平方公里，下辖13个村民小组、26个自然村，共计310户1269人。“脱贫攻坚是一场硬仗，木庄村脱贫攻坚是硬仗中的硬仗，我一定要打赢！”2017年11月，驻村第一书记轮岗，洛阳城市发展投资集团有限公司复转军人崔秋辉主动请缨到汝阳县十八盘乡木庄村担任驻村第一书记。他暗下决心，一定要让这个山区穷村变个模样。为了实实在在帮助木庄村村民依靠产业脱贫致富，崔秋辉真情投入，带领群众脱贫致富奔小康，大力发展村集体经济，集体经济收入实现从零到40万元的突破。他协调引进洛阳世权农业开发公司投资800余万元建成生态果园2000余亩；引进香菇分拣加工企业、锦程门业到木庄村设立加工车间，带动130名本村及周边群众就业；投入资金300万元成立藏源农业养殖合作社养殖藏香猪，群众实现土地变股金。在他的带领下，木庄村如期实现整村脱贫，在乡村振兴路上阔步前行。

问诊把脉，找准脱贫致富路

“作为驻村书记，人要驻在这里，心更要扎在这里。”崔秋辉是这样说的，也是这样做的。

为了能够尽快融入群众当中、和群众打成一片，崔秋辉每天一大早起床披上迷彩服就开始爬山头，挨家挨户走访村民。走访过程中随身带着笔记本，详细记录各家各户的情况。两个月，磨坏了3双鞋，走遍了木庄村的沟沟坎坎，遍访全村310户农户。谁家土地在哪儿，邻里之间都谁跟谁是亲戚等，崔秋辉熟记于心。

村情摸透了，崔秋辉提出，一个村子要长远发展，不能想起什么干什么，得有个长期的目标和清晰的规划。

产业是带动贫困户脱贫增收最快最有效的途径，崔秋辉带领村“两委”班子深入分析贫困的基本原因，结合木庄村实际情况制订了木庄村三年发展规划。一是利用梯田美景种植生态果园，开发乡村旅游。他积极争取资金300余万元，2020年结合桃园开发发展林下中药材种植，提升土地产值，果园建起了旅游公厕、管理房、蓄水池、冷库等配套设施，木庄村成立电商销售平台，利用网络进行鲜果、土特产品销售，解决销售难题。二是招商引资实现群众就业。通过协调派驻单位帮扶、向当地政府积极争取、寻找投资商投入等多种形式筹措资金600万元，建起了扶贫车间4处，面积约6000平方米。有了工厂，不能外出打工的农民就近就业，有了稳定的收入，有效解决了农民务工难、集体无收入的难题。三是大力发展种植、养殖基地。相互依托，鼓励带动藏源牧业流转土地，发展藏香猪养殖，2019年实现收益50余万元。养殖基地预留土地开发野炊基地，有效与乡村旅游衔接。2020年协调争取132万元资金建起了正规化的猪舍，为扩大养殖规模打下基础。

凝心聚力，强基固本添活力

习近平总书记指出，“帮钱帮物，不如帮助建个好支部”。一是利用村“两委”换届的契机选优配强“两委”班子，将群众的事情当成自己的事情，做到大事不隔天，小事不隔夜，不符合政策的事情耐心做好解释工作求得谅解，大事讲原则、小事讲风格，有力团结“两委”班子和广大党员，遇事集体决断，办事公开透明。二是积极向上级争取各项资金1500余万元，加强基础设施建设。三是动员社会力量开展帮扶，协调帮扶单位和社会爱心人士向木庄村捐款捐物共计200余万元，建起扶贫车间，美化环境，为大病患者捐款救治，为留守儿童提供帮助，为老年人发放福利金。四是开展消费扶贫。为了解决群众土特产销售难问题，协调社会爱心人士采取消费扶贫方式，购买贫困群众家中的鸡蛋、土鸡、红薯、花生等土特产品，共计10余万元，有效推动木庄村的基础设施建设、产业发展，解决了贫困群众的物资销售难题，提高了群众的种植、养殖积极性。

继续战斗，脱贫路上有我在

在崔秋辉的办公室里，挂着一幅三年发展规划图，这是一幅卫星地图，除了精确到每个自然组外，上边还密密麻麻地贴满了小标签，哪一家贫困户什么时间脱贫都有详细记录。

驻村几年来，发展的理念深入人心，木庄村群众的思想认识提高了，觉悟增强了。“两委”班子解放思想，拓宽发展思路，全心全意带领群众持续经营发展产业，木庄村从乡里的经济发展标杆，逐步成为县里乃至市里的富裕文明村典范。

对乡亲有最深的情谊，所以才不眠不休；对岗位有最深的热爱，所以才不离不弃。可是对家人，他有无尽的遗憾。2017年驻村扶贫开始时，崔秋辉的父亲刚做完心脏支架手术，正在洛阳市中心医院康复。接到驻村命令，老人提出要提前出院。崔秋辉是个孝子，但自古忠孝不能两全，他考虑再三，只好让父亲出院，直到现在都觉得愧对父亲。这是“遗憾”之一。

因家庭情况的特殊性，双方父母身体都不好，需要人照顾。崔秋辉妻子在医院上班，无暇顾及儿子接送问题。崔秋辉便狠心地把10岁的儿子送到私立学校，因没有照顾到孩子的心理变化，儿子对住校很是反感，学习成绩大幅度下滑，养成了不好的学习习惯。

妻子因孩子问题与其争吵，提出让崔秋辉向组织反映，回来工作。“我是军人出身，怎么能当逃兵！”崔秋辉态度坚决。妻子无奈提出离婚，崔秋辉陷入两难境地。最后通过领导、朋友帮助，将孩子重新转学，转入崔秋辉妻子工作单位附近的学校。可是孩子养成的坏习惯一直难以纠正，学习精力难以集中，崔秋辉一直觉得亏欠儿子。这是“遗憾”之二。

2018 年年底，正是脱贫攻坚工作紧张之时，崔秋辉已经好几个月没回家了。12 月底的一天凌晨，崔秋辉岳母突发心脏病，急诊车赶到后进行简单施救后急需将其送到医院进行抢救。岳母体重较重，医生和护士全是女同志，人命关天，崔秋辉妻子喊醒邻居帮忙，最后将岳母抬到楼下已是一个多小时后，到医院后，错过了抢救的黄金时间，岳母过世。崔秋辉妻子悲痛欲绝，将老人去世的罪责推在崔秋辉身上，长达半年不同他讲话。“岳母才 60 岁，如果我在家，能及时送往医院，可能她就会得到抢救，可能……”一提到这件事，崔秋辉满眼泪水，不愿多讲。这是“遗憾”之三。

驻村帮扶路上，每一个“遗憾”都饱含着他对“大家”“小家”沉甸甸的责任。在崔秋辉带领下，“木庄蓝图”已经变为现实，蹚出了一条清晰可见的脱贫致富新路子，彻底向“脏乱差”“穷懒散”挥手告别。

童红涛，男，汉族，1980年7月出生，河南西华人，2003年11月入党，2004年7月参加工作，河南科技大学工商管理硕士。现任洛阳市委统战部非公有制经济工作科科长。2017年11月—2021年3月，任洛宁县东宋镇郭村村第一书记。驻村以来，时刻以一名合格共产党员的标准要求自己，抓班子带队伍，补短板强产业，做好志智双扶，因表现突出，获得洛阳市委组织部通报表扬，2020年《人民日报》两次刊登其扶贫事迹。童红涛先后获得全国脱贫攻坚先进个人、洛阳市人民满意公务员、洛阳市扶贫工作先进个人、洛阳市优秀党务工作者、洛阳市五四青年奖章、洛宁县驻村标兵等荣誉。

用真心换真心，用真情赢民心

“一代人有一代人的担当，一代人有一代人的使命，精准扶贫就是我们这一代人的新使命，我为自己能参与到精准扶贫这一伟大的事业感到自豪，我将不忘扶贫初心，兢兢业业、勤勤恳恳做好工作，不辜负单位的重托，不辜负郭村村老百姓的期望。”这是洛阳市委统战部驻洛宁县东宋镇郭村村第一书记童红涛在道德模范座谈会上的发言，也是他驻村工作的真实写照。

2017年11月，童红涛同志主动请缨，担任郭村村党支部第一书记。驻村以来，他用热情和热心、真情和真心，真正地得到了老百姓的认可；一身土、一身汗、一脚泥，扑下身子用“辛苦指数”换来群众“幸福指数”，通过一件件小事、一句句暖心话，积极为村民办实事、做好事、解难事，树立了一名共产党员的良好形象。

主动思变：用脚步丈量村情

2017 年刚入村时，童红涛深知不熟悉村情、不认识群众，工作就开展不起来。从那时起，到村民家里、田间地头了解情况，成了童红涛的工作常态。近 3 个月的时间，通过入户调研，童红涛了解到郭村村共有 318 户，其中贫困户 104 户 467 人，山上坡地加上水浇地有 2000 亩。十几年前，郭村村靠着耕地，成为远近闻名的好村。如今，郭村村却成了贫困村。村“两委”班子只有 3 人，村里没有产业项目，没有村集体经济，没有致富带头人，群众满意度非常低。崭新的水泥路并没有打通老百姓的守旧思想，刚刚建设起来的党群服务中心与老百姓低落的情绪格格不入。处于困境中的郭村村该怎么办？如何发展？这些问题成为童红涛心里最大的“石头”，也成为他立志带领村民摆脱贫困的强大动力。

积极求变：做好脱贫攻坚“加减法”

第一步，做“加法”，强班子。习近平总书记指出：“帮钱帮物，不如帮助建个好支部。”一个贫困村想要翻身，关键要有强有力的村“两委”班子带领，童红涛把村“两委”班子建设作为郭村村摆脱贫困的第一步——班子建设做“加法”。根据实际情况，他主动向镇党委反映，通过召开村党员、村民代表大会和公开选举等，将群众认可度高、能力强的年轻人选举为村干部，并帮助村“两委”班子研究确定了以党建引领为中心，以精准扶贫、发展村集体经济为抓手，带动全村脱贫致富的“一体两翼”发展思路，村“两委”班子凝聚力和战斗力显著增强。

第二步，做“加法”，补短板。“童书记，我们组有几户没有自来水。”“小童，我们家在最南边，一直没有路灯呢！”听着群众的一个个“心愿”，童红涛深知，村“两委”想要赢得百姓的“点赞”，需要真正为群众做实事。他协调有关部门为郭村开通了公交车，一天八班，满足了群众出行需要；协调、捐赠安装路灯131盏，照亮了郭村的夜晚；协调资金2万元，建设爱心超市，开展“五星文明户”评选活动；每年春节前开展送温暖、送文化下乡活动；根据村民诉求，协调修建灌溉水渠2.6千米，整修自来水管1.2千米，修建田间地头路1.69千米，绿化入村道路1.3千米，有效提升了村内环境；开发53个公益岗位。

第三步，做“减法”，变更产业结构。2017年至2020年，童红涛依靠派驻单位洛阳市委统战部强有力的支持，引进资金1000余万元发展产业，发展杜仲种植800亩、构树种植300亩，村民不仅拿到了租金，还能就近务工；鼓励群众自身发展，种植花椒220亩，养殖湖羊500余只，散养土鸡2000只，种植核桃75亩，种植优质小麦、油葵等100亩；315千瓦光伏发电项目并网发电，通过农光互补、屋顶光伏等，贫困户产业叠加率达到400%，村集体经济收入从零增长到 24.6 万元。随着土地流转，郭村村外出务工人员由 200 余人增长到近 500 人，全村务工年收入超过 1200 万元。2020 年 10 月，郭村村 104 户贫困户全部实现了稳定脱贫。

做好应变：做到长久持续发展

一是重教育。“人之初，性本善，性相近……”郭村村党群服务中心传出了琅琅的读书声，这是童红涛举办的留守儿童暑期培训班，共 55 名学生，该村放暑假回来的大学生当起了语文、数学、美术等科目志愿老师。习近平总书记指出：要把发展教育扶贫作为治本之计，确保贫困人口子女都能接受良好的基础教育，具备就业创业能力，切断贫困代际传递。2017 年，童红涛协调资金 1.8 万元，资助郭村村 6 名贫困大学生入学；2018 年协调资金 4 万元，奖励郭村村 11 名大学生，慰问 29 名高中、初中学生；2019 年，童红涛协调资金 10.5 万元，资助洛宁县 11 名大学生及郭村村 16 名大中专学生，并慰问了 14 名留守儿童。3 年下来，“郭村出大学生”已经成为当地佳话。

二是强培训。童红涛根据本村土鸡养殖、湖羊养殖、花椒种植的实际，邀请省、市农科院和行业部门到该村举办短期培训班 10 期，347 人次参加，组织参加致富带头人培训班 3 期，培养本村种植、养殖技术员 3 名；与省新农村广播联系，举办两期线上创业培训班，参加人员达到 200 人，切实提升了当地贫困人口的生产技能和竞争能力，有效支撑了村里的产业发展。

三是重实效。驻村 3 年多，童红涛帮助贫困户申请“雨露计划”

补助，帮助困难群众申请低保、救助，做好兜底保障；帮助有需要的老百姓卖苹果、卖粉条、卖鸡蛋、卖土鸡，并培养村里的经纪人，做到长远发展；帮助群众找工作，帮贫困户要工资，保障群众收入；等等。一件件小事，都得到了当地干部群众的认可，用真心换得了老百姓的真心，用真情赢得了老百姓的民心。在做好驻村扶贫工作的同时，童红涛争取河南省欧美同学会支持，为洛阳市捐赠 900 部平板电脑、60 台 3D 打印机及文房四宝、园丁守护险、学习软件等；积极与河南省委统战部海联处沟通，为洛宁县争取海联卫生室 15 个，投资 75 万元，目前已建设完毕；积极争取河南省学生安全基金会支持，争取助学金 25 万元，资助洛阳贫困学子 50 人（洛宁 17 人），每人资助 5000 元；积极与河南省农科院、洛阳市农科院联系，争取“院村共建”项目两个；协助东宋镇中学与洛龙区魏书生中学签订姊妹学校协议，帮助镇中学提升教学水平和管理水平，并协调新联会、企业家读书会为东宋镇小学捐赠书籍 2500 册。

现在，郭村村的村容村貌焕然一新，群众发家致富劲头高涨，产业发展态势良好，群众生活水平持续提升，被评为洛阳市文明村、洛宁县信访工作先进村等。

王红军，男，汉族，1972 年 10 月出生，河南新密人，1994 年 6 月入党，1994 年 8 月参加工作，中央党校研究生院党的建设专业研究生学历。现任河南省信访局督查一处二级调研员。2017 年 11 月—2021 年 2 月，被派驻平顶山市汝州市陵头镇朱沟村任党组织第一书记。驻村以来，王红军同志先后协调 10 余个项目在朱沟村落地，争取各类资金 3500 多万元。全村建档立卡贫困户 64 户 269 人全部脱贫，人均纯收入由 2015 年的不足 3200 元，提高到 2020 年的 1.4 万元，村集体经济收入达到 38 万元。朱沟村先后获得汝州市“六星级基层党组织”和平顶山市“市级文明村标兵单位”等荣誉称号。王红军连续 3 年考核优秀，荣立个人三等功一次，2019 年荣获河南省脱贫攻坚奖贡献奖，2020 年 12 月其家庭被推选为 2020 年度河南省“最美家庭”。

从“笔杆子”到“泥腿子”的驻村书记

汝州市陵头镇朱沟村辖区面积 9.7 平方公里，户籍人口 480 户 1975 人，共 1600 多亩耕地。全村群众原先散居在峡谷底部，荒山多、耕地少、土壤贫瘠、地形复杂、降水量少、地下水缺乏、发展基础薄弱，属于省定贫困村。

驻村前，河南省信访局督查一处二级调研员王红军是信访部门的"笔杆子"，驻村后，他变成了脚上沾满泥土的"泥腿子"书记。自 2017 年 11 月起担任汝州市陵头镇朱沟村驻村第一书记，3 年多的时间，他一心扑在脱贫攻坚第一线，改变的是角色和岗位，不变的是使命与担当。他坚持以创新精神，用心用情用力推进精准扶贫，建强基层党组织、注重志智双扶、突出发展产业、办好惠民实事。全村 64 户建档立卡贫困户中未脱贫的 34 户 136 人，至 2019 年年底全部实现脱贫，村集体经济收入在 2018 年实现零的突破，2020 年达到 38 万元。群众生产生活条件不断改善，村民获得感、满意度持续提升。

坚持党建引领，增强凝聚力

2017 年 11 月驻村后，在新老驻村书记交接期的头 3 个月，王红军所做的第一件事就是与村民同吃同住同劳动，走遍了全村 7 个自然村、12 个村民组，走访了所有贫困户、老党员和村民组长，了解每个村民组情况、每家每户情况，征询他们对村里发展的意见和建议。王红军仅走访调查时的笔记就记了满满两本。经过实地走访，王红军感到只有建强党组织，脱贫攻坚才有主心骨。他坚持把建好班子、带好队伍作为首要任务，以此推进脱贫攻坚各项工作。

他深入开展机关党支部和农村党支部结对共建"手拉手"活动，组织全村党员干部到兰考县焦裕禄同志纪念馆和新乡红色教育基地接受党性教育，激发大家脱贫攻坚的责任感。

探索推行"一编三定"工作法，按照监督管理岗、政策宣传岗、民事调解岗等岗位，为全村 45 名党员设岗定责，结对帮扶贫困户，让群众有困难首先想到找身边党员帮助解决。

探索“互联网 + 党建”工作模式，建好用好朱沟村党员活动微信群，引导党员在线探讨交流，为朱沟村产业致富、社会治理等出谋划策。

通过党建引领，朱沟村党支部班子更有凝聚力了，老百姓干劲足了，脱贫攻坚的步伐明显加快。

注重志智双扶，培育内生力

一方面，他着力从加强基础教育抓起，防止贫困代际传递。帮助失学少年返校就读。协调为朱沟小学建成师生宿舍楼、硬化操场跑道、安装体育器材、捐建爱心书屋，完成校园全面升级改造。协调平顶山学院组织大学生到朱沟小学开展支教活动，协调爱心企业为朱沟小学捐赠教育设施、校服，引导孩子们勤奋学习，增强本领。

另一方面，他努力抓技能培训，提高村民脱贫致富能力。为帮助全村贫困户和富余劳动力提升就业创业技能，他协调汝州市有关部门在朱沟村举办职业技能培训班。目前，全村贫困户中有 52 户通过外出务工、11 户通过发展猪牛羊养殖、30 户通过油菜和小杂粮种植实现稳定增收。全村 64 户建档立卡贫困户的人均纯收入由 2015 年的不足 3200 元，提高到了 2019 年的 1.4 万元，真正使贫困人口实现了稳定脱贫奔小康。

为激发全村脱贫斗志和内生动力，2019 年 2 月，王红军申请用河南省信访局机关党费和第一书记工作经费，组织开展总结表彰大会，表彰了“助力脱贫攻坚爱心人士”“脱贫标兵”“优秀共产党员”“好媳妇”“好婆婆”“最美家庭”等37名先进典型，进一步增强了群众脱贫致富的信心和决心。

培育扶贫产业，增强驱动力

驻村以来，王红军和村“两委”、创业带头人经过多番考察研究，确定走原生态、差异化、特色化的发展道路，积极培育发展扶贫产业项目。

利用集体经济试点资金，注入汝州熙锐洁净型煤配送中心，安排贫困群众就业，每年为村集体经济增加收入18万元，为村“两委”正常运转和兴办福利事业奠定基础。协调有关部门和爱心企业筹集资金，建设产业扶贫就业帮扶基地，购置大型石磨设备，建成石磨面粉粮食深加工项目，创造30个就业岗位。与河南铭圣实业有限公司合作，推进实施总投资600万元、年产2000吨五谷杂粮粉及1500吨营养米、速食米的食品深加工项目，项目全面投入运营后，可带动朱沟村及周边100名以上群众稳定就业创业。

办好惠民实事，赢得公信力

“为群众服务，就要干实事！就要抓紧办好群众最急、最盼、最受益的事。”这是王红军时常挂在嘴边的话。驻村以来，王红军在广泛征求民意的基础上，先后为村民干了一些事：

实施整村道路提升和“户户通”工程，累计整修道路9.8公里。安装110盏太阳能路灯，全村街巷全覆盖。新打6眼水井，建设

6座无塔供水罐，铺设供水管网8200多米，解决了全村“吃水难”问题。

动员全村40户贫困户实施易地扶贫搬迁，在朱沟村建成两幢安置楼，实现本村集中安置17户。同时对其他23户贫困户实施“六改一增”和危房改造，大大改善了贫困户的居住环境。

协调落实村级光伏扶贫发电项目，在增加集体经济收入的同时，缓解了农村用电紧张问题。

联络协调河南中医药大学第一附属医院，连续两年在国家扶贫日到朱沟村开展送医药下乡活动。

连续三年中秋节，牵头组织开展为全村70岁以上老人和贫困户“中秋送月饼”入户走访慰问活动。

热情接待朱沟村及周边群众来访，帮助朱沟村扶贫企业讨要被拖欠的货款，协调解决农民工讨薪维权等问题。

在推动解决一个又一个乡亲们的实际困难的过程中，王红军与乡亲们的感情也不断加深。

王红军2018、2019、2020年连续三年被河南省委组织部评选为全省优秀驻村第一书记；2019年10月荣获2019年河南省脱贫攻坚奖贡献奖，受到河南省委、省政府表彰，并参加河南省脱贫攻坚先进事迹报告团。在巡回报告会上，王红军动情地说：“脱贫攻坚一线是战场、是舞台。脚下沾有多少泥土，心底就沉淀多少真情。作为驻村第一书记，只有带着感情、带着责任，和山区群众苦在一起，领着干、一起干，才能当好‘党代表’‘贴心人’，真正把党的好政策落到实处，在小乡村成就大事业。”这可谓是一个从机关“笔杆子”岗位走出来的驻村第一书记真实的内心写照。

陈京玉，男，汉族，1975年10月出生，河南平顶山人，1993年8月参加工作，2003年6月入党，河南省教育学院本科学历。现任平顶山市教育体育局电教馆馆长。2015年9月—2021年3月，被派驻平顶山市鲁山县四棵树乡黄沟村任党组织第一书记。驻村以来，牢记初心和使命，吃苦冲锋在前，精准识别、精准施策，使全村建档立卡贫困户全部实现高质量脱贫，贫困户家庭最低人均纯收入达到5000元以上，村集体收入从零到突破30万元。他创新扶贫方式，探索出“自助式农家院”的金点子，拓展了带贫模式，使昔日的穷山沟嬗变为“黄金沟”。2020年黄沟村被评为河南省乡村“旅游特色村”。陈京玉先后获鲁山县扶贫开发先进个人、平顶山市优秀教师、平顶山市第二届脱贫攻坚“鹰城榜样”先进个人贡献奖等荣誉，2021年2月获评全国脱贫攻坚先进个人。

一颗公心为群众，强村富民洒真情

平顶山市鲁山县是国家级贫困县，黄沟村位于鲁山县西部山区，全村辖7个村民组、9个自然村，地域总面积6.8平方公里，耕地面积420亩，人均耕地0.3亩。全村村民总户数361户1510人，其中建档立卡户108户408人，是名副其实的穷山村。2015年9月，平顶山市教体局选派陈京玉同志到鲁山县四棵树乡黄沟村担任驻村第一书记。他牢记党的嘱托，尽心尽责，同吃同住，因户施策，发展产业，扎根乡村不叫苦，扑下身子干实事，身体力行地把党的方针政策落实到基层和群众中去，以实际行动体现了对党忠诚、心系群众、忘我工作、无私奉献的优秀品质。他带领黄沟村干部群众实现了高质量脱贫，村集体经济收入实现“零的突破”，使昔日的穷山村嬗变为“黄金沟”。

细心排查保精准，因户施策助脱贫

“党组织派我来，是对我的信任，为群众服好务，为村里谋发展，让老百姓脱贫致富奔小康，是一个党员干部的初心和使命，无论再艰苦、再困难，我都要担下这份责任！”到任后，陈京玉就走进群众家里，摸民情、听民声、察民意，梳理村情，日记本上密密麻麻地记满了各种情况。在2016年开展的“回头看”工作中，他坚持党性原则，恪守精准识别的“硬杠”，把全村160余户贫困户精准识别到108户，把真正贫困的群众纳入进来、享受政策，在群众中树立起了第一道威信。

“要不是陈书记，我这条老命恐怕早就没有了。”五保贫困户张宗敏动情地说。张宗敏今年69岁，因残致贫，患有脑梗死后遗症。2016年年底的一天，张宗敏不慎烧伤，闻听后，陈京玉联系所在单位发出倡议为其捐款，老师们纷纷慷慨解囊。当陈京玉把6700元捐款送到张宗敏病床前时，这个一向对村里工作充满意见的倔强老头儿，禁不住老泪纵横。张双林家是村里出了名的特困户，他患尿毒症，每周要到县医院透析3次，家中老母亲已近百岁，还有3

个未成年的孩子需要人照顾，家中房屋存在严重危险，家庭生活十分艰难。陈京玉先后多方协调为张双林家新盖房屋 100 余平方米，解决了住房和生活困难。贫困户李亚和因患帕金森综合征，生活不能自理，陈京玉帮其办理了残疾证和低保手续……群众看到后都说："如果不是陈书记来，这些人的日子可咋过呀。"

协调资金搞基建，美丽乡村促脱贫

刚到黄沟村不久，竹园组贫困户张道新就反映吃水难问题，陈京玉第一时间同村"两委"商议解决吃水难问题。"黄沟村是山区村，全村 9 个自然村，7 个村民组，分散居住在 6.8 平方公里范围内，要实现户户通安全饮水，难度可想而知。""再说了，哪有那么多资金啊！"大家一致认为不可能。陈京玉提醒村"两委"："听说贫困村可以申请基础设施项目，咱们可以申请解决安全饮水项目。"大家又说："大多数家里都打的有井，但没几家使用。""真是家家通上自来水，那水费谁来缴？""这么多家，又铺那么长的管子，管子漏了咋办？""我看呀，陈书记你就别操心了！"陈京玉情绪激动地说："那村里吃不上水的群众就不管了吗？"接下来，陈京玉通过协调乡水利站、县水利局，打了 3 口深水井，铺设管道 9000 多米，终于在 2017 年实现了安全饮水户户通。

说到黄沟村的人居环境，跟 5 年前比，那可是发生了翻天覆地的变化。昔日的黄沟村垃圾遍地，河道里杂草丛生，污水横流。2015 年一到村里，陈京玉就协调帮扶单位送来了 20 个垃圾桶，分发给 7 个组，让群众把垃圾倒到垃圾桶里。可是没过几天，发现垃圾桶丢了不少，垃圾桶里面没有垃圾，垃圾还是倒在垃圾桶外面。看到这些，陈京玉做了进一步走访，了解到垃圾倒在外面是群众还没有养成好的习惯，并且周围陈旧性垃圾较多，群众很容易就近倒垃圾。他随后又让帮扶单位送来20个垃圾桶，对大家说："垃圾桶就是送给大家的，想要垃圾桶可以，但有两个条件：第一，你们每个组必须先把组内陈旧性垃圾清理干净，检查合格发放垃圾桶；第二，如果发现有垃圾倒在外面，没有倒在垃圾桶里面，那么村里把垃圾桶收回来。"通过两年多的努力，黄沟村群众的素质得到了很大提高，逐步养成了讲究卫生的好习惯。后来陈京玉同村"两委"一道协调市、县两级扶贫部门，投入300余万元，对河道进行了有效治理；投入100余万元对入村主干道进行了升级改造；投入近200万元对黄沟小学危旧校舍进行了重建。如今，黄沟村入村主干道栅栏整齐、树木吐绿，主河道被修整一新，太阳能路灯将夜晚照亮，黄沟村呈现出了别样的风景。河道疏通了，道路硬化了，自来水吃上了，新建了标准化卫生室、文化广场，这些以前不敢想象的事情都变成了现实，群众纷纷竖起了大拇指……

协调资金搞产业，产业发展保脱贫

要想使群众真正脱贫，必须有产业支撑。2018年以前黄沟村无任何村集体产业，为了发展村集体产业项目，陈京玉查现场、跑项目、协调资金，与群众作沟通、讲政策、签协议，风里雨里是他的身影，白天黑夜他费尽口舌，两年多的时间里，他不知跑了多少路、吃了多少苦，终于使两个政府主导产业项目"千头线生猪养殖基地”和“村级光伏电站”在村里落地生根，使村集体收入每年达到 15 万元左右，结束了无村集体产业的尴尬历史。

同时，他又眼光超前，经过深思熟虑后，当起了第一个敢于“吃螃蟹”的人——利用村里闲置的民房，搞起了“自助式农家院”。自营业以来便引来“爆炸性”预订，新奇的模式、良好的市场反响引来了八方来客，如今的黄沟村车水马龙，热闹非凡。前期改扩建的自助小院“静园”“雅园”“慧园”通过了县“四星级”农家乐评定。自助小院的创办，既带动了乡村旅游的发展，也给贫困户提供了日常管理服务、卫生保洁、花草蔬菜种植等就业岗位，使其增加了收入，同时也带动了群众的四季豆、秋黄瓜、板栗、猕猴桃等时令果蔬的销售，形成了柴鸭、土鸡、土蜂蜜等当地土特产在家门口就被抢购一空的好势头。为了做强做大这一特色产业，黄沟村在原有基础上，引进资金，成立旅游发展合作社，目前已建成 10 座，在建 6 座，可接待游客百余人。黄沟自助小院的成功，不仅带动了黄沟村的旅游发展，同时也推动了鲁山县西部山区乡村旅游发展。

“发展特色经济，改善人居环境，建设美丽乡村，同时吸引更多的人到黄沟休闲、旅游，让黄沟成为名副其实的‘黄金沟’，让全村 361 户 1510 口人都享受实实在在的成果，这是我们驻村扶贫的目标。”秋风吹过山村，田地一片丰收，在阳光照射下，46 岁的陈京玉花白的头发泛起银光，但他的声音里却充满着坚定和自豪。

宋伟，男，汉族，1974 年 10 月出生，河南沈丘人，1993 年 7 月参加工作，2003 年 10 月入党，河南农业大学本科学历、学士学位。现任河南省农产品质量安全检测中心副主任。2015 年 8 月—2018 年 2 月，被派驻滑县慈周寨镇北李庄村任党组织第一书记。驻村以来，他紧紧依靠党的好政策，充分发挥村党组织的主体作用，定制度、立规矩，充分发挥基层党组织和党员的模范作用，提升群众精气神，以“输血”带动“造血”。他协调建立了 3 个产业扶贫基地，村集体经济收入从零发展到 20 多万元。村里经济发展了，群众脱贫了，“贫困村”摘帽了，文化氛围浓厚了，道路宽广、整齐、干净了，村内环境焕然一新。驻村期间，宋伟获得滑县优秀共产党员、“2017 河南十大年度扶贫人物”、全国“两学一做”学习教育基层先进个人、河南省优秀驻村第一书记、“河南最美村官”、河南省脱贫攻坚奖贡献奖等荣誉。

紧紧依靠农村党支部，唱响脱贫攻坚主旋律

滑县是国家级贫困县，北李庄村是滑县典型的贫困村，道路、文化等基础设施薄弱，村“两委”班子软弱涣散，虽紧邻大广高速和 213 省道，但经济发展水平低，村民主要收入来源是粮食种植

收入。2015 年 8 月，经组织选派，宋伟来到北李庄村任第一书记。入村以来，他紧紧依靠党的好政策，充分发挥村党组织的主体作用，通过学习教育强班子、抓队伍、鼓干劲，带领全村党员群众挖穷根、治穷病、摘穷帽。2017 年年底，全村贫困户只剩下 19 户 42 人，贫困发生率由 2015 年的 7.10% 降至 1.30%，2017 年 10 月顺利通过国家脱贫验收。群众生产生活发生了较大变化，对党和政府充满感恩之心。

当好党建的组织员，把党员群众的干劲鼓起来

“帮钱帮物不如帮个好支部。”作为下派的第一书记，宋伟明白只有让村党支部这个“主心骨”强起来，让党员干部这个“主力军”动起来，脱贫攻坚才能取得胜利。宋伟紧紧抓住开展“两学一做”学习教育这一重大契机，首先是自己带头学习党章党规、学习习近平总书记系列重要讲话，并着眼工作实际，重点学习了习近平总书记关于中国梦、脱贫攻坚的重要讲话，学习了中央和河南省委关于脱贫攻坚的决策部署，学习了上级有关部门的政策文件。自己学通了、悟透了，就积极开展“两学一做”学习教育，利用“三会一课”、主题党日等规定动作，组织支部成员和全村党员共同学习。为了提高学习效果，他动员支部成员轮流上台讲、相互教、比着学，邀请老党员讲党史，邀请致富带头人中的党员和入党积极分子讲解致富经验，每个党员都结合自身实际谈认识、谈体会、谈打算。通过学习，党员干部的思想认识、政治觉悟明显提高，充分认识到在贫困村“做合格党员”，最基本的要求就是带领群众脱贫致富。在此基

础上，宋伟让每名党员干部走出去，挨个登门拜访贫困户，和他们面对面拉家常，用土话讲解党的政策、用乡音传达党的声音。同时，宋伟还坚持把贫困户请到村委会，给他们集中讲课，讲党中央对贫困群众的关心，讲精准扶贫的标准、措施和办法，让群众树立脱贫信心。他还制定了重大事项决策、便民服务、党员干部学习、监督检查、“三会一课”等制度和村集体经济收入管理办法，给村“两委”立了规矩，明确了分工，强化了责任；给党员设置政策宣传、科技致富等 7 类岗位，公开承诺每年至少为贫困户办 1 件实事，党员干事有了平台，先锋模范作用逐步显现出来。现在，群众遇事都愿意找支部、找党员反映，并与其商量，村里工作步入良性轨道，党员干部有了干事创业的劲头，群众的心也热了起来，全村上下一门心思致富奔小康。

当好脱贫的指导员，把村里脱贫的路子找出来

学习教育提振的精气神，怎么转化为脱贫致富的实际成效，是宋伟面对的又一大挑战。北李庄村贫困户多，情况也比较复杂，为切实把扶贫工作干好、把脱贫路子选准，宋伟和全村党员干部一道对全村 428 户建档立卡贫困户一户一户走访，一家一家分析，看看他们都有啥想法、啥能力，适合通过什么样的途径脱贫。宋伟和支部一班人经常在一起开会讨论，加班加点，有时候连续几天只睡三四个小时。最终，经过充分听取党员群众的意见，支部决定把贫困户分成 4 类模式进行帮扶。对有能力、有意愿创业，但缺资金、缺技术的 86 户贫困户，给他们找创业帮扶路子，帮助争取政融保、

扶贫贷等小额贴息贷款项目，农业厅还派来专家进行技术指导，拨划项目资金 410 万元，扶持发展温棚种植和特色养殖。对有劳动能力但没有创业意愿的 319 户贫困户，给他们找就业帮扶路子，介绍他们到村高效农业园区、门帘厂、制衣厂 3 个就业帮扶基地务工，或介绍他们到外地务工。对劳动力弱、家中有病人的 33 户贫困户，给他们找资产收益帮扶路子，靠光伏发电、企业带贫、入股分红等资产收益增收。对贫困户中有一技之长的老人，除了给予资产收益帮扶外，还给他们买来生产工具，鼓励其走发展生产的路子。例如，聂化敬老人有理发手艺，给他买来理发器具，新建彩钢瓦棚；聂彦之老人有修理自行车手艺，给他买来修理工具；王天敬、李廷甫两位老人有养殖经验，给他们买来种羊、种猪，建羊圈、搭猪舍等等。为了让这些脱贫措施都能取得实实在在的效果，宋伟让村里 49 名有劳动能力的党员分片包户，每人根据能力至少联系 1 户贫困户，手把手地带、手把手地教，贫困户在脱贫路上走得越来越稳。

当好群众服务员，把大家最盼望解决的难事攻下来

宋伟明白，要彻底打赢脱贫攻坚战，必须抓住群众最急最盼望解决的大事难事，集中力量解决一批，让群众充分感受到脱贫攻坚带来的巨大变化，享受到脱贫攻坚带来的新成果。他和村里的党员干部运用“四议两公开”工作法，与群众一道，以破解“六大难题”推动村容村风根本性转变。一是破解行路难问题。争取有关部门支持，新修村主要道路 1.1 公里，路肩硬化 12,100 平方米，道路两边墙面美化 23,000 平方米，新装太阳能路灯 135 个。二是破解办事

难问题。组织村“两委”6名干部轮流坐班或登门服务，为村民代办各类事项，仅去年一年就代办1200多项。三是破解就业难问题。争取项目资金720万元，建设制衣厂、门帘厂、高效农业园区等一批特色产业基地，提供1100多个稳定就业岗位。四是破解集体经济收入难问题。争取项目资金254万元，利用交通和传统优势，建设家具展销大厅，每年增加集体经济收入20多万元。五是破解村内环境卫生问题。通过采取新建垃圾填埋点，摆放垃圾桶，购置垃圾清运车，评选7名保洁员、2名垃圾清运员，制定环境卫生保洁制度，张贴“农户三包”制度，发布环境整治倡议书等措施，现在村里道路宽广、整齐、干净，村内环境焕然一新。六是破解群众精神文化生活难问题。建设党群服务中心510平方米、农家书屋68平方米（有3000余本图书）、健身广场3个（共2000余平方米）、文化舞台1个（255平方米）以及设立科技培训中心和信息服务社等，广泛开展“好媳妇”“卫生标兵户”等文明村庄创建活动，丰富群众文化生活，使其从思想上刨掉“穷根”、从精神上长远脱贫。

通过宋伟和村里一班人的不懈努力，现在，北李庄村发生了巨大的变化，不单单是经济发展了、群众脱贫了、“贫困村”摘帽了，更重要的是支部有了“5+1”的制度，“两学一做”学习教育、“三会一课”、主题党日成了常态；党员通过设岗定责、公开承诺，充分发挥先锋模范作用，“做合格党员”的积极性越来越高，“不走的工作队”正在变得越来越有力。

陈军，男，汉族，1968 年 7 月出生，山东沂南人，1986 年 10 月参加工作，1989 年 12 月入党，大学学历。现任安阳市扶贫开发办公室党组成员、副主任。2015 年 8 月被派驻林州市黄华镇庙荒村任党组织第一书记。驻村以来，他协调建村内道路、建蓄水池、建灌溉渠、引天然气入户、升级改造电网、建老年活动中心、开设儿童“四点半课堂”；实施人居环境改善，新建生态停车场、村级光伏发电站、“创客基地”、党群服务中心；招商建设旅游度假区，成立了庙荒旅游发展有限公司和农林种植合作社，村集体收入从欠债 27 万元到盈利 60 万元。他先后获 2018 年度河南省优秀驻村第一书记、河南省脱贫攻坚奖贡献奖、河南省脱贫攻坚工作先进个人、河南省人民满意的公务员、2019 年度全国五一劳动奖章等荣誉。

带着母亲来扶贫，脱贫攻坚战庙荒

地处太行山下的林州市庙荒村，就像它的名字一样，是一个连“庙”都荒了的村，多少年都没有摆脱贫困的阴影。自 2015 年 8 月任庙荒村驻村第一书记以来，陈军牢记脱贫攻坚责任使命，带着病重的母亲驻村扶贫，奋力“垦荒”“拓荒”，赢得了大家的真心拥护。他突出党建引领，凝聚脱贫攻坚合力；着力发展扶贫产业，帮百姓脱贫致富；加强基础设施建设，打造美丽宜居庙荒；强化精神扶贫，涵养健康向上生活方式。2018 年庙荒村顺利脱贫，成为远近闻名的“幸福村”，庙荒村先后被评为“全国乡村旅游重点村”“中国脱贫攻坚考察点”。庙荒村发展生态旅游的扶贫案例成功入选全国 100 个贫困村特色扶贫案例。他时刻把贫困家庭的安危冷暖放在心上，倾情倾心倾力帮扶，被干部群众亲切地称为庙荒村的“拓荒牛”。

林州市黄华镇庙荒村距离城区 7 公里，有 7 个自然村、5 个村民小组，耕地面积 660 亩，山地面积 3989 亩；总人口 277 户 846 人，其中建档立卡已脱贫人口 20 户 35 人；背靠风景秀丽的太行山，人工天河红旗渠穿村而过。脱贫攻坚战之前，由于诸多原因，庙荒村经常发生水荒，老百姓浇地难、吃水难；全村无一条硬化水泥路，行路难、用电难；村集体经济一穷二白，欠外债 20 多万元，成为黄华镇唯一的省级贫困村。

陈军 1999 年从部队转业后一直从事扶贫工作，先后担任安阳市扶贫办基础项目建设科科长、开发指导科科长，对扶贫业务娴熟，组织领导、统筹协调能力强，是全市扶贫战线的优秀一员。2015 年 8 月，他受命担任庙荒村驻村第一书记，并于 2017 年、2019 年连续两次留任，一直带着病重的母亲驻村扶贫。近 5 年来，他和村“两委”一班人从群众最关注、需求最迫切的工作入手，坚持规划先行、基础先行，奋力“垦荒”“拓荒”，为百姓引来幸福水，助百姓踏上幸福路，帮百姓赚到幸福钱，使得昔日穷山村发生了历史性嬗变。2018 年庙荒村脱贫摘帽，2020 年村集体经济收入达到 50 万元。

聚力党建“强”庙荒

突出党建引领，以高质量基层党建促进高质量脱贫。陈军把建强基层组织、打造坚强战斗堡垒作为首要任务，倡导为共产党员家庭挂牌、配发党员徽章，亮明身份，彰显先进性，增强荣誉感；经常关心慰问困难党员，送去党的温暖和人文关怀。在此基础上，以“三会一课”为抓手，坚持每周带领村“两委”干部和党员加强政治理论学习，推进“两学一做”学习教育常态化和“不忘初心、牢记使命”主题教育常态化，树牢“四个意识”、坚定“四个自信”，发挥党员干部在决胜脱贫攻坚中的先锋模范作用。

建好党群服务中心，打造党员干部和群众的阵地之家。建成1000平方米的党群活动中心。每逢周一和重大节日，他都与党员干部一同举行升国旗仪式，进行爱国主义和党史教育。开展好主题党日活动，组织“颂党恩、听党话、跟党走”“决战决胜脱贫攻坚”等主题讨论，“七一”前夕带领全体党员重温入党誓词，不断增强村“两委”干部、党员群众的凝聚力，坚定决胜脱贫攻坚、建设美丽家园的信心和决心。

夯实基础“美”庙荒

道路硬化到门口。硬化村内道路6.8公里，水泥路修到7个自然村和家家户户的门口，并安装120盏太阳能路灯，老百姓告别多年行走泥石路和漆黑道路的历史，踏上了“幸福路”。

百姓饮水更安全。建设了1200立方米的人畜饮水池，自来水管网通到每家每户，解决了饮水难问题；新建扬水站1座，修建了9230米灌溉水渠，使耕地全部成为旱涝保收田。

公益事业惠民生。2016年7月，户用天然气项目使92户老百姓告别了千百年来烧柴烧煤的历史，被称为“厨房革命”。新建4个文体广场，新建农家书屋、老年活动中心，开设儿童“四点半课堂”。完成电网改造升级，村民生产生活用电更加有保障。

人居环境大提升。村内地下管网全部铺通,同时进行雨污分流，农户厕所基本完成水冲式改造；垃圾实现了集中收集、分类处理；新建停车场5000平方米、公共厕所3座；对史家庄、孤石上、铁犁寨3个自然村进行高标准打造，全面提升人居环境。感受一天天变化的村容村貌和日益提升的生活水平。

小庙荒自然村的村民提议将村名改为“盛世村”，感谢党的脱贫攻坚好政策。

真情大爱“暖”庙荒

陈军时刻把贫困群众的安危冷暖放在心上，倾情倾心倾力帮扶，赢得了大家的真心拥护。2015年，刘珂成为庙荒村第一个考入“985”高校的大学生，是全村人的骄傲，但是几千元的学费和生活费却让刘珂的父母犯了愁。陈军知道后第一时间去了解情况，立即掏出1000元，并争取所在单位每年资助其5000元，直至本科毕业。贫困户刘宏昌的妻子患脑血栓后遗症多年，2016年他又突发脑出血成为植物人。通过陈军提议和做工作，刘宏昌成为全村唯一一家不用自己掏一分钱、道路硬化到门口的家庭。71 岁的贫困户刘祥伏，全家 3 口人，本人患脑血栓后遗症 5 年，右眼失明、行动不便，儿子、儿媳妇均是先天性智障。陈军和帮扶干部一起，在 2017 年帮助他一家三口全部享受了五保待遇，并落实了医疗保障政策。如今刘祥伏一家的生活不但有了最基本的保障，还发生了质的变化，他逢人就会激动地说："如果没有陈书记的帮扶，我们一家三口可能就没了。""陈书记经常来家,他一来,俺心中就有底了,活得就更有劲了！"

2017 年年初，陈军在山东沂蒙老家的母亲疾病缠身，生活不能自理，而庙荒村脱贫攻坚各项工作正紧锣密鼓地开展，扶贫项目正处在建设的关键时期。怎么办？思虑再三，他与母亲商量："您在沂蒙山区是住，到太行山区也是住，我带着您去扶贫吧，也看看我在村里干得咋样。"老人在短暂犹豫后同意了。照顾患病老人是琐碎的事，陈军在工作之余，白天搀扶或推着母亲在村里转悠，夜晚有时间就陪在老人身边，常常一晚上只能睡三四个小时。母亲住进庙荒村后，村里的老人轮流去家里和她拉家常。看到母亲脸上有了笑容，他满心欢喜，打好攻坚战没有了后顾之忧。

陈军为全村百姓做出这一桩桩、一件件实事好事，大家看在眼里、记在心里。2017 年、2019 年两次任职期满，本打算带着母亲回去的他，却遇到了村里的"阻碍"，庙荒村的党员群众多次联名向上级组织请求，希望他留下来。也正是群众的期盼和请求，使他备受感动和鼓舞，一次又一次留了下来。

时任河南省委书记王国生曾在全省脱贫攻坚工作电视电话会议上点名表扬陈军："一边照顾母亲，一边拼命工作；舍小家献大爱，诠释了对党的忠诚，展现了新时代出彩河南人的精神风貌。"

齐尚山，男，汉族，1969年3月出生，河南滑县人，1986年11月参加工作，1989年7月入党，大专学历。2016年5月被派驻安阳市滑县半坡店镇闫河屯村任党组织第一书记。驻村以来，他帮助协调装路灯、打机井、修公路，时刻关心村里发展；走村入户，帮助贫困家庭发展高效农业和特色养殖。他是一个尿毒症病人，双肾衰竭，依靠每周3次透析维持生命。患病以来，齐尚山始终坚守在第一书记岗位上，奋战在扶贫第一线。在他的带领下，闫河屯村于2017年10月摘掉了贫困村的帽子，被县里评为“脱贫攻坚先进村”。齐尚山于2018年入选“河南好人榜”，获得2019年度河南省劳动模范、2019年度河南省脱贫攻坚奖贡献奖、2020年度河南省烟草系统扶贫工作先进个人等荣誉。

生命不息，奋斗不止

闫河屯村位于半坡店乡的东北部，耕地面积3600亩，以沙荒地居多。在册人口385户1280人，常住人口900多人，属典型的穷乡僻壤偏远村。2016年1月，在“打赢脱贫攻坚战，我为家乡做贡献”的浓厚氛围影响下，齐尚山作为一名普通党员走进闫河屯村。这4年来，在齐尚山和村“两委”、乡亲们的共同努力下，闫河屯村于2017年10月摘掉了贫困村的帽子，被县里评为

“脱贫攻坚先进村”。齐尚山是一位尿毒症患者，双肾衰竭，依靠每周 3 次透析维持生命。患病以来，齐尚山始终坚守在第一书记岗位上，奋战在扶贫第一线。“生命不息，奋斗不止。”虽身患重病，但齐尚山扎根闫河屯村，以实际行动带领乡亲们过上好日子的决心从未改变。

带病坚守脱贫攻坚一线

2016 年 5 月，正式成为半坡店乡闫河屯村驻村第一书记后，齐尚山便把所有精力都投入了帮扶工作中，2016 年 11 月，不幸却降临到了齐尚山的身上，他因身体站立不住被紧急送往郑州进行治疗，确诊为尿毒症 5 期，双肾功能丧失，必须尽快做肾移植手术，但是他的血型为 Rh 阴性血，这种稀缺血型能够配型的肾源少之又少，齐尚山却在病情稳定后执意出院了。12 月初，他带着透析引流管又回到了工作岗位，回到了贫困群众身边！

着力建强基层党组织

2016 年 5 月，齐尚山刚到任就遇到了一个难题，在走访村民时，他不时听到村民反映村委班子不团结、软弱涣散，个别干部工作粗暴、侵占村民利益等问题。而问题的源头，直指时任村委会主任闫某。听闻风声，闫某主动找到齐尚山，出言只有配合他，齐尚山的第一书记才能干得稳。齐尚山没有丝毫犹豫，紧锣密鼓地多方搜集并核实证据。一个月后，一份建议将闫某停职的材料摆到了乡党委书记张红星的案头。乡党委召开专题会议研究，一致同意作出对闫某停职停薪的决定，通过法定程序免掉了他的职务。

农民富不富，关键看支部；支部强不强，关键是班长。驻村后，齐尚山抓基层党组织建设，从转业退伍军人、务工回乡青年、致富能人中发展党员和后备干部。齐尚山认为，关键是把软弱涣散的党支部变成坚强的战斗堡垒。齐尚山把严格组织实施“三会一课”制度作为突破口，“微信党课”“田间党课”“电影党课”交互进行，学习心得、学习点评、学习实践环环相扣，学习既注重形式，更注重实效。通过抓实抓严“三会一课”，把全体党员牢牢聚拢在党支部周围，大家心往一处想、劲往一处使。

精准扶贫一步一个脚印

2016 年，河南在全省范围内实施“六改一增”扶贫项目，齐尚山安排支部班子成员分头行动，按照研究通过的方案，入户调查统计、确定维修项目、监管资金使用、严格工程验收，一个环节一个环节地有序推进项目。针对村里基础设施落后的现状，齐尚山不仅申请来了道路建设资金，还主动参与道路的规划、设计，最终把 12.2 公里的水泥路建成了让群众满意的优质工程、廉洁工程。针对闫河屯村党建教育设施落后的问题，齐尚山积极协调，筹措资金，2018 年 11 月，投资 40 万元、占地 3 亩的党建活动室竣工。

尽心尽力为群众排忧解难

在闫河屯村，因大病致贫返贫的现象突出，是脱贫攻坚最难啃的一块“硬骨头”。齐尚山把因病致贫家庭全部纳入帮扶范围，针对贫困户具体情况，采取政策兜底、医疗救助、临时救助和爱心救助等手段，分类施策抓好脱贫。

年近80岁的薛全荣,大儿子因病去世,二儿子闫子电患脑梗死，二儿媳精神失常，齐尚山拖着肿胀的双腿，多次向县民政局反映情况，将薛全荣和闫子电夫妻纳入低保户。今年春节前夕，齐尚山带上从单位申请的1000元临时救助金和油盐米面等生活用品，送到了薛全荣的家里。

扶贫先扶志。贫困户秦爱朵中年丧夫，儿子脊柱侧弯做手术欠下近10万元外债，女儿上大学还需要学费，家庭重负让她一度失去了生活的信心。得知这些情况后，齐尚山不仅帮助秦爱朵募集善款，给孩子提供助学金，还经常鼓励她用自己的双手摆脱贫困。秦爱朵的儿子小宏博说:“齐伯伯，自从您来了，俺家就变样儿了。您帮俺家申请了计生特扶资金每月900元,还帮我和奶奶办了低保，还给妈妈找了保洁的工作！”看到小宏博这么开心，齐尚山也欣慰地笑了。

村民马本芹高兴地编了顺口溜:“齐书记到俺村，俺村的面貌大变样，又是修广场，又是挂路灯，搞养殖业、种植业，齐书记能给咱领着路，咱一定能脱贫能致富！”

小康路上一个都不能少

闫河屯村传统的种植模式单一，齐尚山认为，要想富，就要找准一条适合闫河屯村发展的新路子，他和村干部一起到山东和河南的兰考、内黄等地考察特色农业种植，把农民专家请到村里“现身说法”。近年，在他的努力下，村里不仅成功引进辣椒、红薯等经济作物，还招商引资建立扶贫车间，将深加工的辣椒酱出口到了韩国。2020 年，通过到外地考察，结合村里实际，齐尚山又从山东引进了苹果、冬桃两个果木种植项目，种植面积近 500 亩。

在齐尚山的带领下，闫河屯村于 2017 年 10 月摘掉了贫困村的帽子，被县里评为“脱贫攻坚先进村”。2018 年 9 月 25 日，在河南省脱贫攻坚工作电视电话会议上，时任河南省委书记王国生点名表扬了齐尚山。他在入选 2018 年度“河南好人榜”后又连续获得 2019 年河南省劳动模范、全国烟草行业第七届劳动模范和河南省脱贫攻坚奖贡献奖，2020 年获评全省烟草行业扶贫工作先进个人、“感动安阳”2020 年度人物、安阳北关区第五届道德模范等。《经济日报》、中国共产党新闻网、《东方烟草报》、《河南日报》等多家媒体对其事迹进行了宣传报道，中央电视台 2019 年录制专题片《齐尚山：用热血奔赴生命》在中国农业农村频道播出。

脱贫摘帽不是终点，而是新生活、新奋斗的起点。齐尚山说，越是关键时期，越要牢记肩上担负的责任，脱贫攻坚越到最后，越要紧绷这根弦，不能停顿、不能大意、不能放松，要为村里多办好事、多做实事，让大家早点过上幸福的小康生活。

杜文波，男，汉族，1978年10月出生，河南汤阴人，1996年10月参加工作，2013年6月入党，郑州大学网络教育专科学历。现为汤阴县扶贫开发办公室职员。2016年10月被派驻安阳市汤阴县五陵镇南小章村任党组织第一书记。驻村以来，他协调硬化村内主干道2407米、修建柏油路850米；实施安全饮水工程和电网改造，新建25kW村级光伏发电站，投资150万元新建标准化厂房；新建党群服务中心、文化广场、文化舞台、标准化卫生室等。2019年村集体经济收入达18.16万元，南小章村退出贫困村。2020年全村贫困群众脱贫。杜文波获评2018年度河南省脱贫攻坚工作先进个人、2021年度全国脱贫攻坚先进个人。

甘于奉献，乐于助人，倾情帮扶为群众

汤阴县五陵镇南小章村位于汤阴县最东部，南邻卫河，是典型的偏远村庄。长期以来，群众靠传统种植维持生计，基础设施落后，村集体经济薄弱，村“两委”班子不健全，战斗力不强。全村450户1602人，2016年有贫困户30户104人，村民主要致贫原因是疾病。2016年10月，杜文波被组织选派到南小章村担任第一书记。4年多来，他坚守一线，舍小家顾大家，带领全村干部群众，攻坚克难，埋头苦干，努力改变村容村貌，为民解忧除困，用无私奉献诠释着一名共产党员的初心，南小章村脱贫攻坚工作取得显著成效。他夯实基层党建，完善基础设施，发展特色产业，带领南小章村从昔日的“贫困村”变为“强村”“文明村”，走出了一条稳定脱贫、共同致富之路。

建强基层组织，筑牢战斗堡垒

作为一名县直机关下派的党员干部，杜文波牢记使命，时刻提醒自己作为“党建第一责任人”的职责所在。村“两委”换届选举，他配合镇党委、镇政府，选优配齐村“两委”班子。为抓好党员管理，他严格落实“三会一课”、主题党日和组织生活会等各项制度。通过“智慧党建”、党小组会、党员大会、“学习强国”App等，开展经常性的政治理论学习；扎实开展党员“亮身份、树形象、作表率”活动，实行无职党员设岗定责、党员积分动态化管理等，推动党支部规范化建设；平时以自己的模范言行，带动村“两委”干部和党员干事创业的积极性，努力打造一支“永远不走的工作队”。

办好惠民实事，确保增收脱贫

杜文波到任后，坚持吃住在村里，深入走访群众，摸清村情民情，掌握贫困现状，制订脱贫规划和帮扶计划。通过与村组干部座谈，和县镇领导交流沟通，虚心学习，记录了一本本厚厚的驻村日志。“要想富，先修路。”要彻底改变村庄落后的面貌，必须加大基础设施投入。他通过“四议两公开”工作法，向上级争取各类帮扶资金500多万元，投资52.5万元硬化水泥路2407米，新建一座550平方米的文化广场，投资12.35万元硬化人行道440平方米，投资31.88万元硬化小巷道路3856平方米，修建柏油路850米；实施安全饮水工程，让村民吃上了放心水；实施电网改造，解决了群众用电难问题；投资25万元修建U型渠2500米，解决了群众浇地难问题。此外，他协调安装路灯160盏，投资69.74万元新建党群服务中心，投资43.44万元新建文化广场和文化舞台，投资31.79万元新建标准化卫生室，投资9.8万元对村西提灌站进行提升改造。为发展村集体经济，2017年，杜文波积极争取上级资金，投资150万元新建标准化厂房1栋，租赁给浩欣服装加工厂，租赁费年收入12万元；投资29.7万元，新建25kW村级光伏发电站1座，年收入1.2万元。南小章村原有集体土地72亩，因其他原因，长期没有集体收益。杜文波积极带领村“两委”干部协商解决土地遗留问题，成功收归集体所有，后将这72亩土地承包给种植大户种植优质花生，每亩转包费700元，村集体年收入增加5.04万元。通过以上措施，2019年村集体经济收入达到18.16万元。

为民解忧除困，实现党员担当

脱贫攻坚要做到因户因人精准施策，杜文波把提高脱贫质量放在首位，走遍全村所有贫困户，把党的惠农政策宣传到家家户户，不让脱贫奔小康路上落下一人。贫困户王艮风，女，80多岁，是南小章村建档立卡贫困户，与儿子吴海运一起生活，吴海运患脑梗死和关节炎，生活不能自理。2016 年 12 月，杜文波在入户走访中发现，虽然已进入冬季，天气寒冷，王艮风和儿子吴海运 2 人，仍然穿着单薄的衣服，盖着单薄的被子，杜文波当即发动单位同事捐赠棉衣棉被等过冬物品，送到吴海运家中。吴海运走路困难，家属提出想办理残疾证，杜文波向单位领导汇报后，派车帮助吴海运到医院进行残疾鉴定。贫困户袁玉安因女儿是抱养来的，长期以来一直无法办理户口。杜文波得知后，联系媒体，帮助其办理了落户所需的证明材料，顺利办理了户口。贫困户张枝，原名叫张自枝，女，60 多岁，20 多年前，从陕西来到河南，原籍户口早已注销，至今没有在河南落户口，连养老保险都未办理。家里原来的危房刚刚进行了改造，仅靠几亩地生活，丈夫袁军生病多次住院，2018 年 5 月去世，生活十分困难。袁军去世以后，张枝找到杜文波，想让他帮忙办理户口。落户需回原籍陕西省安康市岚皋县去办理，张枝不认识字，家里没有人能陪她去，村里也没有人去。杜文波想，当群众遇到困难的时候，我们必须迎难而上。杜文波决定，与张枝一同到岚皋县办理户口。2018 年 12 月，杜文波与张枝一同来到岚皋县滔河镇，克服种种困难，在滔河镇车坪村驻村第一书记的帮助下，顺利开到了证明，3 个月后，收到了张枝兄弟张自仁从陕西邮寄过来的户口本。至此，全村 5 个没有户口的贫困村民，全部落户。有了户口本，还需要办理身份证、迁户口。张枝再次找到杜文波帮忙。2019 年 4 月，杜文波与张枝又跑了一趟陕西省岚皋县滔河镇，他一心为群众办实事的行为被滔河镇派出所同志点赞。

提升治理水平，促进乡风文明

为加强村务监督，杜文波带领村“两委”干部对村级重大事项严格执行“四议两公开”制度。对不符合贫困户条件的群众，详细讲解政策，对全村所有低保户实行民主评议，不符合条件的，一律退出，化解了“非贫困户争当贫困户、争当低保户”的难题。扶贫先扶志，杜文波在南小章村成立新时代文明实践站，建立健全“一约五会”制度；实行党员干部带头，村民自觉遵守、积极参与，树立了良好的道德风尚；倡导孝老爱亲、邻里和睦、勤俭节约等文明新风，遏制大操大办、索要彩礼、相互攀比等陈规陋习；积极动员党员群众开展义务劳动，通过集中治理、“每周一小时”清洁家园、日常保洁等，进行环境卫生整治，拆除清除违章乱建，使村庄得到进一步美化净化。

有耕耘就会有收获。在杜文波的带领下，南小章村的村容村貌焕然一新，村集体经济收入大幅增加，贫困群众脱贫得到保障，生活水平持续提升。2019 年，南小章村脱贫摘帽。2020 年，34 户 105 位贫困村民全部脱贫。杜文波所驻村党支部 2019 年被县委、县政府评为“先进党组织”。

郭欢，男，汉族，1980年1月出生，河南南乐人，2000年8月参加工作，2003年6月入党，本科学历。现任中共安阳市纪律检查委员会第八审查调查室主任。2018年3月—2021年3月，被派驻安阳市殷都区都里镇东郊口村任党组织第一书记。驻村以来，他抓党建引领，促脱贫攻坚；结合本村实际情况，重新梳理脱贫思路，制订精准扶贫、稳步脱贫计划；积极发展村集体产业经济，实现持续稳定增收；积极协调公益性岗位，为贫困户增加收入；积极争取项目资金，完善提升村内基础设施，助力脱贫攻坚，受到全村群众一致好评。2019年年底，东郊口村顺利整村脱贫，为全村实现小康打下了坚实的基础。郭欢获2018年度安阳市脱贫攻坚先进个人、2019年度安阳市五一劳动奖章、2021年度全国脱贫攻坚先进个人等荣誉。

用行动诠释担当，用责任实现价值

东郊口村位于安阳市殷都区都里镇西北部山区，地处两省（河南、河北）四县区（林州、殷都区、涉县、磁县）交界处，距离安阳市区100多公里，距离都里镇政府30公里左右，与河北省一水之隔。全村住户55户，人口196人，耕地面积230亩，属于山多地贫的村庄。全村共有贫困人口26户110人，贫困发生率为37.2%，是安阳市唯一一个深度贫困村，脱贫任务异常艰巨。2017年11月，郭欢被安阳市委选派办选派到安阳市殷都区都里镇东郊口村担任第一书记。3年来，郭欢努力克服各方面困难，锐意进取，积极工作，使东郊口村成功脱贫摘帽，如期打赢了脱贫攻坚战。

提高站位，攻克思想认识障碍关

面临全新的工作环境和艰巨的脱贫任务，郭欢没有气馁，他首先转变思想认识，把自己当成一个农民，走到老百姓当中去。他走进每家每户，与百姓拉家常，了解村情民意，倾听群众的呼声。他深入贫困户家中访贫问苦，宣传党的脱贫攻坚各项政策，开展多种形式的政策培训和技能培训，确保各项扶贫政策落到实处。经过努力，全村18户贫困户均已享受到教育、医疗、住建、金融等各相关行业的优惠政策，扎扎实实地享受到党的各项扶贫政策。

建强队伍，攻克基层组织合力关

郭欢刚到村里时，村里没有党支部书记，仅有村委会主任1名。村里已经好多年没有发展过党员，村党组织基本上处于瘫痪状态，组织生活无法正常开展。郭欢驻村后，恰逢村“两委”换届选举，郭欢以此为契机，通过前期走访群众，对村情民意进行摸排，同村里的党员逐个交流、沟通，并召开了村民代表大会，让党员和群众提高思想认识，顾大局，摒弃个人恩怨。最终，通过换届选出了党支部书记、村委会主任各1名，支委3名，村委1名，配齐了强有力的村“两委”班子，为开展好脱贫攻坚等工作奠定了坚实的基础。值得一提的是，此次换届，2名贫困户秦保书、孟志伟被选入村“两委”班子，秦保书当选为村主任，孟志伟当选为支委委员，既充实了村“两委”班子，又为群众树立了脱贫榜样。

郭欢同驻村工作队和村“两委”班子认真研判每户贫困户致贫原因，重新梳理脱贫思路，重新组建村级脱贫攻坚责任组，结合村实际制订了脱贫时间表、路线图，分户制订脱贫计划和帮扶措施，确保责任有效落实。针对村委办公条件简陋的问题，郭欢用第一书记办公经费，购置了办公桌、椅、电脑和打印机，以方便村内各项工作的正常开展；安装了空调，重新布置会议室，全面提升基层党组织阵地建设。

他认真落实“三会一课”制度，加强对在家党员的教育培训，对在外务工的党员建立微信群，每周进行微信党课学习，落实党员积分管理、“三务公开”等制度，开展党员“亮身份、亮承诺、亮实绩”的“三亮”活动，发挥党员先锋模范作用。本村70多岁的老党员崔金水，每天带头主动打扫广场卫生，用实际行动践行全心全意为人民服务的宗旨。郭欢还更新党员远程教育学习设备，更换各类党建、扶贫版面，不断加强基层组织阵地建设。他积极带领“两委”干部认真组织开展“不忘初心、牢记使命”主题教育，组织全村在家党员到河北涉县一二九师司令部旧址、兰考县焦裕禄纪念馆参观学习，缅怀革命先烈，传承红色基因，重温入党誓词。一系列党建活动的开展，提升了党组织的凝聚力，增强了党员自觉为人民服务的宗旨意识。

为民谋利，攻克全村群众信任关

3 年来，郭欢为村民解决了一个又一个实际的问题，干了一件又一件实实在在的事。2018 年以来，他积极协调累计争取项目资金 300 余万元，先后修复了被“7·19”洪灾摧毁的灌溉渠、跨河管道和围村护岸，修缮了村大舞台、村委会办公室，新建了文化活动室、卫生室、惠农超市、电商代理点和标准化旅游厕所，新修了排洪桥、蓄水池，硬化村内道路、古檀树观光道路，绘制文化墙，安装路灯等。这些项目的实施,使村内的基础设施得到了完善和提升,解决了群众生产生活困难，同时也极大丰富了群众的业余生活，受到了全村群众的一致好评。另外，为提高贫困户收入，根据贫困户自身意愿和自身条件，他积极争取区、镇相关部门的支持，帮助申请公益性岗位 12 个，为贫困户每月带来 400 元、600 元、950 元不等的收入，实现了持续稳定增收。

找准定位，攻克集体经济发展关

发展村集体经济是驻村第一书记的重要任务。以前东郊口村山多地贫、交通不便，村内无任何企业和经济组织，发展村集体经济困难重重。为攻克集体经济发展难题，驻村后，郭欢经过多方调研，在村集体光伏发电项目的基础上，帮助其成立了村集体安阳东鑫花椒专业种植合作社，并协调帮扶企业豫龙焦化集团有限公司与合作社签订了长期农产品包销协议，实现了村集体稳定增收。今年，他又和村“两委”干部一起利用村集体合作社，结合都里镇政府引进的龙头企业德江农产品公司，采用“龙头企业 + 合作社 + 贫困户”的带贫模式，由龙头企业负责对村集体合作社的农产品包购包销，实现农产品品牌化、市场化，提升了产品竞争力，拓宽了村集体合作社增收渠道，发展壮大了村集体经济。

2018 年至 2020 年建档立卡贫困户 18 户 73 人实现了稳定脱贫，全村贫困人口清零。作为安阳市唯一一个深度贫困村，东郊口村摘掉了贫困村帽子，如期打赢了脱贫攻坚战，为全村实现小康打下了坚实的基础。郭欢用行动兑现了他的承诺，并且还谋划着东郊口村未来的发展：依托专业合作社发展高效生态农业，依靠紧邻“漳河峡谷国家湿地公园”得天独厚的自然资源优势，发展乡村旅游，将东郊口村打造成美丽乡村和旅游特色示范村。

崔红利，女，汉族，1976 年 5 月出生，河南滑县人，1992 年 7 月参加工作，2003 年 4 月入党，本科学历。现任滑县政协农业农村委副主任。2017 年 12 月被派驻滑县枣村乡南小屯村任党组织第一书记，2019 年 10 月被派驻滑县枣村乡汤营村任第一书记。自 2017 年 12 月驻村以来，她抓党建、促民生，设立村党群服务中心，组织开展了“两好两孝”等评选活动；访民情，解民忧，广泛深入走访农户 821 户，其中建档立卡贫困户 138 户；劝返叛逆少年重回校园，改善老弱病残等特困群体居住环境，使他们对生活重燃希望。她强基础、办实事，协调项目资金 915 万元，改善水利设施、升级电网改造、完善生产生活路网管网；抓产业、促增收，先后引进资金 800 余万元，建成了金泰制衣、聚福盛养殖合作社等实体企业，帮助 26 户贫困户在家门口就业，每年增加村集体收入 5 万元。崔红利荣获 2020 年度河南省脱贫攻坚奖贡献奖。

不言耕作苦，只为他人甜

安阳市滑县是国家扶贫开发工作重点县，汤营村是滑县 178 个贫困村中典型的贫困村，贫困发生率高，人均收入低，无村集体经济收入，穷、脏、乱。全村 410 户 1554 人，2017 年前建档立卡贫困户 64 户 260 人。2017 年 11 月，县政协党组决定选派一批工作责任心强、能吃苦、有思路、有办法的机关干部到村担任第一书记，并召开动员会，号召大家踊跃报名，积极投身到脱贫攻坚中去。崔红利毅然决然放弃了在机关有规律、有秩序的工作，递交了驻村申请书，选择了直接面对各种各样未知的艰辛和困难的驻村工作。她夯实基层党建，完善基础设施，发展壮大村集体经济，带领汤营村从“穷脏乱村”变为“乡村振兴示范村”，汤营村后被评为“2021 年滑县人居环境示范村”，走上了实现产业、人才、文化、生态、组织全面振兴之路。

扶贫济困显柔情

在这个岗位上，她怀着群众的事无小事，想群众所想、急群众所急、做群众贴心人的赤诚之心，抱着脱贫攻坚必胜的信念，用她那坚韧的毅力，克服了无数意想不到的困难，从每一件小事做起，干出了一件件看似平常但意义非凡的事情。

村民张军胜的儿子张振阔，正值上初中的年龄，性格内向，又因为青春期心理逆反，学习成绩较差，说什么也不愿意到学校去。时间已经过去了三个多月，家长哄过、吵过，也打过，用尽各种办法，都无济于事。崔红利第一次登门劝说，孩子看到她招呼都不打，躺在床上玩着手机。第二次登门，孩子对她笑了，还有问有答了。第三次登门，孩子主动给她打招呼，还给她拿凳子让她坐。第四次，他们之间可以愉快地交流、分享趣事了。经过多次摆事实、讲道理，孩子终于同意返校。现在已经过去了一年多，孩子仍然在学校安心地读书，成绩也明显进步。

2019 年 10 月因工作需要，她离开了南小屯村，前往汤营村任第一书记兼工作队队长，好些村民至今还与她保持联系，咨询一些问题，让她帮助解决一些难题，或是想找她聊聊天。

邵玉方是汤营村的建档立卡贫困户，2020 年种了 4 亩大白菜，收获了近 4 万斤，随着气温逐渐降低，田间地头的白菜销路成了问题，眼看着一棵棵大白菜就要被冻坏在地里，邵玉方寝食不安，四处找人帮忙都没有明显效果。崔红利得知这一情况后，十分着急：如果这些白菜销不出去，他一家 6 口人的生活可怎么办？刚刚燃起的脱贫信念和希望就会被残酷地扼杀，也许经过这件事情，邵玉方会一蹶不振，刚刚脱贫的他就会重新成为贫困户。于是，崔红利立即四处电话联系经销商，加微信、发图片详细介绍白菜品质，自己掏钱买了 200 余斤白菜当样品一家一家登门推销。销量和价格都谈好了，可是送货又成了问题。邵玉方家有一辆农用三轮车，一车装白菜 1000 来斤，从枣村到县城 20 多里地，需要来回跑几趟，费时费力又不安全，崔红利联系了工地老板牛英港租了辆卡车，带了 4 个人到了邵玉方家地头，帮助邵玉方把白菜从地里搬运到路边，眼看着一包包大白菜被搬到卡车上，邵玉方脸上露出了笑容。

发展产业添后劲

把产业扶贫作为脱贫攻坚的重要举措抓细抓实，有产业的带动，才能为村里的发展奠定长远基础。但村里贫困群众的现状要么是老弱病残，要么是家有病人或有学生不能外出，动员他们外出务工显然不切合贫困户实际，只有在村周边发展扶贫产业，让贫困群众在家门口实现就业，才是帮助群众摆脱贫困的最有效途径。因此，为了发展符合本村实际的扶贫产业，她积极征求、询问县、乡的扶贫产业扶持政策和主导方向，认真组织开展调研活动，主动联系本村的在外成功人士和经济能人召开座谈会，并动员他们返乡创业造福乡邻，制订符合该村实际的产业发展规划。经过大家的共同努力，在乡党委、政府的大力支持帮助下，借助县产业就业基地建设奖补政策的东风，村里成功引进了三个投资百万元以上的企业，一个是投资 300 万元的金泰服装分厂，一个是投资 200 万元的艺轩饰品有限公司，一个是投资 300 万元的聚福盛肉牛养殖合作社，帮助村里 100 余名群众在家门口实现了就业（其中建档立卡贫困户 26 人），并可为村集体每年增加经济收入 5 万元。

美化环境奔小康

“要不是崔书记，咱村里这路灯还不知道啥时候能安上，现在晚上出门可敞亮了！”南小屯村 60 多岁的张大爷兴奋地说。

崔红利刚到村里的时候，因为没有路灯，一到晚上村子里漆黑一片，给群众的生活造成了很多不便，也不安全，特别是老人和小孩，很容易磕磕碰碰。可村委拿不出钱，怎么办？她向县政协说明情况后，县政协立即召开政协党组会议进行研究，决定拿出 1 万元，以解燃眉之急。

钱一到位，村委立即投入施工。短短几天时间，村里 70 多盏路灯就全亮了，村民们再也不用摸黑出门、摸黑回家了。看着明亮的村子，看着村民脸上洋溢着的笑容，她清楚地感觉到，人生价值在为民办事的过程中得到了体现。路灯明了，群众的心里亮了，也更暖了，她也更清楚下一步努力、前进的方向了。

“扶贫为民，终生无悔！驻村工作虽然辛苦，但是我的心里感觉很踏实，我所做的这些都是我应该做的，我来驻村就是为群众解决一些实际困难，就是为困难群众服务的，了解他们的所思所想、所愿所盼，用一颗真心，尽自己最大的能力去帮助他们早点脱贫致富，才是最终目标。”崔红利坚定地说。

面对未来，她决定要在这条路上继续奋战，只争朝夕，不负韶华，为实现党中央确定的全面建成小康社会目标做出自己应有的贡献。

徐光，男，汉族，1953年12月出生，河南淇县人，1969年12月参加工作，1972年4月入党，大专学历。现任大石岩村党支部书记、村委会主任。2016年10月，徐光响应淇县“头雁回归创业计划”的号召，回到家乡担任党支部第一书记，2018年4月当选党支部书记，2021年2月当选党支部书记、村委会主任。任职以来，徐光始终保持军人本色，发挥离退休干部优势，带领全村干部群众理思路、聚人心，强组织、谋发展，让一个地处太行深山、荒凉落后、名不见经传的深度贫困村焕发出勃勃生机。徐光先后获全国模范军队转业干部、全国模范退役军人、全国离退休干部先进个人、河南省第八届优秀复转军人年度人物、河南省劳动模范、河南省脱贫攻坚奖奋进奖等荣誉。2019年12月16日，他光荣地参加了全国离退休干部“双先”表彰大会，受到了习近平总书记的亲切接见。

党建引领聚民心，发展产业促脱贫

大石岩村位于鹤壁市淇县县城西北18公里的西部山区，面积19.6平方公里，全村428户1325人，2014年前有贫困户260户共872人，是典型的经济一贫如洗、思想闭塞落后、组织软弱涣散的西部山区贫困村。2016年10月徐光响应淇县“头雁回归创业计划”的号召，回村任党支部第一书记。他始终保持军人本色，发挥离退休干部优势，带领全村干部群众理思路、聚人心，强组织、谋发展，短短几年，大石岩村发生了翻天覆地的变化，远近闻名的省级贫困村、软弱涣散村一跃成了党建标杆村、乡村旅游村。

奋斗不止、退休不褪色，“大盖帽”换“破草帽”

2016年10月，在中共淇县县委“头雁回归创业计划”的感召下，徐光回到大石岩村任职。回村任第一书记这件事，他在思想上也有一些斗争，感觉自己年龄也大了，离家又远，身体也不好，一直在城市生活，回到村里以后，不知道能不能适应，能不能做好农村工作。但最终促使他回村的原因有两个：一个是念党恩，受党教育多年，尽管身体不太好，但在党和国家需要自己干点事、自己还能干点事的时候，自己还应该干点事；另一个是念乡情，徐光是在这个地方长大的，特别是感到养育自己的村庄发展不快的时候，看在眼里，急在心中。他常说，共产党员应该起一个酵母的作用，就跟蒸馒头一样，把面发起来。他就是大石岩村的一粒“酵母”，像一团燃烧的火焰，点燃了大石岩村每个村民的干事热情。他用自己退伍不褪色、退休不退志的思想，舍小家、为大家，艰苦创业、百折不挠、拼搏进取、不图名利，燃烧了自己，照亮了整个大石岩村。

信念坚定、不忘初心，注重思想建设统一民心

大石岩村因地处深山，出行难、吃水难、致富难，领导班子“乱”、群众思想“散”、村级秩序“差”，村民向外流失严重，一度成为淇县排名最后的软弱涣散村和深度贫困村。徐光认为村民贫穷，不仅是物质上的贫穷，更是思想上的贫穷。为解决这个问题，首先要将习近平新时代中国特色社会主义思想这杆旗帜树起来。徐光召开大石岩村党员干部大会，邀请村内的老军人、老干部等有影响力的人士列席，学习习近平新时代中国特色社会主义思想，学习党的路线方针政策，学习“老三篇”，强化思想建党，增强党组织凝聚力。他用自己的军人履历，把大道理讲成实道理，把实道理讲进党员群众心坎里，唤醒了党员的入党初心，凝聚了全村人的心。老党员申怀喜动情地说：“徐书记的带动让我们感到了无比的力量和鼓舞，贫穷不可怕，可怕的是丢掉了信仰，导致思想贫困。”徐光用自身饱满的党性光辉，唤醒了山村群众渴望发展的内生动力。在他的带领下，大石岩村逐步形成了 3 个队伍——无私奉献的党员队伍、真抓实干的干部队伍、公平议事的“七老队伍”，为村里各项事业的快速发展提供了基础保障。

胸怀大局、勇挑重担，带领村民克难攻坚快速发展

徐光不等不靠、砥砺前行、勇于探索，以新发展理念推动大

石岩村走上了脱贫致富的快车道。年均 70 岁的“七老团队”自发将 13 面红旗插遍了大石岩村周边的 13 座山峰，竖起了大石岩村的精神标杆；村民们以记工分的形式无偿参与村级建设，“以后村里挣钱了就少发些报酬，村里不挣钱就当给村里做贡献”成了大家的共识。

为了尽快修复被雨水冲毁的桥梁道路，徐光在冷雨中下河沟、爬山头，察水情、定方案。有了榜样的带动，村民们也有了方向和力量，大家有钱出钱、有力出力，拧成了党员群众心劲同向的“一股绳”，激起了全村人干事创业的“精气神”。没有资金，他率先垫资 7 万元购买工具和物料，发动群众自己动手开发旅游景点。没有人力，他就召集村里的老党员、老军人、老干部、老模范、老教师、老家长、老骨干组成“七老团队”，作为脱贫攻坚的中坚力量，并组织村民采取记工分义务劳动的办法，先后修建登山台阶 500 多米、铺设道路近 15 千米。村内生产生活条件显著改善，全村面貌焕然一新。

拉大框架发展旅游产业，用实际成效向贫困决战

徐光不顾心脏安装了 4 个支架，与“七老团队”一起勘察旅游线路，冒着坠入百米悬崖的危险，走遍了大石岩村的山山水水，根据地形实际和本地传说，谋划打造了以蜘蛛山、青龙背、北齐石刻为主要景点的荒野洪荒游，以西白流为中心的无水瀑布水系游和以群洞峡为中心的洞穴探险游等 4 条旅游线路。4 条旅游线路现已全部通车，吸引了大量周边及外地的游客。

在开发旅游线路、拉大景区框架的同时，徐光积极争取上级财政扶贫专项资金、村集体经济试点资金和“一事一议”资金，将村内闲置校舍改造成能够接待200人的大石岩村人民食堂，把40余间老房子打造成景区服务中心，并成立红山岭旅游公司，吸纳13名贫困户进行务工。此外，他还为辖区内的8个自然村设计了村标和导引牌，为景区服务中心配套了可容纳200辆大小客车的停车场、星级公厕等，景区基础配套设施不断完善。观光车的采购、拓展训练器材的安装，进一步丰富了大石岩村的旅游内涵。

在徐光的带领下，4年多来大石岩村发生了翻天覆地的变化，2016年成立了第一家村集体旅游服务公司，村里第一次通了客运班车，村文艺队第一次走出大山；2017年年底，村集体给每人发了10元钱，实现了村集体收入零的突破；2018年村脱贫退出贫困户80户263人，贫困发生率降至4.3%；2019年大石岩村达到“九有一降”标准，实现如期脱贫出列；2020年260户贫困户共872人全部脱贫，发展旅游培训经济，累计接待全国各地各类团体600余批次约3.5万人次前来学习参观；2021年大石岩村坚持巩固脱贫攻坚成果与乡村振兴有效衔接，高举乡村振兴旗帜阔步前进……徐光的事迹受到社会各界赞誉，他先后获得全国模范军队转业干部、全国模范退役军人、全国离退休干部先进个人、河南省第八届优秀复转军人年度人物、河南省劳动模范、河南省脱贫攻坚奖奋进奖等荣誉，4次到人民大会堂领奖，3次受到党和国家领导人的亲切接见。

吕宏伟，男，汉族，1992年11月出生，河南安阳人，中国民生银行郑州分行职员，2013年11月入党，2015年6月参加工作，河南师范大学硕士研究生学历。2016年9月被派驻新乡市封丘县城关乡中孟村任党组织第一书记。驻村以来，他始终围绕第一书记的四项职责开展工作，团结村“两委”干部、筑牢村党支部堡垒；实施修路、安装路灯、铺设下水管道等项目，进一步改善了村内基础设施；申请扶贫车间、发展大棚种植等项目，壮大了村集体经济；绘制传统美德文化墙、开展重阳节爱老敬老等活动，弘扬了传统美德。他先后荣获封丘县优秀共产党员、河南省优秀驻村第一书记等称号。

扶贫路上的“留级生”，百姓心中的“民生人”

新乡市封丘县是国家级贫困县，城关乡中孟村是中国民生银行郑州分行第一党支部党建结对帮扶村，位于封丘县城西两公里处，毗邻227省道与311省道，全村共215户，总人口836人，由6个村民小组组成，全村耕地面积约为560亩，以种植小麦、玉米为主。

中孟村于2014年经识别进入贫困村序列，全口径建档立卡贫困户30户137人，其中享受政策17户81人，是封丘县一个普通的传统村落，既没有特色资源，也没有集体经济。2016年9月，吕宏伟作为中国民生银行的一员，被选派至封丘县城关乡中孟村担任驻村第一书记。

驻下来、俯下身、沉下心，奋力攻坚干实事

驻村的首要工作就是要了解村情、民情，遍访村里的家家户户，挨门逐户地入户访谈是快速了解村情、拉近与乡亲的距离最直接也最有效的方式。不幸的家庭各有各的不幸，2016年刚驻村入户时的情形给吕宏伟留下了太多太多难以磨灭的印象。他描述说："踏进屋门，一股膻臭味扑鼻而来，当看到五保户张运良坐在一个破门板搭成的床上，凌乱的被子褥子堆叠在床上，而在其边上用篱笆围成一圈，里面竟然养着几只羊时，我愣住了；我看到一家四口有三口是残疾人的低保贫困户石根顺家里黑乎乎的厨房门只有1米3高，并且塌在地平下30厘米的坑里，要不是火炉上堆着没刷的碗筷，很难看出来是一个能进去人的厨房；我看到马彬、朱秀真两户仍住在破旧不堪的危房里；我还看到因车祸去世的父亲撇下的三个未成年的孩子……"

这一幕幕都刻在了吕宏伟的心底，烙在了他脑子里，每当他在脱贫攻坚的路上遇到困难时都会情不自禁想起这些场景，它们鞭策他为了群众的美好期盼而不断努力。

驻村期间他真正"驻"了下来，严格遵守五天四夜的驻村工作

制度，吃住在村，认真履责，兢兢业业，始终牢记第一书记的四项职责开展驻村工作。他紧紧围绕抓好基层组织建设，坚持志智双扶相结合，丰富群众精神文化生活，助推乡村文明发展。他听村里老人说“孟庄（中孟村）之前是晴天一脚土，雨天满脚泥”，街道脏乱差，现在再看中孟村，村内路宽了，街道上太阳能路灯亮了，街道两旁的树绿了，村内下水道通了，扶贫车间修到了家门口，让村民在村里就能就业，传统美德文化墙使整个村落更有文化内涵了。

他说作为第一书记，最重要的角色就是当好政策落实的服务兵，每一项扶贫政策都需要通过村这一级去落实，只有贫困户享受到政策才算该项政策真正落地。中孟村所有贫困户对于扶贫政策可以说做到了应享尽享，绝不遗漏一户，绝不遗漏一人。

在扶贫政策以及帮扶单位的支持下，贫困户的家庭状况改善了，村内基础设施不断完善，但是因为没有集体经济，村“两委”在党员群众中的凝聚力和号召力受到制约。巧妇难为无米之炊。没有经济上的支持，想要为村内谋划项目也是有心无力。作为第一书记，他为进一步推动中孟村产业的发展、大力发展集体经济，申请建设扶贫就业点项目，并积极与入驻企业洽谈，现在吸收了本村以及周边村内剩余劳动力 120 余人，实现赚钱顾家两不误，持续巩固脱贫攻坚成果；申请发展壮大村集体专项资金 50 万元，入股马氏皮业，领取分红，这两项每年可以为村集体增加 10 万元的经济收入。

讲担当、重帮扶、暖民心，同舟共济奔小康

离开了灯火辉煌的城市，初入陌生的村庄，从未有过相关工

作经验，刚入村时的吕宏伟也曾手足无措、一筹莫展，从百姓疑惑的眼神中他看出了不信任、不认可，也不乏“啥也弄不成”的质疑声音，但他坚信驻村帮扶工作不是第一书记一个人在战斗，他的背后是整个中国民生银行，有单位作为开展驻村工作的坚强后盾，再加上自己的不懈努力，一定会让中孟村换新颜、大发展。

吕宏伟到岗后积极协调各项帮扶资源、开展各项帮扶活动，包括春节慰问贫困户、六一儿童节爱心捐赠活动、消费扶贫等等。为进一步促进中孟村集体经济的发展，2018 年吕宏伟协调民生银行郑州分行捐助中孟村 15 万元用于发展村集体经济大棚种植项目，改善中孟村玉米、小米单一种植结构现状，建设日光大棚 5 座，作为哈密瓜种植的试验田（当年两季种植成功，总产值有 10 万余元，为中孟村带来集体经济收入 3 万余元）；2019 年协调民生银行郑州分行捐助中孟村 13 万元用于补齐村内基础设施短板，硬化村内路肩，新修路沿石，提升农村人居环境；2020 年协调民生银行郑州分行捐助中孟村 11 万元用于村内机井配套以及党建文化小广场建设，进一步帮助帮扶村巩固脱贫攻坚成果，响应群众热切需求，增强群众幸福感和获得感。

洒汗水、扎基层、无私心，热血男儿心不悔

从田间地头到农户庭院，从村支部到扶贫车间、产业基地，吕宏伟的身影穿梭在村里的角角落落。他一直坚持“从群众中来，到群众中去”，多听群众想法、多听群众意见、多为群众办事。从刚驻村时对农村工作的一无所知，到慢慢地得心应手，从驻村初期的

踌躇满志到进入状态后的辛勤工作，他坦言深深体会到了基层工作的艰辛与不易，脱贫攻坚会有彻夜加班，会有埋头填写档案资料，会有扯不清的家长里短，会有算不清的家庭收入，会有接二连三的通知、会议，会有严寒酷暑中的走访、排查，但是当得到乡亲们的一句称赞一句感谢、目睹贫困家庭一步一步奔向小康，他感觉一切付出都值得了！

董国强，男，汉族，1973年10月出生，河南浚县人，1994年12月入党，1996年7月参加工作，河南师范大学研究生学历、哲学硕士。现任河南师范大学后勤管理处处长、后勤服务集团总经理。2015年8月—2018年2月，被派驻新乡市辉县市吴村镇柳湾村任党支部第一书记。驻村以来，他牢记使命责任，抓党建促脱贫，实施“脱贫攻坚五项工程”，协调落实帮扶资金1600余万元，培养青年党员干部8人、脱贫致富带头人4名，建光伏蔬菜温室7个，种植药材100余亩，建创业孵化园520平方米，建成“爱购柳湾”网上商城和智慧农业实践基地等，村民实现增收近100万元、集体增收近30万元，把柳湾村从一个远近闻名的贫困村建设成“美丽、文明、富裕”的幸福村。董国强先后获得2018年度河南省优秀驻村第一书记、河南省脱贫攻坚奖贡献奖、河南省“十大扶贫人物”提名奖等荣誉。

扶贫扶到了村民心坎上

新乡市辉县市吴村镇柳湾村是一个远近闻名的贫困村。全村273户973人，残疾人就有61人，基础设施落后，集体经济薄弱。董国强是河南师范大学音乐舞蹈学院党委副书记，2015年8月来到柳湾村任第一书记。他牢记使命责任，抓党建促脱贫，协调落实帮扶资金 1600 余万元，为群众办实事办好事，赢得派驻地干部和群众的高度评价，从曾被质疑的大学老师，成为一个深得群众信任的第一书记、脱贫致富的领路人。

解民忧、办实事，赢得群众信任

刚入村时，村民对作为从学校来帮扶的董国强充满了怀疑，“一个唱歌跳舞系的老师,能给柳湾带来什么？”2015 年 9 月的一天下午，一位村民在村口指责董国强:“你是来驻村的吧，俺的玉米都旱死了，你连一口井都打不了，还驻啥村？”当时正值收秋，全村 1600 多亩耕地，仅有 3 口机井，天旱井少，近 1/3 的玉米几乎绝收，马上就到了冬麦播种的季节，而浇地问题却迟迟没有得到解决，群众非常着急。

看着百姓焦急的眼神，董国强一面向党委、政府领导汇报，协调水库放水救急，一面在河南师范大学领导的帮助下，很快协调到 50 万元帮扶资金，为村里打了 3 眼机井，修整了 5000 平方米村内道路。“老董还真是个办实事的人，扶贫扶到了咱们心坎上。”村民们彻底改变了当初的看法，董国强也顺利破解了入村的第一道难题。

察民情、重谋划，精选发展路径

为什么柳湾村会从 20 世纪七八十年代的明星村变成现在这个远近闻名的贫困村？怎么样才能把柳湾村贫困村的帽子摘掉？带着这两个问题，董国强走遍了村里的每一条小道，有时在田间地头，有时是走街串户，了解柳湾村的发展情况和存在问题，征集群众关于发展的意见和建议，还把河南师范大学和河南科技学院的专家教授请到村里实地调研。

在领导、专家、群众的帮助下，董国强制订了《柳湾村 2015—2018 年脱贫规划》，并把规划具体化为“柳湾村脱贫攻坚五项工程”：“领航工程”着力村党员干部、青年队伍、致富带头人培养；“美丽工程”着力环境整治，改变贫穷面貌；“文明工程”评选“公益之星”“模范婆媳”，着力促进民风和谐；“富裕工程”着力产业发展，筹划药材种植、光伏产业、智慧农业、蔬菜种植、农产品交易市场、电商扶贫、智慧教育等项目，增加农民收入；“筑基工程”着力基础设施建设，解决柳湾村修路打井、文化休闲广场和党群中心建设等生产生活难题。“脱贫攻坚五项工程”共含 15 项具体任务，每一项都明确了负责人和完成时间，为柳湾村发展理清了思路。

聚民意、强班子，夯实脱贫基础

没有好的党支部，没有基本的生产生活设施，脱贫致富就是一句空话。针对柳湾村党组织涣散和基础设施落后的现状，董国强首先从抓班子带队伍入手，积极培养脱贫攻坚带头人。

他做的第一件事，就是带领村干部和青年骨干走出去，开阔眼界。他带干部先后到皂荚基地、金银花合作社、蔬菜种植基地、焦裕禄纪念馆、濮阳村党支部书记学院等地参观考察，开阔眼界；鼓励优秀青年申请入党，从中遴选了 8 名年轻同志，成立了脱贫攻坚小组，现已有 2 人成为入党积极分子、4 人成为致富带头人。第二件事，是确定每月19日为党员的义务劳动日，发挥党员的模范带头作用。第三件事就是狠抓制度落实，实行“阳光村务”，干部面向群众述职，公开一年办实事情况和财务支出，两年来干部威信和执行力明显提高。

投资30万元的党群服务中心建设项目和文化广场项目完成了；投资近50万元的“井井通”农田电网改造项目也完工了；投资近400万元新打机井17眼、新修村道6公里，打通了连接306省道的公路，改变了基础设施落后状况，夯实了发展基础。

振民心、兴产业，拓宽增收渠道

要提振群众脱贫的信心，必须让群众看到致富的希望，董国强一直把谋划产业项目作为工作的重点。他协助实施的帮扶项目有7个。一是24个建档立卡户的户用光伏发电项目，总投资52万余元，农户年总增收8万元左右。二是农光互补日光温室项目，总投资180万元，光伏发电实现村集体年收入20万元、无公害蔬菜种植示范园农户预计实现年增收10万元。三是中药材种植示范园项目，种植皂荚树12,000棵、金银花1800棵，占地100多亩，总投资45万元左右，当年实现增收5万元。四是柳湾村农民创业孵化园项目，总投资39万元，建成了农产品交易市场商铺及仓库520平方米，当年收入14万元，贫困户人均增收235元。进入孵化园的有农副产品（鸡蛋加工、香油加工、粗粮加工等）加工、电商平台、生产生活服务等项目。五是“爱购柳湾”网上商城项目，总投资近10万元，与河南师范大学学生“双创”项目相结合，建设了基于微信的农产品网络销售平台，以解决柳湾村因交通闭塞带来的农副产品销路不畅问题。六是智慧农业实践基地项目，在河南省智慧商务与物联网技术实验室的帮助下，在柳湾村成立智慧农业实践基地，把总投资190万元的智慧农业设备（气象站、土壤监测站）用于指导柳湾村农业生产。七是智慧教育示范基地项目，“扶贫先扶智”，拟把柳湾学生所在王敬屯中学及其所属小学作为河南师范大学智慧教育项目的示范基地，提升教师教学效果和学生学习效率。

育民风、美环境，提升群众幸福感

在帮助群众致富的同时，董国强协调资金硬化11,000平方米的村里道路，实现了全村公用地面全硬化和户户通，并在入村道路旁和主街道两边栽种绿化树上千棵；安装路灯34盏，配备垃圾桶46个；绘制了1300平方米文化墙，让村内环境和村民生活美起来。

他帮助村内成立了舞蹈队，学校出资10万元装修了村部多功能教室，购置了投影仪、音响、卡拉OK点唱机和固定座椅，每天向村民开放。他还协调资金为图书室安装了价值近2万元的数控一体机。河南师范大学在柳湾村设立了学雷锋志愿者服务基地和校医院专家工作站。2016年12月，柳湾村召开近20年来的首次村民评先评优大会，无记名投票评选出了“优秀党员”“模范婆媳”“致富能手”“公益之星”各3名，并于当晚举办2017迎春晚会暨总结表彰大会。

2018年，柳湾村脱贫目标顺利实现，村集体当年实现收入近30万元，柳湾村也被评为2016年度脱贫攻坚先进村。

李汝江，男，汉族，1970 年 11 月出生，河南汝州人，1987 年 11 月参加工作，1992 年 6 月入党，1992 年 7 月毕业于西安陆军学院乌鲁木齐分院，本科学历。现任中共河南省委办公厅总值班室二级调研员。2017 年 11 月—2021 年 3 月，被派驻新乡市平原示范区韩董庄镇杨厂村任党组织第一书记。将美好青春奉献给高原边防的他，又义无反顾地走向了脱贫攻坚的新战场。他为村里打造了一支“谁也带不走”的党员干部队伍，帮助发展壮大了 10 余个扶贫产业，解决数千个就业岗位。他先后协调资金 8000 余万元，实施 30 余个项目，村集体经济突破百万元，让千亩荒地变成了花的海洋。2020 年李汝江荣获河南省脱贫攻坚奖贡献奖。2021 年他获得全国脱贫攻坚先进个人荣誉称号。

秉承戍边精神，携手村民走向乡村振兴路

新乡市平原示范区韩董庄镇杨厂村属于河南省“三山一滩”重点贫困区，交通闭塞、基础设施薄弱，村里私搭乱建情况十分严重，党组织涣散，群众的事没人管，致富没门路，发展没出路。全村 656 户 3138 人，建档立卡贫困户 163 户 706 人，是出了名的省级贫困村。2017 年 11 月，李汝江到杨厂村任驻村第

一书记，他秉承“忠诚、奉献、爱国”的戍边精神，俯下身子、真抓实干，夯实基层党建，完善基础设施，发展特色产业，带领杨厂村从一个省级贫困村变为乡村振兴示范村。

走到脱贫攻坚的最前沿

27 年前，李汝江将美好青春献给了高原边防；如今，他义无反顾地走到脱贫攻坚的最前沿。

杨厂村是韩董庄镇最大的行政村，也是河南省委办公厅的定点帮扶村，由前杨厂、后杨厂、小任庄和胡窑 4 个自然村组成。为了方便工作，李汝江将爱人接到村里为自己提供“后勤保障”；村里人才少，他通过关系协调 4 名大学生来做义工；街道垃圾成堆，他想方设法购置 8 台垃圾清运车；没有清洁工，他自己出资 6 万余元把 8 名贫困村民组织起来……

“脚下沾有多少泥土，心中沉淀多少真情。”3 年来，李汝江坚持把杨厂村当家乡，视村民为亲人，踏踏实实做事，全心全意付出，村民们对他更是感激有加：60 岁的贫困户张大智养了一只漂亮的大公鸡，逢人就说这是特意给李书记留的；70 岁的王玉全是个聋哑人，每当李汝江带人到他家走访，他都要拉着来人的手，兴奋地比画着，以此告诉来人李汝江对他的好；双目失明的刘甫亚，一听到脚步声，总是问是不是李书记来了……

打造坚强有力的党支部

给钱给物，不如给一个好支部。结合村情，李汝江带领村党员干部探索出了“建强一个组织阵地、营造一种党建氛围、实施一项交班制度、组织一次党日活动、制定一套管理办法”的基层组织“五个一”工作法。

“五个一”工作法的有效实施，使杨厂村党员干部的政治意识、思想觉悟和工作能力得到了大幅提升。特别是每天早上的交接班制度，就像党员干活的“充电站”和“加油站”。大家每天按时坐在一起盘点工作、交换意见，心往一处想，劲往一处使，共同为村里的发展建言献计。

制度有了，落实是关键。身为驻村第一书记，李汝江以身作则，每天早晨都坚持6点钟起床，然后在村里角角落落走一走、看一看，上午的例会，他都坚持组织召开，大家都叫他“拼命三郎”。

聚是一团火，散是满天星。在李汝江的带领下，杨厂村很快拥有了一支团结有素、能征善战的党员干部队伍，并且不管他在不在这里，这“拧成一股绳的力量”谁也带不走。

也正是因为有了这样一支队伍，杨厂村“小散乱污”治理、打通断头路、土地流转等一系列难题迎刃而解。

引进致富增收的好产业

脱贫攻坚最关键环节是增加贫困户收入，增收最根本的途径是发展扶贫产业。

2018年，李汝江将以净菜加工为主的公司“由甲田”引进杨厂村。该企业每天可为“三全”“思念”“白象”等企业配送200余吨净菜，年销售额突破1亿元。在帮助群众致富增收上，“由甲田”发挥的作用不可或缺，带动了周边数千人就业，提供了150个公益性岗位。

一花独放不是春，百花齐放春满园。除了净菜加工，杨厂村还扶持培育了食品加工、光伏科技和家具生产、物流运输等8家企业，为周边提供数千就业岗位。在产业的带动下，杨厂村163户建档立卡贫困户全部脱贫。他们中的许多人，还建了新房，买了轿车，半数以上住进了“小洋楼”。

产业发展了，村集体经济收入已突破百万元。村里把本荣房产捐赠的150万元、第一书记经费150万元和其他资金共计350万元投放在扶贫企业，每年获得的利益分配不低于40万元。此外，村里还通过租赁商业街、合作建设菌包厂、开发农贸市场等形式，增加村集体经济收入。

敢唱“黑脸”，敢较真碰硬

眼下富裕幸福、美丽祥和的杨厂村，得益于两年前一次大刀阔斧的街道整顿。

在李汝江看来，作为驻村第一书记，工作中要不畏惧骂声。对妨碍村内建设的“刺头人”，村干部管不了的，村民不敢管的，驻村第一书记就要敢唱“黑脸”，敢较真碰硬。

来到杨厂村不到两个月，李汝江就发现村主街道两旁私搭乱建成风，许多村民见缝插针，搭起棚子、盖起房子，沿路做起了生意。面对这种情况，群众心里不满却不好意思说，干部觉得不妥但不愿意管。渐渐地，这条路成了一个秩序混乱的市场，堵塞了交通，严重影响了村容村貌。

李汝江顶住各种压力，成功将主街道50余处违建拆除，并将马路市场进行了搬迁。与此同时，借机对4个自然村的56条街道进行了专项治理，拆除私拉乱建260余处，打通了15条断头路，规范了宅基地建设。这一举措，不仅维护了广大群众的利益，也为杨厂村的发展扫除了障碍。

扫除道路障碍后，李汝江把完善基础设施和办好惠民实事作为重点工作来抓。3年来，他多方争取资金近亿元，先后协调实施了30多个项目，硬化了村内道路，美化了村容村貌，安装了太阳能路灯，新建了排污管线，修建了文化广场，进行了厕所改造，让村民用上了天然气……

打开乡村振兴的美丽画卷

2019年，乘着黄河流域生态保护和高质量发展国家战略的东风，李汝江又在临黄河北大堤的胡窑自然村废弃多年的荒地上，规划建设了2000亩樱花海棠园。如今，海棠树已经长大，枝繁叶茂，葱茏翠绿，曾经杂草丛生的荒滩地，变成风景宜人的花果园，这里每天欢声笑语，游客如织。

按照规划，接下来杨厂村将继续引进企业，依托樱花海棠园，带领杨厂村大力发展文旅产业，真正将杨厂村打造成集扶贫基地、苗木基地、网红基地、观光旅游基地、婚纱摄影基地于一体的多产业融合发展的美丽乡村，走出一条生态环保、宜居宜业的高质量发展路子。

现在的杨厂村，产业兴旺，风清气正，村民收入连年增加，村容村貌美丽如画，群众拥有满满的幸福感和获得感，乡村振兴的美丽画卷正徐徐打开。

陈昊，男，汉族，1979年9月出生，河南永城人，2000年7月入党，2002年6月参加工作，河南理工大学研究生学历、工学博士。现任河南理工大学应急管理学院党委书记。2015年8月—2018年3月，被派驻焦作市博爱县清华镇街道南朱营村任党组织第一书记。驻村以来，为南朱营村争取到扶贫资金700余万元，创建产业扶贫基地，资助大病患者和贫困学生，发展壮大村集体经济，绿化硬化亮化村内道路，建设文化广场、老年幸福院等惠民工程，协调学校设立扶贫专项资金（15万元/年），开展专家义诊、义务家电维修、义务支教、义务演出等活动。原河南省省长陈润儿、省委副书记王炯先后到村调研指导脱贫攻坚工作，称赞南朱营村的脱贫攻坚扎实有效，河南理工大学的帮扶精准到位。陈昊先后获得河南省脱贫攻坚奖贡献奖、河南省优秀驻村第一书记、河南省扶贫青春榜样、2017年度河南“十大年度扶贫人物”提名奖、河南省教育系统先进工作者等荣誉。

聚焦精准，综合施策，依托高校优势打赢脱贫攻坚战

南朱营村隶属博爱县清化镇街道，经济结构单一，道路、水

利等基础设施薄弱，村“两委”软弱涣散，经济发展水平低，2014年被定为省级贫困村，全村有336户1350人，建档立卡贫困户106户461人。2015年8月，带着组织的重托，陈昊到南朱营村任驻村第一书记，他认真贯彻党中央、河南省委、省政府脱贫攻坚决策部署，紧紧围绕第一书记四项基本职责和12项任务清单，履职尽责，聚焦精准，依托高校优势助力南朱营村脱贫致富。

帮整顿扶能力，建强基层组织

为加强对村“两委”干部和广大党员能力素质的提升，陈昊将每周二晚上确定为全体党员学习日，精心设计学习内容，严格执行考勤制度，确保学习收到实效；制定出台了《南朱营村党支部关于加强党小组建设的意见》，抓好党员日常教育管理；带领村“两委”干部和广大党员到先进企业、农村参观学习，开阔广大党员视野，发挥党员的先锋模范作用和带动作用；建立支部联系困难群众“六必到、六必帮”和党员干部联系贫困户制度。2018年南朱营村党支部获得焦作市“十佳优秀党支部”光荣称号。

帮增收扶经济，推动精准扶贫

依托河南理工大学优势资源和南朱营村实际，陈昊理出了脱贫攻坚工作思路，即：发挥四个优势、采取五种措施、确保一个目标。发挥四个优势：一是地理区位优势。南朱营村东邻长济和焦温高速路口，与焦作市和博爱县城距离较近，交通便利，地理位置优越。二是土地资源优势。南朱营村现有耕地1850亩，人均耕地1.4亩，土地资源优势明显。三是传统种植优势。村民多年从事农业生产，有比较好的农业种植习惯和种植技术。四是政策扶持优势。南朱营村是省定贫困村，各级党委、政府给予了很多扶持政策。采取五项措施：一是产业转型助增收。调整南朱营村单一农业种植结构，大力发展无公害蔬菜和水果种植产业基地。在“建”上，在不改变资金使用性质及用途的前提下，整合省派第一书记专项扶贫资金、到户增收、产业扶贫等各类扶贫资金400余万元，采取集中使用，连片建设蔬菜和水果观光采摘园，规模化运作，把优势特色产业做大做强。目前，蔬菜产业基地已建成占地80余亩的半地下式温室大棚14座，已栽种草莓、茄子等无公害果蔬；水果产业基地利用省集体经济试点项目资金160余万元，建设占地200余亩的无籽石榴、葡萄、冬桃等水果观光采摘园。彻底改变了南朱营村以种植小麦、玉米等粮食作物为主的单一经济结构模式。在“管”上，2016年南朱营村以村集体名义注册成立了博爱县金珠莹农业发展有限公司，产业项目挂靠在公司名下,采取“学校+村委会+公司+贫困户”的“4+”运营模式，种子、技术、肥料、销路等由学校、村委会和公司负责，实行统一开发、统一管理、统一经营，规范运作。在“产和销”上，2017年南朱营村与河南理工大学签订了定向收购协议，采取订单种植、定向销售，所产果蔬全部销售到河南理工大学，让学校师生吃上放心菜，让南朱营村村民吃上“定心丸”，为南朱营村产业发展插上腾飞的翅膀。在“分”上,将省派第一书记专项扶贫资金、到户增收、产业扶贫等资金量化为村委会和贫困户持有的股金，获得的收益按照村委会和贫困户所占股比分红（村委会占股比25. 8%，贫困户占股比 74.2%），最终达到壮大村集体经济和贫困户致富增收的目的。二是发展教育挖穷根。“扶贫先扶智，治贫先治愚。”除积极协调教育部门落实教育资助政策外，重点发挥高校教育优势，助力南朱营村教育发展。（1）开展教育慈善捐助活动。使用河南理工大学专项经费和社会爱心人士捐赠资金设立南朱营村助学基金，按照小学生 500 元 / 年、初中生 1000 元 / 年、高中生 1500 元 / 年、大学生 3000 元 / 年的标准进行资助。（2）开展义务支教活动。学校每年暑期组建大学生义务支教服务团，对村里贫困孩子集中免费授课，并发放书包、文具、图书等学习用品。（3）设立南朱营村入学奖学金。河南理工大学对南朱营村高考考上本科的学生一次性奖励 1000 元，考上大专的一次性奖励 500 元。通过以上举措，在南朱营村形成了人人关心教育、人人重视教育的良好氛围，实现了“不让一个学生因为家庭经济困难而失学”的目标，让贫困家庭看到了希望、有了寄托。三是技能培训强素质。逐户统计贫困人口的培训意向，对贫困人口进行养殖、种植、电器维修等技能培训，提高贫困人口自身素质和就业创业能力。两年多来，开展技能培训 169 人次、驾驶技术培训 21 人次、转移就业 116 人。四是村企合作谋共赢。积极与本地企业联系，动员企业与南朱营村建立帮扶关系。与众鑫纸品、林泰卫生用品等多家企业签订村企合作共建协议，签约企业与 20 户贫困家庭结成了帮扶对子，解决了 38 人的就业问题，走出了一条“村企合作、互惠共赢”的新路子。五是社会保障兜底线。对村里“无业可扶”“无力脱贫”的贫困家庭，通过社会保障，兜好底线、实现脱贫。106 户贫困户中享受低保的有 30 余户、100 多人。确保一个目标，通过发挥以上四个优势和采取五项措施，坚持“输血”与“造血”并举，“治标”与“治本”同步，扶贫与扶志、扶智相结合，确保南朱营村 106

户贫困户、461 名贫困人口如期脱贫致富，同全国人民一道进入全面小康社会。

帮立制扶和谐，落实基础制度

陈昊注意落实“四议两公开”，重大事项决策“五必访、五必征、五必查”，推动基层治理民主化、法制化和规范化；注重发挥好村党员群众服务中心作用，安排党员干部值班，热情接待村民，为群众答疑解惑、排忧解难；严格落实党风政风监督检查制度，监督引导村干部自觉遵纪守法；使基层四项制度在南朱营村“板面上墙”“制度落地”“群众满意”，把制度落到实处。

帮解困扶民生，办好惠民实事

驻村期间，陈昊争取到各类扶贫资金 700 余万元。其中，整村推进 80 万元用于完善村内基础设施，创建美丽乡村；到户增收、村集体经济试点等项目资金 400 余万元用于建设无公害蔬菜和水果观光采摘园，实现产业脱贫；慈善捐助 16.5 万元用于救助大病患者 15 名、贫困学生 82 名；第一书记专项资金 100 万元用于建设文化广场、老年幸福院及村内绿化、亮化等；基础设施、环保项目 100 余万元用于村内污水和垃圾处理；筹措资金 4 万余元为村委会购买了空调、电脑、办公桌椅等，改善村委会办公条件；协调学校设立扶贫专项资金（15 万元 / 年），开展专家义诊、义务演出、义务支教等活动，综合运用多种帮扶手段，提供人才、技术、资金等全方位支撑,帮助南朱营村解决了“致富难”“出行难”“看病难”“上学难”等一系列问题，村民的获得感和幸福感得到极大提升。

马应福，男，汉族，1968 年 11 月出生，河南固始人，1986 年 11 月参加工作，1990 年 4 月加入中国共产党，上海交通大学博士，教授级高级政工师，省直文联、省直书协副主席。现任河南省社科联人生与伴侣杂志社总编辑。2017 年 5 月至 2021 年 6 月，被派驻焦作市武陟县嘉应观乡中水寨村任党组织第一书记。驻村期间，他紧紧围绕“志智双扶，党建强村、文教兴村、产业富村、生态美村、纪法稳村”的工作目标，通过开展“立家训 树家风”，创立“中原写福第一村”，组织技能培训，举办“最美家庭”“勤学奋进奖”评选等一系列活动，推动培养党员骨干、致富带头人和大学生等 10 多个人才队伍 600 多人。全村人均纯收入突破 1.6 万元，辐射带动村民 700 多人就业。广大群众脱贫致富实现小康，精神面貌焕然一新。马应福先后获得河南省五一劳动奖章、河南省脱贫攻坚奖贡献奖、河南省脱贫攻坚先进个人、河南省优秀共产党员、河南省优秀驻村第一书记等荣誉。

志智双扶结硕果，全面发展谋振兴

焦作市武陟县中水寨村有 655 户 2600 多口人，党员 52 名，2014 年被定为省级贫困村，村内资源匮乏，群众脱贫致富动力不足，存在“等靠要”现象。马应福自 2017 年 5 月被选派驻村以来，团结带领村“两委”成员，紧紧围绕“志智双扶，党建强村、文教兴村、产业富村、生态美村、纪法稳村”的工作思路，把驻村地当成了自己的家，把群众的事当成自己的事，入农家、听农事、干农活，忙碌的身影时常出现在田间地头、农家小院，奔波于项目施工现场，穿梭于机关、企事业单位和乡村办公场所，村民有困难时，他在第一时间出现，用一份对党的忠诚、对事业的坚守、对村民的真情，履行着崇高使命，努力为群众办好事、办实事，被村民称为“群众的贴心人，村民的好书记”。

党建强村，建设一个好班子

驻村4年来，马应福与村“两委”班子认真贯彻落实习近平总书记和各级党委、政府有关脱贫攻坚指示精神，坚持党建引领，破解扶贫困境，把抓党建、强组织作为首要任务。一是着力抓好班子建设。一方面，主动登门，广泛走访党员干部、五老人员和村民代表，开展谈心、交心活动，推动村干部在团结上带好头；另一方面，邀请河南省社科联党组书记、主席李庚香和班子成员经常入村指导工作，提高村干部工作能力和思想觉悟。二是严要求、作表率。马应福从老百姓急需的小事办起，脚下沾满泥土，心中装着群众，用实际行动诠释了“第一书记”的职责担当和共产党员的为民初心。他做群众工作苦口婆心，解决困难勇往直前，推动班子团结不计得失，发展产业创新担当，志智双扶硕果满枝，与群众吃在一起、干在一处、打成一片。为了使命，为了责任，为了承诺，更为了共产党员这个光荣的称号，他越挫越勇，敢于担责担险，以个人的实际行动影响班子成员，努力为群众办好事、办实事。三是规范村级组织运行。扎实推进“两学一做”“不忘初心、牢记使命”主题教育常态化，认真落实“三会一课”制度和“主题党日”活动，以“四议两公开”和“五创三治”为抓手，坚持用制度管人管事，党支部的号召力、凝聚力、战斗力增强了。2018年年底实现了全村脱贫，2020年年底全村贫困户清零。中水寨村被武陟县委表彰为“抓党建促脱贫攻坚先进村”，工作经验在全省抓党建促脱贫攻坚第四次推进会上印发供全省学习交流。

文化兴村，留下一支不走的工作队

文化教民，“立家训 树家风”活动接地气。马应福组织编辑出版了《立家训树家风古今名人故事读本》，免费发给全村各户，并开展家训征集授牌活动和五届“立家训 树家风”书画展；组织技能培训，150人领到职业资格证书，50多人在村里举办的招聘会上找到工作。贫困户孙玉青、白小卫用所学技术在自家开起了艾灸养生馆和电器维修店，既能便民服务，又能脱贫致富。文化乐民，三届戏剧周唱火中水寨。马应福邀请贾文龙等32名国家一级演员到村演出31场，组建了一支50多人的村文化宣传队开展经常性文化活动，哑巴大姐也穿上花裙子在广场上翩翩起舞；免疫力差、身体多病的年轻妈妈姬茹茹，自从喜爱上了广场舞，身体灵活了，体重下降了，免疫力指标增强了。村民参加活动的多了，打牌的少了，文化广场成为群众健身休闲娱乐的主阵地。文化惠民，培养打造“中原写福第一村”。马应福邀请了33名省、市级书法家书写销售“中国福”，产生了良好的社会和经济效益。文化富民，“树典型、学榜样、当先进”。全村 170 多人受到表彰，鼓励了一批致富能手和文明家庭。马应福通过“志智双扶，文化兴村、教育兴村、人才兴村”，培养了党员骨干、致富带头人和大学生等10多个人才队伍600多人，为推动乡村振兴贡献力量。

产业富村，建设美丽幸福新农村

马应福与村“两委”班子推动打造“中原写福第一村”品牌，卖“福”字开展文化活动，拉动集体经济增收 40 多万元；竭力为村企业服务，推动全村 300 多家发展种植、养殖、运输和加工业，规划建设临街门面房 70 多间，发展超市、餐饮、药店等 20 多家，辐射带动村民 700 多人就业，村民人均纯收入突破 1.6 万元；他与村“两委”推动协调引进资金 4000 多万元用于家家通天然气、自来水，党建综合体建设等。中水寨村被武陟县委、县政府作为乡村振兴示范村、样板村进行规划打造，在全村实施硬化、绿化、亮化、美化、无害化工程，建设黄河岸边生态美丽宜居幸福村。马新房、王爱国夫妇从焦作市搬回村里，开起了餐馆，每月收入 1 万多元。王爱国还参加了村舞蹈队，收获满满幸福感。

在为人民服务中贡献力量

马应福始终坚持“解决好每一件事关群众切身利益的难题，胜过讲千百遍大道理，党组织的号召力、影响力、凝聚力不是说出来的，是干出来的”。驻村 4 年来，马应福与村“两委”班子办成惠民实事 200 多件，他为村里建设垫资 30 多万元；他不畏辛苦，克服重重困难和阻力，为 19 名村民合理合法讨回工钱，化解了一场群体性事件；他还大力开展纪法和家训家风教育，保证明全村安全稳定。马应福母亲因病住院时，多想让儿子陪伴在身边，而面对第一书记的职责和使命，他却在村里贫困户老人的病床前，成为他们的“主心骨”。2017 年 9 月 5 日，正在村里忙碌的他突然得到噩耗：母亲病危了。当他赶回郑州时，母亲已经与世长辞，他最终没有来得及和母亲说上最后一句话。忍着悲痛和遗憾送别母亲后，他只在固始老家住了一夜，9 月 8 日又返回村里，投入脱贫攻坚工作中。驻村以来，马应福获得河南省五一劳动奖章、河南省脱贫攻坚奖贡献奖、河南省脱贫攻坚先进个人、河南省优秀共产党员、河南省优秀驻村第一书记等个人和集体荣誉 30 多项，其工作成效受到了教育部部长，河南省委、省政府主要领导的肯定。

杨延军，男，汉族，1975年9月出生，河南沁阳人，1999年6月入党，2000年9月参加工作，河南师范大学本科学历、管理学学士。现任焦作市纪委监委第四监督检查室副主任。2018年7月—2021年2月，被派驻焦作市温县招贤乡中辛村任党组织第一书记。驻村以来，全村建档立卡贫困户92户386人全部脱贫，杨延军被群众誉为“山药书记”“泥腿子书记”，先后被焦作市委、市政府授予焦作市优秀第一书记、焦作市第十四批“身边的榜样”、焦作市“最美纪检监察人”等。2021年2月被党中央、国务院授予“全国脱贫攻坚先进个人”荣誉称号。

筑牢基层战斗堡垒，打赢脱贫攻坚硬仗

中辛村原位于黄河滩区，受黄河水害影响，经数次搬迁最终搬到现在的位置——焦作市温县招贤乡东部的清风岭上，全村共有347户1253人，有党员53名，村“两委”干部5人，村民小组6个，耕地面积1800余亩。以前全村无集体经济、无像样的村委会、无像样街道，贫困户多、闲散人员多、上访告状多，被戏称为“三无三多空壳村”，是温县有名的乱村穷村。2010年被确定为省级贫困村，有建档立卡贫困户 92 户 386 人。2018 年 7 月，带着组织的重托，杨延军到中辛村任驻村第一书记，他致力于建强基层组织、培育致富带头人、发展集体经济、开展消费扶贫、注重志智双扶、办好惠民实事，带领中辛村从“最穷最乱村”变为“示范村”“文明村”，走上了一条稳定脱贫、共同致富之路。

坚持党建引领，增强凝聚力

杨延军坚持把建好班子、带好队伍作为首要任务，持续提升村党组织的凝聚力、战斗力，以此推进脱贫攻坚各项工作。一是强学习、增动力。坚持每月组织开展主题党日活动，组织党员过政治生日，带头落实“三会一课”制度，带头集中讲党课作辅导，通过温誓词、讲党课、谈形势、谋前景，激发大家投身脱贫攻坚、乡村振兴的荣誉感和责任感。二是明职责、重担当。探索推行“1+1+10”工作法，村“两委”干部结对帮扶贫困户，真正发挥村干部“走在前、干在先”的先锋模范作用。同时探索“互联网 + 党建”工作模式，开通“清风中辛”微信公众号，建好用好中辛村党员活动微信群。建立党员干部志愿服务日，比出奉献、评出干劲。三是常警示、树导向。结合村居巡察开展作风整顿，对村干部严格纪律，及时通报违法违纪案例，开展以案促改，建立党员通报制度，党支部有了活力、党员有了魅力、群众有了向心力。

培育致富头雁，提高带动力

杨延军在对中辛村的帮扶过程中高度重视脱贫致富带头人培育工作，培养一个，带动一片。一是解决资金问题，多方协调为创业贫困户办理贴息贷款，2018 年以来共帮助 49 户贫困户申请小额贴息贷款 240 万元。二是解决技术问题，为创业贫困户提供技能培训，多次邀请专家到村讲课，带领村民到外地考察学习。三是为创业贫困户协调解决销售、招工、场地、用电用水等问题。杨延军积极扶持贫困户周敬敏发展鞋帮加工车间、王立安发展农耕服务队、杨立山发展木材加工作坊、王国齐发展农资化肥销售，其他农户纷纷发展食用菌种植、箱包加工、农机销售、“四大怀药”加工等。周敬敏、王立安、杨立山三名贫困户被授予温县“脱贫致富带头人”称号。周敬敏还被授予“巧媳妇工程带头人”“河南省乡村出彩巧媳妇”称号。贫困户王立安在 2021 年“两委”换届选举中高票当选村党支部书记和村委会主任，实现了从贫困户到“脱贫致富带头人”又到“当家人”的华丽转身。3 名致富带头人带动周边群众 40 余人就业，带动 12 户贫困户脱贫致富。

发展集体经济，提高服务力

杨延军在帮扶工作中积极寻求发展集体经济的产业项目。一是解放思想。杨延军多次组织带领村“两委”干部、小组长到外地考察学习，多次邀请市县农业专家到村讲课，组织村干部出外参加培训，在村里还召开了“群贤会”，组织村“两委”干部和全体党员集中学习南街村发展集体经济的经验。二是构建平台。注册成立了股份经济合作社，中辛村拿到了自己的经济身份证。三是示范引领。在中辛村建设了现代高效农业示范基地，示范项目包括三个：麦椒轮作、大蒜种植、食用菌种植。2020 年村集体收入达到 15 万元，与原来的 2.5 万元相比，增长了 5 倍。

推动消费扶贫，增强造血力

2019 年年初，杨延军在一次入户走访过程中，了解到村里的贫困户王红专家种植的铁棍山药缺少销售渠道，又缺乏劳动力出外销售，六七千斤山药堆了满满一屋子，当时临近春节，天气即将转暖，铁棍山药一出芽就无法销售。杨延军就利用微信朋友圈、微信群开展了消费扶贫活动，不仅有焦作本地的爱心人士纷纷购买贫困户的铁棍山药，连远在广东、陕西、河北的爱心人士也纷纷购买铁棍山药，王红专家的山药很快销售一空，杨延军也被村民们称为“山药书记”。2020 年山药市场疲软，杨延军组织种植户召开铁棍山药销售专题会议，通过河南广播电视台农村广播、河南省驻村第一书记扶贫成果展销会推销山药，很快中辛村积压的数万公斤山药销售一空，村集体还因此增收 3 万余元。

注重志智双扶，培育内生力

杨延军在帮扶过程中将精神文明建设与扶贫扶志相结合，促进农民素质和农村文明程度不断提高。一是营造氛围，利用文化宣传墙、微信公众号、微信群宣传孝老敬亲、勤劳节俭等家风小故事和脱贫致富榜样，激发贫困群众斗志，坚定脱贫的决心和信心。二是加强技能培训，举办三期农村产业技能培训班，组织致富带头人参加新型农民经营主体脱产培训，组织 51 名群众参加电商培训。三是设立爱心驿站公益超市，贫困户可用积分在爱心驿站兑换日常生活必需品，进一步激发了贫困户多劳多得的内生动力。四是组织开展“文明家庭”和“好媳妇”“好婆婆”“最美中辛人”创评工作，目前中辛村已评出“星级文明户”78 户，“文明家庭”9 户，“好媳妇”“好婆婆”18 人，“最美中辛人”2 人，树立了群众身边看得见的榜样。

办好惠民实事，赢得公信力

驻村近 3 年来，在广泛征求民意的基础上，杨延军先后协调各类资金 300 多万元，改善基础服务设施，新打了饮水井，设置了分置供水器，解决了群众的安全饮水问题；为加强农村政治文化活动设施建设，筹资 50 万元改造完善了党群综合服务中心；为改善村民生产生活出行条件，修建 6750 平方米田间道路，硬化村内胡同 68 米，新修排水沟 250 米，疏通排水沟 100 米；开展街道整治，对 700 米村内街道进行改造、整修；完成了天然气管道架设，栽植绿化苗木 100 余棵；开展幸福院建设，目前投资 100 余万元的集老年人照料、留守儿童活动、图书阅览、村史展示等功能为一体的幸福院已经投入使用；关爱贫弱群众，为 60 余户贫困户进行了“六改一增”，为特困户王长青整修厕所、为杨天恩老两口搭顶棚、为訾小平送去橱柜、为王常华送去电暖器。

现在，中辛村村容村貌焕然一新，群众发家致富劲头高涨，产业发展态势良好，群众生活水平持续提升，共同致富奔小康步伐明显加快，乡邻四舍安定祥和，被评为焦作市文明村，温县脱贫攻坚工作先进村、信用村、乡村振兴示范村等。

刘江，男，汉族，1974年5月出生，河南许昌人，1994年1月入党，1995年7月参加工作，北京工业大学研究生学历，全日制工学博士、博士后，高级工程师。现任平顶山市人民政府副市长、市公安局局长。2015年8月—2018年3月，被派驻濮阳市濮阳县郎中乡马白邱村任党组织第一书记。驻村以来，他建强基层组织建设，发挥村党支部战斗堡垒作用；争取资金3900多万元，建设基础设施；大力发展村级集体经济；倾情为群众办实事，开展美丽乡村建设，使马白邱村变成了宜居宜业的美丽乡村。刘江先后荣立濮阳县个人三等功两次，获得2016年度河南省省直机关优秀共产党员、2017年度河南省优秀驻村第一书记、河南省脱贫攻坚先进个人、濮阳市五一劳动奖章、濮阳市优秀驻村第一书记等荣誉。

博士驻村，黄土生金

在城市生城市长、从未在农村生活过的正处级博士（后）刘江积极响应党组织号召，到贫困农村开展帮扶工作，一到农村就迅速转换角色，快速融入农村生活，深入调研农村贫困现状，带领马白邱村“两委”、全村共产党员和贫困户开展了“理思想、拔穷根、用双手、勤致富”活动，在短短两年半的时间里就使全村建档立卡贫困户实现了稳定脱贫，并带领全村老百姓走上了通过劳动致富的小康之路，真正实现了“博士驻村，黄土生金”的承诺。

打基础、鼓干劲、集体经济作支撑

2015 年 8 月，刘江正式入驻马白邱村，当时有建档立卡贫困户 118 户 333 人；经过 2016 年的精准识别，还剩建档立卡贫困户 20 户 92 人，都是一些难啃的“硬骨头”；经过一年多的辛勤努力，2016 年年底马白邱村实现了全面脱贫，人均纯收入由 2013 年的 2700 元提高到 2016 年的 10,580 元；20 户建档立卡贫困户人均纯收入由 2015 年的 1490 元提高到 2016 年的 13,530 元；2017 年人均纯收入达到了 15,340 元，比上一年增长 13.4%，实现了全村所有贫困户稳定脱贫。光鲜的成绩单背后，凝聚着刘江辛勤的付出和汗水。

坑洼的泥土道路、破败的废旧坑塘、脏乱的环境卫生、老化的村内电网，这是马白邱村给刘江留下的第一印象。“人再穷，也要把脸洗干净，展现出自己的精气神。”刘江暗下决心，一定要让村容村貌焕然一新。为了达到这一目标，他不辞辛劳、多方求援，积极与省、市、县、乡各有关部门协调对接，争取、吸引、投入各类帮扶资金 3900 多万元，帮助马白邱村建成了“户户通”和“致富路”，建起了文化大舞台、党群活动中心等，改造了农村电网和废旧坑塘，建立起清洁家园工作机制，马白邱村的人居环境、发展环境都得到了明显改善。

只有发展产业、壮大村集体经济，才能筑牢脱贫之基。为此，刘江把目光瞄准了用工量大、技术含量相对较低的服装加工和电子加工行业，但是建设厂房的场地却成了老大难问题。经过对全村走访调查，刘江发现村内有老百姓各自占用多年的荒地。这些荒地几十年没人动，杂草丛生、垃圾遍地，但老百姓一听说要用荒地建工厂，没几个同意。经过刘江深入细致、苦口婆心、一家一户地做工作，终于无偿收回村民占用荒地 16 亩归村集体所有，并成功帮助博超服饰、纳博科技两家公司在村内投资建厂，终于实现了让村民在家门口就业的梦想，并为村集体带来了一定收入。目前，两家公司都已建成投用，共吸纳马白邱村及周边村 400 余人就业，其中贫困户 60 余人，人均月收入超过 2000 元。随着马白邱村返乡创业氛围日益浓厚，现已有交白服饰、相杰汽贸、恒鑫羽绒等 6 家企业入驻马白邱村，将吸纳周边乡镇村民近千人就业，老百姓逐步走上小康之路。同时，刘江还将部分回收的村内荒地建设冷库和蔬菜大棚并转租出去，所收租金按比例分配给村集体和上缴荒地的村民，真正让荒地“生”出了钱，让村民乐开了花。村集体经济也从无到有，村集体经济收入由零变为每年 20 多万元，有力地助推了马白邱村的健康可持续发展。

解民困、惠民生、百姓冷暖放心头

刘江不仅是河南省交通运输厅的一名正处级干部，更是全省唯一的博士后“第一书记”，在机关、企业等多岗位锻炼过，还是河南省学术技术带头人、青年科技英才，他有着丰富的工作实践和科研创新经验。他常说，金杯银杯不如群众的口碑，他来这儿就是为老百姓想办法、谋发展的。工作中，刘江始终把群众放在心头，用自己的真心换回群众的信任。

村民梁明选是刘江到马白邱村后的第一个建档立卡特困户，因妻子患羊角风，他是家中唯一的劳动力。“最愁人的不是靠打零工勉强维持生活，而是家里 3 个孩子没有户口，上不了学。”梁明选苦着脸说。了解到这一情况后，刘江踏上了漫长的“上户口”之路：大半年时间，刘江跑遍了有关部门，打出了上百个电话，多方沟通、咨询，找青联委员为孩子资助 DNA 鉴定的近 6000 元费用，终于在去年为 3 个孩子办理了户口登记手续，治好了梁明选的“心病”。他还安排梁明选的妻子在电子厂打工，每月能拿 1000 元以上的工资，他们的生活越过越红火。

贫困户刘贤的公婆患有慢性疾病，两个孩子都在上小学，家庭负担重。刘贤和老公经常在外打工，无法照顾公婆和孩子，刘江让其到电子厂上班，实现了在家门口就业，每月挣 3000 元以上工资的同时能够很好地照顾家人，生活也一天天好起来了。

强班子、站全局、干群同心促脱贫

刘江深知，想要做好帮扶工作，必须抓住村“两委”班子这个关键。他先后召开 200 余次村“两委”班子（扩大）会，深化理论学习和制度建设，努力培养班子成员良好的工作习惯。“班子成员不能只带着耳朵来开会，要带着笔、眼和脑子一起来，大家都要发表观点。”刘江说，“我希望通过这种方式，调动大家干事创业的积极性，打造一支永不撤退的工作队。”目前，马白邱村各项工作正在由第一书记去想、去干的模式，逐步向班子成员去想、去干与第一书记协调、把关相结合的模式发展，村“两委”班子的工作能力得到进一步提高。

在抓好村“两委”班子这个关键的同时，刘江紧紧扭住解放思想这个总开关，挨家挨户地做好群众思想工作。帮扶工作开展两年多来，群众思想受到潜移默化的影响，大家的积极性渐渐被调动了起来，钱包也渐渐鼓了起来。

刘江经常说，他是省派第一书记，必须站位大局考虑问题，要立足马白邱村辐射其他村，让周边老百姓都能受益。他协调资金500余万元建设交白大道，惠及6个行政村；他搭起交白文化大舞台，为马白邱村及周边群众提供了休闲娱乐场所；他帮助建设的电子厂和服装厂已经成为周边乡镇群众的“摇钱树”。将在今年年底投入运营的纳博科技公司中心工厂，可增加400—500个就业岗位，将更好地带动周边地区经济发展。在他的手里，一张以点带面、辐射周边、影响全县的扶贫网正慢慢织就。濮阳市副市长、濮阳县委书记张宏义指出，濮阳县已经形成了“刘江现象”，刘江同志也已经成为濮阳县乃至濮阳市驻村扶贫工作的一面旗帜。

刘江舍小家顾大家，忠孝不能两全。在脱贫攻坚关键期，其父亲因急性心肌梗死住进了重症监护室，他得知消息快一天后，才匆匆忙忙赶回家中看望了一下老父亲，随后又急匆匆地赶回单位参加扶贫工作会议，没能在病榻前尽自己的孝心。

郭东生，男，汉族，1972年7月出生，河南邓州人，1994年7月参加工作，2003年3月入党，河南大学研究生学历、管理学硕士。现任河南省水利厅监督处副处长。2017年11月—2021年2月，被派驻濮阳市范县（区）王楼乡（镇、街道）东张村任党组织第一书记。驻村以来，编印《东张村“两委”工作手册》，发展年轻党员4名，引进资金近1000万元，开发建设乡村旅游、特色餐饮等集体经济项目，使集体年增收50万元以上，并拿出集体收入设立济危扶困基金。东张村在2019年被评为河南省文明村镇，2020年又被评为国家级文明村镇，村支部连续3年被评为县级先进支部。郭东生2017—2020年连续被评为范县脱贫攻坚先进个人，先后获得濮阳市脱贫攻坚先进个人、濮阳市疫情防控先进个人等荣誉。2021年2月，东张村驻村工作队获评全国脱贫攻坚先进集体。

服务群众守初心，脱贫攻坚担使命

濮阳市范县是国家级贫困县，东张村全村98户456人，是远近闻名的软弱瘫痪村。2017年11月，带着组织的重托，郭东生到东张村任驻村第一书记，他把建强基层组织、完善基础设施、发展集体经济、培育文明乡风作为抓手，用3年多的时间，把一个“脏穷乱”村变为“国家级文明村镇”，贫困户在2019年全部脱贫，村民百姓安居乐业，和全国人民一道，充满信心地迈向乡村振兴的康庄大道。

强组织夯实发展基础

郭东生坚持把建强基层组织作为首要工作，围绕“提能力、优结构、作表率、促发展”的思路，不断增强基层党组织战斗堡垒作用。他多次组织村“两委”人员外出考察培训，开阔班子成员眼界，开拓发展思路；以“不忘初心、牢记使命”主题教育为契机，帮助村党支部严格落实基层制度，增强为民服务使命和担当；编印《东张村“两委”工作手册》，规范村“两委”履职行为；积极培养发展年轻党员，3年多时间培养12名入党积极分子，将3名觉悟高、肯奉献、有文化、有追求的年轻人发展为正式党员，增强了党支部的活力，较好地改变了东张村党员年龄结构偏大、文化层次低的状况；制订《东张村胡同街道管理长管理办法》，由党员担任胡同街道管理长，负责环境卫生、公共设施维护、消防治安、纠纷调解等工作，发挥党员先进模范作用。从2018年开始，东张村支部连续3年被评为县级先进支部，东张村成了范县的党建先进村。

补短板统筹实施帮扶

郭东生驻村帮扶期间，坚持精准识别，精准帮扶。他制订“四公开”的贫困户识别流程，确保“扶真贫”；因人因需开展帮扶，“宜技则技、宜养则养、宜兜则兜”，针对贫困户实际情况制订帮扶措施，确保“有效帮扶”。针对部分群众住房不达标的脱贫“短板”，他多方申请专项改造经费，落实农村危房改造项目，保证群众住房安全。在帮扶过程中，他坚持统筹兼顾，着眼脱贫攻坚和长远发展，在产业发展、基础设施改善、人居环境改造等方面，统筹考虑贫困户需求和村庄整体发展，综合施策，实现了帮扶贫困户，带领一整村，共同发展，和谐发展。

强产业助力脱贫攻坚

结合脱贫攻坚和当地实际，郭东生筹资500余万元，建立拥有1000余平方米的教学楼和800余平方米的住宿餐饮楼的范县农民职业技能培训中心，可同时容纳100余人开展实用技能培训。2020年上半年培训中心运营以来，已培训学员700余人次，培训项目涉及厨师、家政、基层党建等方面，营业收入60余万元，在增加集体收入的同时，发挥了良好的社会效益，也带动了贫困户和村民就业。依托行业和东张村区位，他引入资金1000余万元，建设辐射周边3个村的亲水旅游项目，在范县形成了“北国水乡”，打造以东张村为核心、邻近两村为两翼的乡村亲水旅游项目。围绕旅游业发展，他筹集资金260万元，在东张村建设了营业面积达1500平方米的特色餐饮街。东张村及邻近村庄的群众围绕乡村旅游开展娱乐游戏和餐饮等经营活动，增加了村民和村集体收入，实现了在家门口就业致富。三个村整合在一起，抱团发展，发挥了省派第一书记“帮扶一个村，带动一片村”的帮扶效果。

郭东生积极推动建设集体经济项目，壮大了集体力量，为巩固脱贫攻坚成果提供了坚实支撑，为乡村振兴奠定了坚实的基础，为群众带来实实在在的收益。

守初心为群众办实事

郭东生以河南省水利厅为后盾，坚守初心使命，以群众需求为导向，着力办好惠民实事，解决群众所需所盼。他多方筹集资金90余万元，铺设污水管网，实施“厕所革命”，实现生活污水和粪便沉淀分解后产生的污水统一排放处理，并且注重实际功能发挥，创造性地在厕所上水管加装恒温加热带，解决了北方冬天农村厕所上冻、厕所不能正常使用的问题，得到了河南省脱贫攻坚检查组领导的充分肯定。他组织厅属学校，在驻地小学持续开展支教助学活动，开阔了学生眼界，增长了学识；组织厅属单位向驻地学校捐赠图书、教学设备等，提升育人环境条件；组织开展送医下乡活动，邀请河南省中医院和范县人民医院的专家，多次到村里为百姓义诊；组织群众植树栽花600余棵，硬化道路，安装路灯，接通天然气，实现了村民盼望已久的美化、亮化、绿化、硬化等工程，改善了群众生活条件，提升了群众的获得感和幸福感。

宏美德培育文明乡风

在做好精准帮扶的同时，郭东生着眼乡村振兴，大力弘扬传统美德，培育文明乡风。每年重阳节和春节前，他组织向村 70 岁以上老人发放礼物，开展子女、儿媳为老人梳头，接老人回家吃团圆饭等活动，弘扬和培育尊老爱老的优良传统。他组织成立村“红白理事会”，倡导简办婚丧嫁娶；制订评选办法，在村内开展“十大最美家庭”和“优秀胡同环境管理长”评选活动，倡导文明乡风。通过 3 年多的培养，人人讲文明、人人创文明的良好乡风已在东张村形成。东张村继 2019 年被评为省级文明村镇后，2020 年又被评为国家级文明村镇。

守纪律展现优良作风

驻村期间，郭东生始终严守规矩纪律，严格执行中央八项规定，自觉遵守组织原则和制度规定，做到知畏、知足、知止，管好小节，守住大节，慎微慎独，保持一名党员、干部的良好形象，在驻地干部群众中树立了较高的威信。

郭东生以实际行动践行了共产党员的初心使命，以辛勤的工作落实了党的惠民政策。他驻村帮扶工作取得的成绩被《中国水利报》、《河南日报》、《河南科技报》、河南卫视、河南电视台新农村频道等多家省级以上媒体进行报道。郭东生本人连续 3 年被评为范县脱贫攻坚先进个人，2019 年被评为濮阳市脱贫攻坚先进个人。郭东生带领的驻村工作队更是在 2021 年被评为国家级脱贫攻坚先进集体，受到党中央和国务院的表彰。

张文仓，男，汉族，1972年9月出生，河南南乐人，1995年7月毕业于郑州大学，同年8月参加工作，2004年7月入党。现任濮阳市职业中等专业学校副主任、高级讲师。2017年6月被派驻濮阳市台前县马楼镇闫五斗村任党组织第一书记。驻村以来，他与妻子彭景如（2018年4月担任驻村工作队队员）携手扶贫，通过抓支部带支书，修路，安装路灯，新建村室、卫生室和文化广场，鼓励群众发展特色种植、养殖业等措施，持续建强基层组织，完善基础设施，发展壮大集体经济，推动闫五斗村顺利脱贫。2020年，张文仓获得“出彩濮阳人”、台前县脱贫攻坚奖创新奖、河南省社会扶贫先进个人等荣誉。

夫妻齐心扶贫，凤凰台前追梦

濮阳市台前县是国家级贫困县，闫五斗村距离黄河仅1公里，是典型的黄河滩区深度贫困村，全村115户410人，仅贫困户就有34户104人，村内贫困发生率超过了25%，是远近闻名的“小破村”。2017年6月，作为濮阳市职业中专教师的张文仓带着组织的重托，担任闫五斗村驻村第一书记，带领闫五斗村走上了一条稳定脱贫、共同致富之路。

强化双基的“领头雁”

张文仓刚驻村时，闫五斗村没有任何集体经济与集体设施，他借住在村支部书记韩喜伦家的一间平房里，后来经协调搬到了邻村的一间村室内，在这一间屋内吃、住和办公。他上任后积极申请整村推进项目资金，新建了村室、卫生室、乡村大舞台和文化广场，修建道路，打深水机井，安装太阳能路灯等，为村室配置了各项办公设施，极大地改善了村庄的基础设施和办公条件，方便了群众的生产与出行，使党员活动有阵地、群众活动有场地，为乡村振兴战略的实施奠定了坚实的物质基础。为此老支部书记韩金山为张文仓赠送了一面“选派干部倾情帮扶，文仓书记造福桑梓”的锦旗。

不断提高村级治理水平是驻村第一书记的重要使命。张文仓首先与镇党委结合，配齐了村“两委”及监委会队伍；他在抓支部带支书上下足功夫，努力把支部带强、把支书带优、把党员带好，打造一支“永不走的工作队”，为打好脱贫攻坚战和促进乡村振兴提供坚强的组织保障；同时，他结合“四议两公开”工作法，提高驻村工作和民主决策的紧密度，保证全村重大事项的公开、公平、公正；他还认真组织开展“不忘初心、牢记使命”等主题教育，结合实际，提升基层党员干部的综合素质和工作能力。

扶贫战线的“比翼鸟”

上任后，张文仓俯下身子，以村为家，用实际行动让村子改变面貌，让村民脱贫致富。他的行动感染了妻子彭景如，2018 年 4 月，彭景如也报名来到闫五斗村，担任驻村工作队队员，与丈夫共同承担起驻村扶贫的任务，自此，夫妻二人扎根乡村，互相支持、互相鼓励，共同为脱贫攻坚努力工作。

如何让贫困户摆脱苦日子、过上好日子，成了萦绕在他们心头的头等大事。为了不让一户贫困户掉队，夫妻二人常常入户走访，一户挨着一户，拉家常、听想法、话产业，足迹踏遍全村角角落落。

张文仓夫妻为实现梦想而忙碌，他们与村“两委”入户走访，在认真研究分析每一户户情的基础上，绘制了“闫五斗村脱贫攻坚作战图”，针对户情制订脱贫计划和脱贫措施，一户一策。他们为贫困户申请电商物流园分红、光伏分红、到户增收、“三帮一扶”等扶贫政策，落实了教育、金融、残疾人、公益岗、社会保障等保障措施，鼓励贫困户积极通过养殖、种植或务工等提高收入。为了发展村内的种养产业，他们积极培育养殖专业户和种植大户，为他们排忧解难，通过小额贴息贷款解决他们在资金方面的困难等。通过多种措施使贫困户顺利脱贫，向着小康生活迈进。

惠民实事的“践行者”

张文仓召集村民开会时，多次倡导不仅要追求物质丰富，还要追求精神文明，发扬中华民族尊老爱幼、邻里和睦、勤劳致富等传统美德。为此他邀请县剧团送戏到村内，丰富村民的文化生活。在2019年年底，为了倡导乡村文明新风尚，张文仓夫妻与村“两委”成功召开“马楼镇闫五斗村道德模范表彰大会”，以土生土长的先进人物带动村风民风的好转，受到了村民的一致好评。

张文仓协助学校老党委书记李言生，积极联系中华少年儿童慈善救助基金会，对台前县的教育做了以下资助：1. 为黄河滩区马楼镇与清水河乡的所有小学班级建立图书角（每个图书角大约1800元），共建197个，受益学生将达到7005名；2. 为贫困学生发放爱心包564个（每个大约116元）；3. 为台前县中学生申请了14,593个互联网速读速记学习账号。这些项目经县教育局具体填写申报书，现均已落地实施。

舍小顾大的“抉择人”

张文仓的岳父已经84岁，由于脑梗后遗症，有些神智不清，老母亲因生病接近于植物人，更需要人照顾。由于夫妻二人都在台前驻村，无暇顾及家中的老人与孩子，老人都由哥哥姐姐轮流照顾，过寒暑假的女儿则送到亲戚家居住。学校党委书记祖瑞敏入村慰问贫困户，到吴月娥老人家时，对她的儿子韩兴义说："家中有个老娘，就是一宝啊，你可以时常守着你的妈，但我们的张老师却不能守着自己的妈。"常言说得好："您陪我长大，我陪您变老。"但他们现在只能是"舍小家，顾大家"，视村民为亲人，因此村民也将他们当成自己的家人。张文仓是无愧于村民的好书记，是贫困户的贴心人，是一个好公仆，但他也真的亏欠父母及女儿的太多了。

2019年6月，张文仓因甲状腺癌做手术，在手术中损伤了喉返神经，说话发不出音，医生说恢复正常说话可能需要3到6个月。但他刚出院一周，就在刀口因感染还在化脓、话还说不出来的时候，开始入村工作了。村民见此情景特别感动，都流下了感动的泪水。老支部书记闫守进得知消息后赠送了一面锦旗，内容是"赠焦裕禄似的驻村好干部张文仓，为民解忧，倾情帮扶"。

通过张文仓不懈的努力，闫五斗村的集体经济有了很大发展，2018年入股到台前县生物质发电厂150万元，每年有不少于9万元的分红；2019年入股到后夹河肉鸭养殖基地150万元，每年有不少于9万元的分红；发展村级光伏电站，每年有3万元的集体收入。这样闫五斗村每年就有了不低于21万元的村集体收入，从而为下一步的乡村振兴奠定了坚实的基础，闫五斗村再也不是昔日的"小破村"了，而是将"小破村"的帽子抛入了滚滚的黄河之中。

赵敬涛，男，汉族，1978年10月出生，河南长垣人，1999年6月入党，2002年7月参加工作，中国农业大学农业推广硕士。现任濮阳市委巡察组正科级巡察专员。2014年6月至今，被派驻濮阳市台前县清水河乡潘集村任党组织第一书记。驻村以来，他建强村“两委”班子，发展产业，完善基础设施，探索驻村第一书记管理“五个一工作法”、专家人才扶贫行动，引进河南省首个S级网络扶贫电影项目。赵敬涛获得2017年共青团河南省委“扶贫青春榜样”、2018年河南省优秀驻村第一书记、2018年濮阳市五一劳动奖章、濮阳市2018年度脱贫攻坚战奋进奖先进个人、2019年河南省脱贫攻坚奖贡献奖、2019年濮阳市先进工作者、2019年濮阳市青年五四奖章等荣誉。

立下军令状，实干显担当

濮阳市台前县是国家级深度贫困县，潘集村是典型的黄河滩区落后村，土地贫瘠，基础设施薄弱，经济发展水平低，是全县有名的穷村、乱村。2014年6月，带着组织的重托，赵敬涛到潘集村任驻村第一书记。他夯实基层党建，完善基础设施，发展特色产业，带领潘集村从“最穷最乱村”变为“红旗村”“文明村”，走上了一条稳定脱贫、共同致富之路。

“一个支部一堡垒，一名党员一面旗”，他从建强班子入手，打造“永远不走的工作队”

到村任职时，潘集村处于软弱涣散状态。作为一名组工干部，赵敬涛深知：“帮钱帮物，不如帮助建个好支部。”他挨家挨户走访了解情况，召开50余次党员会、村民代表会、“五老”会征求意见，化解问题矛盾，村里党员、干部重新找到“位置”，群众对组织的信任感、认可度明显提高。2015年5月，顺利选出了新一届支部、村委班子，建强了战斗堡垒。

他指导村“两委”干部合理分工、明确职责，全面推行基层组织生活“落地工作法”，村党支部战斗力、凝聚力不断提升；带领村“两委”班子争取项目资金2130万元，修建村室、卫生室，修路，建渠……潘集村组织强了、路通了、水畅了，群众心里敞亮了，幸福感写在了脸庞上。

“产业发展是脱贫的牛鼻子”，他从选准项目着力，栽好群众脱贫致富的“摇钱树”

真扶贫、扶真贫，就要把扶贫产业搞起来，让群众的“钱袋子”鼓起来。他在抓产业发展方面理出了思路、铆足了干劲。

挖掘传统潜力，“一村一品”兴产业。柳编产业是潘集村的传统特色产业，但长期以来，村民在种植棉柳方面分散保守，没有产业优势，他带领棉柳种植户到山东临沂等地考察，建设了“智慧潘集”电商中心，解决销路问题。目前，潘集村种植棉柳600多亩，参与农户40余户，年增收100余万元。

多方引资引智，“村头工厂”促就业。他动员村里外出务工人员返乡创业助力脱贫攻坚。深圳务工村民苑仁希在他的帮扶下，回村创办了文具厂，不仅自己挣了钱，还为村里提供了40多个就业岗位。2016年6月，赵敬涛抓住机遇，在村头建设了标准化扶贫车间，并引进投资30万元的木材加工企业入驻，解决了20余名贫困群众的就业问题，还为村集体带来每年1.5万元的收入。2017年9月22日，全国扶贫车间现场会在台前县召开，潘集村的柳编产品在现场展示，受到国务院扶贫办领导的好评。

“小康路上一个也不能少”，他用真情助脱贫，当好群众“贴心人”

驻村7年，2550多天，行程11万公里，始终坚持“五天四夜”工作制，扶贫车间产品的销路、棉柳树的长势、特困群众的生活状况等，牵动着赵敬涛的心。“我是一名共产党员，群众的疾苦就是我的疾苦，群众一日不脱贫，我就一日寝食难安。”赵敬涛是这样说的，也是这样做的。

为了潘集村早日脱贫，赵敬涛曾经在村里连续工作了87天。“爸爸，你啥时候回来呀？”发高烧的女儿在电话里哭喊着。接到女儿的电话，赵敬涛心怀愧疚，哽咽着一句话都说不出来。但是面对繁重的脱贫任务，他“狠心”地继续坚守在工作岗位上。端午节当天，母亲和女儿带着包好的粽子到村里去看他，并慰问贫困户。83 岁的贫困户李秀勇拉着赵敬涛的手对他母亲说：“这孩子比我儿子都亲。”听到这话，他瞬间湿了眼眶！他就是要用自己的“辛苦指数”换取村民的“幸福指数”，用自己的“铁石心肠”换取村民的“两不愁三保障”。

按照规定，驻村第一书记每 2 年轮换一次。第一次轮换时他争取的项目正在紧张施工，后续工作还未完成；第二次轮换时脱贫攻坚进入关键阶段，需要他再努一把劲。赵敬涛两次放弃返回的机会，连续担任第一书记 7 年。他把潘集村当成了自己的家，把群众当成了自己的父母双亲和兄弟姐妹，他成为潘集村群众最亲近的人。麦收季节，贫困户李全君病情加重，需要马上住院，赵敬涛自己掏腰包，联系收割机帮助李全君抢收麦子，李全君顺利入院，他的儿子流着眼泪激动地说：“赵书记，俺家一辈子也忘不了您。”贫困户苑兆云的儿子苑仁立突发癫痫病，他听说后立即赶到，一边掐人中穴，一边清理唾液和呕吐物，几分钟后，苑仁立明显好转。他又拿出 1000 元钱给孩子看病，苑兆云跪倒在地，感激之情化为无声的泪水。

“农村是实践的生动课堂”，他善于思考总结，在“小农村”摸索“大经验”

赵敬涛除担任潘集村第一书记外，还兼任清水河乡驻村工作队队长，负责协调管理 43 个村的驻村第一书记和工作队队员。

为有效促进第一书记工作，加强学习交流，他创新提出了第一书记管理“五个一工作法”，被全市推广，河南省委组织部对此给予充分肯定。他向市委建议实施的“专家人才精准扶贫行动计划”，被确定为濮阳市三大行动计划之一，被河南省委组织部确定为重点工作。

清水河乡由于婚丧嫁娶大操大办，群众举债办喜事、建婚房致贫或返贫的事情时有发生。赵敬涛与乡党委认真研究，在全乡开展了“简办红白喜事、倡导文明新风”行动，一年见成效、两年大变样、三年树新风，天价彩礼、大操大办、盲目攀比的现象没有了，赢得了广大群众的赞誉，助推了脱贫攻坚。

悠悠扶贫路，浓浓扶贫情。赵敬涛以对群众的亲劲、对工作的韧劲、对事业的拼劲，换来了潘集村的整村脱贫，展现了新时代驻村干部的责任担当。2018 年 6 月 6 日，赵敬涛代表濮阳市驻村第一书记向时任河南省委书记王国生汇报了驻村工作。他坚定地说：“一定牢记习近平总书记对驻村第一书记的重托，勇于担当，努力拼搏，在脱贫攻坚中奉献出自己的全部力量。”

程铁牛，男，汉族，1968年9月出生，河南濮阳人，1991年5月入党，1991年7月参加工作，河南财经政法大学本科学历、经济学学士。现任濮阳市财政集中收付中心主任。2016年3月—2020年5月，被派驻濮阳市台前县清水河乡路庄村任党组织第一书记。驻村以来，他认真落实各项扶贫政策，采取了转移就业、龙头企业带贫、金融扶贫、兴办集体产业以及教育资助、医疗救助等措施，帮助该村如期实现全部脱贫，村容村貌和村民的生产生活条件得到明显改善，群众的满意度明显提高。他先后获得濮阳市2017年度优秀驻村第一书记、濮阳市2019年度脱贫攻坚战先进个人、濮阳市2019年度优秀公务员、2020年河南省社会扶贫先进个人等荣誉称号。

牢记职责使命，用心用情做好驻村工作

濮阳市台前县是国家级贫困县，清水河乡路庄村是该县黄河滩区贫困村，全村共有186户865人，耕地687亩，人均耕地0.8亩。截至2019年年底，全村建档立卡贫困户58户154人。全村主要靠种植业发展，村民收入来源主要是务农、务工收入。由于人均耕地少，基础设施薄弱，长期以来该村经济发展水平很低。2016年3月，带着组织的重托，程铁牛到该村任驻村第一书记，在习近平新时代中国特色社会主义思想指引下，他认真履职，建强村级领导班子，推进精准扶贫，落实各项制度，办好惠民实事，村容村貌和村民的生产生活条件得到明显改善，群众的满意度明显提高，路庄村走上一条稳定的脱贫之路。

勤走访、深调研，理清发展思路

一直以来，路庄村群众观念较为落后，受教育程度低，小农意识强，市场意识淡薄，安于现状，“等靠要”的思想严重。程铁牛到任后，并没有着急“跟风”盲目上项目，而是把“家”搬到了村里，与村民同吃同住同劳动，增进感情，消除隔阂，真情沟通，了解和掌握群众脱贫致富的真实想法。为做到精准帮扶，他跑遍全村所有农户，与老党员、退休老干部、群众代表、致富能手、贫困户座谈，征询他们对村里发展的意见和建议。通过走访，他摸清了贫困人口底数，了解了群众反映最多的热点、难点问题，提出合理化建议，召开村“两委”工作会议进行研究并及时确定解决措施，制订了帮扶工作规划和年度工作计划，保证了各项工作任务的完成。

抓班子、带队伍，筑牢党建基础

俗话说得好，火车跑得快，全靠车头带。建立一个好的村“两委”班子，对全村的发展至关重要。针对路庄村班子作风不实、战斗力不强的实际，程铁牛坚持以人为本，强抓队伍建设。一是狠抓班子队伍建设。健全领导班子，利用换届时机，调整充实村“两委”

班子成员 6 名，强化对全村扶贫工作的领导。坚持学习和议事制度，制订发展经济规划，责任到人，提高发展经济是第一要务的意识，增强村级经济实力。目前村“两委”班子成员作风转变，团结一致，真心为民，除自己致富外，还积极带领全村群众脱贫致富，班子成员在全村党员群众中威信得到很大提高，村党支部的战斗力也得到了乡党委的认可。二是带好党员队伍。开展好“主题党日”活动，围绕“三会一课”制度，建立健全村党支部内部活动各项规章制度，补充完善相关学习活动资料，积极发展预备党员；抓好“不忘初心、牢记使命”主题教育，开展好村党支部“六个一”活动，使村里党员学习活动系统化、规范化、制度化；主动为村里党员同志上党课，收取党费，不定期地开展谈心谈话，提高党员的政治素质。三是规范制度，加强管理。深化和规范党务、村务公开，坚持“四议两公开”工作法，努力实现村里各项工作公开、民主、透明，受到了全村村民的拥护。

高站位、学政策，全身心投入帮扶工作

一是认真学习习近平总书记关于扶贫开发的重要讲话和指示，从思想上和行动上提高政治站位。二是加强对政策的研究。弄明白脱贫攻坚的主要任务是什么，弄明白“扶持谁、谁来扶、怎么扶、如何退”的问题，不断研究政策扶贫和产业扶贫政策，深刻学习领会中央和省市县关于精准扶贫工作的相关政策和文件，把各行各业的政策抄写在工作日志上，反复思考琢磨，认真揣摩，为做到因户因人施策打下基础。三是严格遵守工作纪律。按时签到签退，勤勉

敬业、脚踏实地，与群众打成一片，热心为群众服务，做到在帮扶工作中接地气、受教育、增才干。四是开展结对帮扶。针对路庄村贫困户较多的情况，积极向单位领导汇报沟通，实行结对帮扶，组建了43名中层以上党员干部的帮扶队伍，每月定期到贫困户家中开展帮扶慰问活动。平时到贫困户家中帮助打扫院落，与贫困户谈心谈话，宣讲党的扶贫政策，鼓励他们树立信心战胜贫困。逢年过节，程铁牛都带领帮扶队员到贫困户家中，送去米、面、油、药品、衣物、学习用品等慰问品，做到真扶贫、扶真贫。

解民忧、办实事，狠抓精准扶贫

一是抓好产业、就业和金融扶贫，努力增加贫困户的收入。落实到户增收项目12户，每户每年560元；光伏扶贫项目19户，贫困户受益兜底户每年2000元，一般户每年1000元；飞天羽绒企业带贫26户，每年480元；电商带贫11户，每年480元；养殖1户1人，种植1户1人。鼓励村里有劳动能力的外出务工人员230人；增设公益岗24户26人，平均每人每月收入600—800元；开展金融授信活动，共授信58户，发展扶贫贴息贷款9户，每户5万元。二是对中小学生进行教育资助。全村共有学生154人，大学及以上7人，中学39人，小学68人，学龄前儿童40人，其中，享受县级教育补助的11人，享受营养餐的107人，享受“雨露计划”的2人。三是落实医疗保障政策。全村全部参加城乡居民医疗保险，贫困人口全部参保并享受减免政策。四是开展危房改造工作。全村共鉴定186户房屋，实施危房改造11户。五是保障全村清洁饮水。全村全部通自来水，采取24小时供水机制，水质鉴定全部合格。六是认真落实其他民生保障政策。安排低保户20户25人、“五保”户5户5人、贫困人口低保16户21人；村里残疾人一共25人，其中重度残疾者7人，按时向他们发放生活补贴，保障了他们的生活需要。七是大力提升村基础设施建设。2016—2019年协调资金83万元，新建村内道路6500平方米；协调资金81万元，新建生产路4800平方米；协调资金24万元，新建机井12个；协调资金81万元，新建文化广场1400平方米，安装健身器材9件；协调资金10万元，安装路灯79盏；协调资金10万元，新建标准化卫生室1座。八是大力发展村集体经济。该村2019年村集体经济收入3.5万元（养鹅大棚出租，每年5000元；入股肉牛养殖场20万元，年分红3万元）。

现在，路庄村“两委”班子战斗力强，党员队伍能力整体提升，产业发展，环境改善，弱势群体有人帮，老百姓看在眼里、喜在心头，真真切切感受到了党和政府的关怀。到2020年年底，全村的贫困户已全部脱贫，为下一步的乡村振兴打下了坚实的基础。

王存勇，男，1972年3月出生，河南濮阳人，1991年8月参加工作，1994年12月入党，中央党校本科学历。现任濮阳县文化广电旅游体育局二级主任科员。2016年4月被派驻濮阳市濮阳县郎中乡芦里村任党组织第一书记。驻村以来，他大力发展扶贫产业，成立了濮阳县宏信农业开发有限公司，用自己的房产证作抵押贷款95万元，解决村扶贫就业点扩建难题，争取资金500多万元，整修村小学和基础设施等。他先后获得濮阳市优秀驻村第一书记、河南省优秀驻村第一书记、濮阳县优秀驻村第一书记、濮阳市优秀共产党员、全国脱贫攻坚先进个人等荣誉。

初心不改扶贫志，难以割舍驻村情

芦里村位于濮阳市濮阳县郎中乡政府西北10公里处，全村共有286户1360人，2016年以前有贫困户92户431人，系濮阳县扶贫重点村。2016年4月，带着组织的重托，王存勇到芦里村任第一书记。入村以来，他以共产党员的标准严格要求自己，从老百姓急需的小事办起，真情、真意、真心帮扶，把帮扶百姓脱贫当作义不容辞的责任，用实际行动阐释了“第一书记”的深刻含义，用责任担当实现了共产党员的为民初心，带领全村群众走上了一条稳定脱贫、共同致富之路。

带着责任去“帮”，用“情”破解发展难题

抓党建，促脱贫，发展特色产业，是驻村第一书记的首要任务。“要致富，找支部。”要想带领群众致富，必须建强基层支部堡垒，重点是有一个好的带头人。2018年5月，村“两委”进行换届，为选准配强支部书记，他多次调查走访，说服在外创业多年的郑国亮回家参选支部书记。在郑国亮的带领下，芦里村目前各项工作在全乡都是名列前茅。为壮大村集体经济，2018年10月王存勇协调组建成立了濮阳县宏信农业开发有限公司，流转土地200亩，筹资40万元发展艾草种植，带动贫困户12户顺利脱贫。2019年除夕之夜，他放弃与家人团聚，抓住春节乡土人才回家的机会，与在外人员一起议发展，积极争取他们回家创业。像这样的除夕之夜他已坚持了3年，在他的执着感召下，在郑州从事坚果加工30多年的郑国勇投资500万元回家创办坚果加工产业园。目前，濮阳美猴工食品有限公司一期已投入运营，安置劳动力32人，其中贫困户11户，月增收入2000元。公司注册了“棕熊”“泼猴小圣”商标。为促进公司二期尽快扩建，2020年5月，王存勇多方争取资金350万元，新建了占地5000平方米的生产车间；为解决扩建过程中的资金困难，他拿出自己家中的房产证作为抵押，在濮阳县农信社贷款95万元，全部投入公司扩建中。二期投产后可安置100多个就业岗位，芦里村群众致富奔小康充满了希望，实现了脱贫攻坚与乡村振兴的融合发展。

带着感情去“扶”，用“心”凝聚民心

“群众之事无小事，一枝一叶总关情。”俯下身子，扎下根子，放下架子，融入群众，留下一支“永远不走的工作队”是第一书记的重要使命。入村以来，王存勇对自己提出“四个不”，即“在村不穿白衬衣，因为群众会担心弄脏你的衣服而和你保持距离；不戴墨镜，因为群众会觉得你对他们不尊重；在群众家喝水不用自己的杯子，否则群众会认为你嫌他们不干净；群众反映问题无论对错不拒绝，否则会让群众感到心寒……”这些事虽小，但无形中拉近了他与群众的距离。

贫困户郑石军家有 3 口人，3 个都是“光棍汉”，每天以酒为乐，昏昏度日。为让郑石军树立生活的信心，王存勇自掏腰包拿出 5000 元钱，帮他种植了 10 亩大葱。但是 2016 年入冬前突降了一场大雪，将 1 万多斤大葱冻在了地里，为解决大葱的销售难题，王存勇冒着严寒带领郑石军进城卖葱，先后到昆吾二期、巴黎街等小区以及路边和饭店打着“第一书记”的牌子叫卖，从早上五点出村，一直卖到晚上九点多，一万多斤大葱销售一空。郑石军感动得泪流满面，发誓一定脱贫。群众自编的快板《王书记卖葱》被街头巷尾广为传唱。

解决好一个涉及群众切身利益的难题，胜过讲千遍百遍大道理，党组织的影响力、凝聚力不是说出来的，而是干出来的。芦里村最穷的孩子刘志远是王存勇的“干儿子”，孩子父母都是一级重度残疾，刘志远已经 10 岁了还没有上学，在大街上跑来跑去。针

对孩子活泼好动的性格，他积极为孩子谋出路，把孩子送到濮阳市杂技学校学习，现在孩子十分喜欢杂技这个专业。王存勇为孩子将来的发展找到了一条合适的门路，真正实现了“培养一个学生，改变一个家庭”。王存勇有一次去学校看望孩子，孩子怯生生地对他说：“我爸爸是个哑巴，我从小没有叫过爸爸，我能叫你一声爸爸吗？”看到孩子天真的目光，他无法拒绝孩子的祈求，从此，他这个第一书记与芦里村的最穷户结成了“亲戚”。

“举事以为人者，众助之；举事以自为者，众去之。”2019年2月，全村群众联名向王存勇赠送了长1.8米、高1.2米的“人民公仆”木雕大匾。作为第一书记，只有真正把自己当成村里人，才能真正体会到群众最需要什么，才能知道自己真正该干什么，才能想其所想、急其所急、帮其所困、解其所惑；只有在潜移默化中感染群众，才能取得群众真心的支持和拥护。

初心不改，难以割舍的驻村情

2018年4月11日下午，天空下着小雨，在入户的过程中，王存勇一不小心滑倒在了水泥路边造成脑震荡、右侧锁骨骨折，手术后第五天病情稍有好转，他就瞒着家人未办出院手续直接回到了村里，用绷带吊着一只伤残的胳膊投入紧张的扶贫工作中。2018年9月，王存勇右侧耳朵一直耳鸣，听力下降，到医院检查发现，由于半年前摔伤，脑神经受损，因为没有及时治疗，造成了“耳聋”的终生遗憾。2019年10月31日，他的骨折工伤被鉴定为“九级伤残”。

有过多少艰辛，天空知道；流过多少血汗，大地作证；受过多少痛苦，江河为之动容；走过多少坎坷，山川为之倾诉。5年的驻村扶贫，使芦里村发生了翻天覆地的大变化，一幢幢小洋楼拔地而起，一条条水泥路通到了每一户门前，一盏盏路灯照亮了乡亲们的心田，整齐划一的街道干净亮丽，宽阔的文化广场上舞动着乡亲们幸福的身影。2018年2月，王存勇被濮阳市委、市政府授予全市优秀驻村第一书记称号；2018年3月，被河南省委组织部、省人社厅、省委农办、省扶贫办授予河南省优秀驻村第一书记称号；2018年4月，被濮阳县委、县政府授予全县优秀驻村第一书记称号；2019年6月，被中共濮阳市委授予优秀共产党员称号。2019年8月、2020年10月，王存勇两次参加“濮阳市脱贫先进事迹宣讲团”赴全市巡讲。2020年10月，王存勇的事迹在国务院扶贫办组织的“我所经历的脱贫攻坚故事”展示展播活动中荣获全国一等奖。2021年2月，王存勇被中共中央、国务院授予“全国脱贫攻坚先进个人”荣誉称号。《河南日报》、《濮阳日报》、《农业农村农民》杂志、中国扶贫公众号、河南驻村干部公众号、濮阳党建公众号、新华网、凤凰网、大河网等知名媒体先后对其进行报道，他的事迹入选《黄河儿女英雄赞》脱贫攻坚先进人物集锦。

“金杯银杯不如老百姓的口碑。”王存勇在驻村第一书记这个平凡的工作岗位上做出了不平凡的业绩，出色地完成了组织交给的各项工作任务，得到了全村群众的爱戴与拥护。他用实际行动向人们诠释了爱岗敬业、无私奉献的真谛，在脱贫攻坚的大潮中展示了一名共产党员的特有风采。

王献杰，男，汉族，1976年3月出生，河南长葛人，1995年3月参加工作，1997年7月入党，河南省委党校大学学历。现任长葛市委组织部监督科科长。2019年2月被派驻许昌市长葛市老城镇耿庄社区任第一书记、脱贫攻坚组组长。驻村以来，他坚持以党建为引领，紧紧围绕脱贫攻坚和集体经济，不断强化社区党组织建设和社区综合治理，促进脱贫攻坚责任、措施、工作“三落实”，使贫困人口全部脱贫，社区基础设施显著改善，群众满意度不断提升，耿庄社区呈现出良好的发展态势。他先后获得老城镇优秀共产党员、老城镇优秀第一书记等荣誉称号。

让党徽在群众心坎上闪光

许昌市长葛市老城镇耿庄社区是一个城郊村，全村406户1256人，2019年前有贫困户8户、贫困人口33人，是全市贫困发生率较高的村。2019年2月，长葛市委组织部选派王献杰到耿庄社区任脱贫攻坚组组长和驻村第一书记。“没有一种事业，比服务群众更高尚。”他心里明白，第一书记是一份饱含期待的信任，更是一份沉甸甸的责任。两年来，他坚持以党建为引领，紧紧围绕脱贫攻坚、集体经济发展想办法、定措施、抓龙头，让过去这个高贫困发生率的村实现贫困人口全部脱贫，社区基础设施显著改善，群众满意度不断提升，呈现出良好的发展态势。

硬起手腕抓党建

驻村后，王献杰通过走访调研，发现社区多项工作落后的主要原因是支部建设弱化，战斗力不强，于是，他结合第二批“不忘初心、牢记使命”专题教育，对支部工作进行规范，分别对支部“三会一课”、主题党日等制度进行规范提升；同时以许昌市开展的“创五好、强双基”为工作抓手，提升社区党支部的政治功能和服务功能，组织党员干部学习党章党规和习近平总书记重要讲话，通过集中研讨、“初心使命四问”、专题民主生活会等多种形式，增强党员干部“四个意识”，强化党员干部作用发挥。为了让共产主义思想占领农村思想阵地，王献杰在单位支持下协调资金在社区广场架设了国旗，在社区广场设立了电影夜市，在大街小巷悬挂国旗80多面营造党建氛围。2020年“七一”建党节之际，他又组织140名党员群众集体升国旗、唱国歌、重温入党誓词，并到兰考焦裕禄纪念园学习，加强党性教育，提升了支部的凝聚力和战斗力。

千方百计助脱贫

“坚决不让一名贫困群众掉队！”一入村，王献杰就抱着这样的理念开展工作。村里共有贫困户6户21人，不是因重病掏空了家底，就是因残疾丧失劳动力无法挣钱，一家比一家难过。他看在眼里，急在心上，如何让6户贫困户尽快脱贫，王献杰想了很多办法。他始终坚持“扶贫先扶志，扶贫必扶智”的工作思路，从政策上、生活上和创业致富上关心帮助贫困户。为增加贫困户收入来源，王献杰积极为他们寻找工作岗位、传递就业信息，千方百计使他们尽快尽早就业，最大限度增加收入。他在村里设立了爱心超市，发动社区企业捐物捐款购买生活物品，让贫困户定期凭积分兑换，补贴生活。同时加快扶贫车间招商进度，使扶贫车间尽快运转见效。扶贫车间运转后，每年产生效益6万元，全部用于社区扶贫救助，同时带动贫困劳动力在车间就业。贫困户耿银周父母亲均得了大病，前年父亲因病去世，看病使家里欠下一大堆债务，家里还有两个学生。于是王献杰带他一起到旧车市场买了辆二手运输车，让他和妻子在扶贫车间搞运输增加收入（此事迹《货车驶上致富路》被《许昌晨报》报道）。72岁的耿天恩老人唯一的儿子意外身亡，妻子又有智障，老人失去生活信心，王献杰就把耿天恩老两口当亲人对待，坚持每周两次家访，逢年过节到家慰问，元宵节陪老人家吃顿饭聊聊天，给老人重燃生活信心。截至2020年年底，全社区21名贫困群众除重病和学生外，全部实现就业，3人到上海等地打工，当上技术工人，7人在家门口就业，人均年收入均达到万元，家家实现了稳定增收脱了贫。

精心规划谋发展

发展壮大集体经济是第一书记的重要任务，王献杰积极发挥社区距离市区近、交通便利等优势，组织党员干部和企业负责人到本市和外地工业发达的明星村进行参观学习，制订了耿庄社区乡村振兴三年规划，推进社区个体企业提档升级，高质量发展。疫情风险化解之后，他深入社区 32 家企业商户开展走访，对各项工作进行调研，帮助企业复产复工，并组织“两委”干部实行包企业、包责任、包服务、包复产，在通水通电、节能环保、手续办理等方面为企业主动服务，结对帮扶，切实帮助企业排忧解难，在短时间内实现了全村 32 家个体企业全部顺利复产，实现产销两旺的发展态势。全村 450 名劳动力，全部就地务工。扶贫车间顺利复工，年收益 6 万元，集体经济收入逐年增加。

办好实事惠民生

为了打造优美环境、建设美丽乡村，王献杰积极与农业农村、水利、交通、林业等部门沟通联络，争取国家专项资金，大力推进美丽乡村建设，改善农村面貌，优化人居环境。通过多方协调争取上级 56 万元修路项目，整修道路 1.6 公里，彻底解决群众出行不便的问题。同时和社区干部一起想方设法筹措资金 35 万元为群众铺设排前路 21 条共 1800 米，建成水冲厕所 160 间，栽种绿化树木 3000 棵，美化大街小巷墙壁 3600 平方米，实现了大街小巷全部硬化、两侧绿化、墙体立面美化的目标。为进一步提升服务功能，满足社区群众高质量生活需求，王献杰对社区“一有七中心”和“夕阳红”社区养老中心基础设施进行配套完善，逐步形成了集便民服务、党员教育、群众娱乐、养老康复为一体的多功能社区服务体系，不断满足人民群众对美好生活的向往。

抓好治理树新风

好家风能带出好民风，王献杰结合长葛市正在开展的创建国家卫生城和省级文明城市，因势利导组织社区“两委”干部积极开展“好媳妇”“好公婆”“十星级文明户”和“五美庭院”等一系列评选活动，对评选出的家庭和个人进行隆重表彰。他积极成立“红白理事会”，开展移风易俗、新事新办，制定“321”办事标准（吃饭每桌不超300元、总数不超20桌、吸烟不超10元/盒）。去年重阳节，他带领社区干部组织开展“九九重阳文艺汇演暨先进表彰大会”，把全社区70岁以上老人请到社区广场看大戏吃饺子，邀请文化艺术团和社区文艺表演队50多名志愿者为老人们表演节目，老人们一边看节目，一边吃饺子，喜笑颜开，广场上一片欢声笑语。“真没想到，老了老了，还有人请俺吃饺子、看大戏，给俺量血压、剪头发，还不要钱，现在日子比神仙还美。”耿庄社区70多岁的老人吴金水激动地说。几年来，耿庄社区未发生过违法违纪情况，呈现出一派新时期、新风尚、新气象的美丽和谐社区形象。

脚下沾满泥土，心中装着群众。“第一书记”对王献杰而言，是一种责任，更是老百姓的信任；让群众满意、让群众过上美好的生活，就是作为一名共产党员的奋斗目标。群众看在眼里，记在心里。党员群众纷纷表示：“这样办实事的干部，我们打心眼儿里拥护！”由于驻村工作成绩突出，王献杰的个人事迹先后多次被人民网、《许昌晨报》、《长葛报》等媒体报道，其所驻耿庄社区及其党支部也先后获得“许昌市文明村”“长葛市五好党组织”等荣誉称号。

邱建锋，男，汉族，1975年10月出生，河南兰考人，1992年12月参加工作，1995年11月入党，中央党校研究生学历。现任河南省侨联文化经济联络部部长。2017年10月被派驻漯河市临颍县石桥乡桥南村任党组织第一书记。驻村以来，他协调资金新修道路11公里，栽种各类树木5200余棵，新建了文化礼堂、标准化卫生室，树立巨型室外电子屏，桥南村电路、水路、天然气、厕所得到了全新改造。他协助成立农民专业合作社，推出“侨联桥”系列产品，村集体年收入由零增加到23万元，2018年实现整村脱贫。2019年年底村民联名请求他留任，鲜红的指印是对邱建锋的最高礼赞。他先后荣获漯河市驻村之星、漯河市帮扶之星、“感动漯河”十大人物、河南省社会扶贫先进个人、河南省优秀共产党员等称号。

驻村路上谱写青春华章

漯河市临颍县石桥乡桥南村南靠临颍，北依许昌，全村564户2345人，11个村民小组，中共党员49人，2017年有建档立卡贫困户46户164人，因基础差、底子薄，无集体经济收入，2014年被定为省级贫困村，由河南省侨联定点帮建。

自2017年10月入村任第一书记后，邱建锋就怀着“实实在在为村里人办事”的想法，俯下身子，不断地在村里走访、调研，掌握村里的真实情况。如今的他皮肤早已晒得黝黑，俨然已经是一名桥南村的村民，村民也把邱书记当成了自家人。

打赢脱贫攻坚战，抓好党建是关键

邱建锋坚持把建好班子、带好队伍作为驻村工作的首要任务。他注重发挥党支部的战斗堡垒作用，完善了各项制度，规范了“三会一课”、主题党日等活动，先后组织党员赴南街村、兰考、新乡、信阳参观学习；通过对标先进，建立便民服务全程代理，增强党员干事创业的激情；通过无职党员设岗定责，做到村委引领、村民自治，把要求和制度体现到党员的自觉行动上；共培训干部16人次，培养村委后备干部2名，培养致富能手9名，为乡村振兴储备了人才。2020年，临颍县作为村“两委”换届试点单位走在全省前列，作为临颍县的“第一方阵”，桥南村最早顺利完成“两委”换届工作，支部坚强有力，党员作用明显，“两率一度”持续提升，为全省作出了表率，受到省领导的表扬。

打赢脱贫攻坚战，发展产业是基础

脱贫攻坚既要“输血”，更要“造血”。桥南村没有集体经济，邱建锋便牵头完善了村里的产业扶贫基地，通过项目资金累计建成

2500余平方米的产业车间，招引企业签约入驻，为村集体带来20多万元的年收入。

邱建锋与村委班子积极筹划，组织成立了侨裕种植专业合作社，推出了带动本地经济的特色品牌产品——“侨联桥”杂粮养生粥，协调河南省广播电视台与驻村第一书记联合推荐，在海外华侨的帮助下，桥南村的杂粮、粉条、辣椒走向英国市场；与新郑市太湖镇车厘子种植大户联合打造桥南村车厘子种植基地，栽种错季果树5000余棵，通过发展特色农业，带领群众致富增收。

打赢脱贫攻坚战，为桥南村办实事

为改善桥南群众的文化生活，河南省侨联为桥南村建了一座宽敞明亮的文化礼堂，邱建锋协调河南省侨联委员出资为礼堂安装了三台立式空调，又通过多种途径筹资安装350套桌椅，让村民们有了学习和集会的场所，开会时更加舒心。此外，还建成了桥南村文明实践站，修建文化长廊260米、凉亭5座，安装无线喇叭35个，树立美观鲜活的社会主义核心价值观宣传板35套，让桥南村的文化生活水平得到大幅度提升；他还协调河南省侨青会捐资10余万元建成了40平方米的室外电子屏，唱响了主旋律。

桥南村一直没有像样的卫生室，体弱多病的老人看病相当不便，邱建锋便与原驻村第一书记一起向河南省侨联申请资金建了标准化卫生室，在当地村级卫生室中也算得上是“第一方阵”。随后，他还多次请省医疗专家到桥南村义诊，让村民就近看病、拿药。

有村民向邱建锋反映，晚上到村文化广场跳广场舞，还要跑回自己家里上厕所，没有公厕十分不便。但在公厕选址上，邱建锋又面临一大难题，有的村民认为公厕会带来“脏”和“臭”，存有抵触情绪，他就带领村委干部努力做工作，最终完成选址并建成了环保型公厕。原来反对的村民也纷纷伸出了大拇指：“邱书记，真是给俺村办了实事。”

孩子能够接受良好教育是贫困户最大的希望，也关系全村的未来。邱建锋便协调侨青会每年爱心捐款 3.6 万元，资助学生 13 名，让孩子们在学校能够安心学习。邱建锋十分注重精神文明建设，村内已多年未响起豫剧那浑厚热烈的唱腔，老人们都十分想念，邱建锋就召集成立了桥南村戏迷俱乐部，购买了乐器，联系民间豫剧团到桥南村进行文艺演出，让老百姓在家门口就能听到“刘大哥讲话理太偏……”为营造文明村风，邱建锋为村里设立爱心超市，放上爱心人士捐的物品，贫困户和村民都可以用积分兑换，使得贫困户由“要我脱贫”变为“我要脱贫”，懒汉变为勤快人，大大提高了村民独立做事的积极性、激发了村民的能动性，备受大家的好评。

脚下沾有多少泥土，心中就沉淀多少真情

临颍县地处中原腹地，每到夏季雨水较多。2018 年夏天，74 岁的张丙申家因为地势低，积水排不出去，院子里的水已经没过了小腿，房子都泡在水里。邱建锋知道情况后，立即带领村委干部冒着大雨，蹚着水赶了过去。张丙申的女儿被房子进水的场景吓哭了，见了村委干部就像见到了救星：“邱书记，您说咋办哩？”邱建锋在观察房屋地势后发现必须在院墙外侧挖沟排水，虽然雨势很

大，但大家立刻行动起来，顺利排除了险情。事后张丙申老人逢人就说：“邱书记对俺们真好，是真心给俺们办事情啊。”

群众利益无小事，一枝一叶总关情。邱建锋几乎和桥南村所有的贫困户、重点户甚至普通户都产生过这样那样的交集，谁家孩子上学捎带东西、谁家病人挂号看病，村里人第一个想到的就是邱书记。驻村近 4 年，邱建锋行车里程 12 万余公里，加起来能绕地球三周还要多。2019 年 8 月，邱建锋的爱人得了眩晕症，正赶上扶贫督查，邱建锋只是去医院看了看便匆匆返回村里，留下八岁的大女儿在医院陪护。为了全身心投入驻村工作，邱建锋驻村伊始便把母亲、弟弟和小女儿接到桥南村，每次从郑州返回桥南村，三岁的小女儿都不愿意离开妈妈，会从上车一路哭到许昌，直到睡着。

有人说，驻村第一书记身上的汗渍美如画、艳如旗。邱建锋用实际行动进行了全方位的诠释，用真心换回桥南群众的真情和口碑。一桩桩、一件件贴心暖心的大事小情，村里老少爷们儿看在眼中、记在心里。在邱建锋的房门口，经常会有群众送去的青菜和水果，他也经常会接到村民的电话，谁家里包了饺子，都希望邱书记去尝尝。2019 年年底，当村民得知第一书记将要换岗的消息后，联名写信给河南省侨联要求邱书记继续留任，鲜红的指印是对一名优秀驻村第一书记的最高礼赞。

郭红福，男，汉族，1970 年 12 月出生，河南舞阳人，1992 年 6 月入党，1992 年 9 月参加工作，中央党校经济管理专业函授本科学历。现任漯河市农业农村局党组成员、副局长。2017 年 5 月—2021 年 2 月，被派驻漯河市郾城区新店镇薛庄村任党组织第一书记。驻村以来，推行支部书记“月轮值”，开展争做“五大员”活动，抓党建促脱贫攻坚、促乡村振兴，累计协调资金 700 万元，建设扶贫基地 2 个，培育企业和合作社 6 个，村集体经济收入 11.1 万元，比上一年增长了 3.1 倍。郭红福先后荣获河南省脱贫攻坚工作先进个人、漯河市“忠诚干净担当好干部”、河南省第四届“人民满意的公务员”和漯河市“十佳市民”、“驻村之星”等称号。

倾心为百姓埋头干实事，甘做脱贫攻坚老黄牛

漯河市郾城区新店镇薛庄村是典型的平原农区贫困村，主要以种植小麦、玉米等粮食作物为主，道路、水利等基础设施薄弱，经济发展水平低。全村 384 户 1724 人，2014 年前有贫困户 115 户、贫困人口 446 人，是全区有名的穷村、乱村。2017 年 5 月，带着组织的重托，郭红福到薛庄村任驻村第一书记。他建强基层组织，

推动精准扶贫，落实基础制度，办好惠民实事，发展集体经济，弘扬文明乡风，带领薛庄村从一个垃圾遍地、污水横流、道路不通、水质不佳、上访告状频发的贫困村、信访村变为“示范村”“文明村”，走上了一条稳定脱贫、共同致富、和谐发展之路。

抓党建，作表率，聚民心

驻村后，为留下“一支永远不走的工作队”，郭红福积极在村“两委”推行支部书记“月轮值”制度，抓支部、带支书，抓班子、带队伍，致力提升“两委”干部的综合素质和为民服务水平。2021年1月，新一届村“两委”换届后，5名“两委”干部平均年龄40岁，比2018年降低了3岁，更加富有活力和战斗力。为发挥党员的先锋模范作用，凝聚干事创业的合力，在驻村后参加的第一个“主题党日”活动上，他向全村党员发出了争做“五大员”的倡议，动员全村59名党员人人争做农村政策宣传员、事业发展战斗员、矛盾纠纷调解员、环境卫生保洁员、幸福家庭好成员。从此，每月10日的“主题党日”，每年的“五一”“七一”“八一”“十一”等重大节日，郭红福都与驻村工作队一起，带领全村党员干部、积极分子开展“党员奉献日”义务劳动，在“润物细无声”中，带动全村由内到外发生着新变化。他引导村“两委”认真落实“阳光村务”“四议两公开”等基础制度，采取亲情慰问、政策宣讲、帮扶发展、教育救助等方法，教育引导两名常年赴京上访的村民罢访息诉，彻底摘掉了薛庄村“信访村”的帽子。

抓扶贫，解民困，促民富

郭红福始终把全体村民当成自己的父老乡亲，把每个贫困户当成自己的亲人，时时、事事、处处为他们着想。他与驻村工作队队员经常深入农户和贫困户家中，走访座谈、宣讲政策、问询需求、解决困难，帮助他们打消疑虑，引导激励贫困群众提振精气神，焕发生活热情，增强脱贫信心，激发内生动力。他坚持因人因户精准施策，探索出了志智联动帮扶机制，采取“党员 + 贫困户”等带贫模式，千方百计为贫困户解难题、谋出路、促增收。三年多来，薛庄村贫困户中有 3 人被授予漯河市“脱贫自强之星”、3 户被授予漯河市“最美家庭”、1 人被授予郾城区“脱贫青年榜样”。刘桂菊老人自立自强的事迹，被“学习强国”以《76 岁老太凭借“民间女红”走上脱贫路》为题予以转载。

抓实事，办好事，惠民生

驻村以来，在漯河军分区、漯河市农业农村局等共建单位的大力支持下，郭红福团结带领村“两委”坚持从解决群众最急需、最紧迫、最现实的问题入手，多方筹措资金，完善提升基础设施，改善生产生活条件。三年多来，薛庄村累计争取各类项目资金 700 多万元，新修道路 8.3 公里，新打机井 25 眼；新安装太阳能路灯 36 盏、LED 路灯 14 盏；新建安全饮水供水站 1 座、标准化卫生室 1 个；

新建公厕3座、垃圾池15座，增设垃圾桶30多个，新建养殖场粪污储存池4座；新建八一爱民广场、思源文化广场2000多平方米，新安装健身器材13套；新建红枫、桃树游园2个，街头小游园5个；新开挖整治寨河约2公里，高标准整治坑塘3个；新栽植女贞、桂花、复叶槭、楸树等绿化树木3000多棵，撒播花籽50亩；开发老旧房屋，建设村史馆、乡村记忆馆，让大家记得住乡愁、留得住精神。一个碧水环绕、绿树成荫、三季花开的生态宜居新薛庄逐渐呈现在人们面前，村民的获得感、幸福感和安全感日益提升。

抓经济，育产业，谋发展

郭红福引导村“两委”立足实际，围绕一村、一水、一业的特色实际，确立了优化一产、提升二产、激活三产、扩大总量、增强后劲的村集体经济发展思路，协调河南农大规划设计院和漯河市规划设计院，编制了《薛庄村旅游扶贫规划（2018—2025年）》《薛庄村村庄建设规划》，着力在恢复生态水系、建设“四美乡村”、发展旅游产业上打基础、求变化、谋长远。目前，村里培育出农业产业化市级重点龙头企业2个、农民专业合作社4个、种粮大户2个、养殖大户4个，流转村民土地1500多亩，形成了100多亩莲藕、130多亩猕猴桃、200多亩绿化苗木、100多亩鱼塘、1000多亩优质粮食等生产基地，共申报认证绿色食品1种、无公害农产品5种。利用区扶贫项目资金和第一书记专项资金，建设600平方米的标准化厂房和6座食用菌大棚、2个扶贫基地，采取租赁经营的方式，促进了村集体经济和贫困户收入稳定增长。目前，薛庄村集体经济收入达到11.1万元，比2017年的2.7万元增长了3.1倍，每年为村22户贫困户每户分红1100多元。

抓治理，创文明，促和谐

驻村以来，郭红福指导村“两委”建立了“美丽薛庄我的家”村民群，经常在群内发布村里各项建设发展的信息，自觉接受村民监督，激发村民比学赶超、竞相发展的热情。为大力弘扬社会主义核心价值观和孝老敬亲、守望相助的中华民族传统美德，着力打造“记得住乡愁”的文化薛庄，在漯河军分区的大力支持下，打造了“党建”“八一”“双拥”“孝贤”4条主题文化街道，在村主街道、游园、广场等处，建设了党建、孝贤、乡村振兴宣传栏。郭红福亲自动手，拟定了易记易懂易行的《薛庄村村规民约》，引导村民爱党爱国爱家爱集体，争做文明向上好村民。他每年组织开展“好媳妇”“好婆婆”“好乡贤”“好党员”“脱贫自强之星”“最美家庭”评选表彰活动，丰富村民文化生活，培育文明乡风、良好家风、淳朴民风，营造了“薛庄是我家，美丽靠大家”的浓厚氛围。

现在，薛庄村村容村貌焕然一新，群众生活水平持续提升，特色产业发展态势良好，文明和谐乡风全面弘扬，集体经济收入稳定增长，脱贫攻坚成果全面巩固，乡村振兴扎实有序推进，先后获得漯河市脱贫攻坚先进村、“阳光村务”建设先进村、生态示范村、景区化美丽乡村、“四美乡村”示范村和郾城区“文明村镇”等荣誉。

张江红，女，1972年3月出生，汉族，大专学历。现任三门峡市水资源管理处人教科科长。2017年11月—2021年2月，被派驻国家级贫困县省定贫困村卢氏县木桐乡拐峪村担任第一书记。驻村以来，张江红与老百姓一起挖穷根、找产业、促发展，筑牢干群信任根基，激发起“我要发展”的强大内生动力；大力发展特色辣椒种植产业、创新“农户＋集体＋商户”模式，同时发挥辐射带动作用，让辣椒这一“短平快”产业在全乡甚至县域内其他十多个乡镇迅速发展；引入雅美琳服装厂，带动村民家门口就业。各项举措为壮大村集体经济夯实基础。拐峪村及其党支部获得“文明村”“脱贫攻坚先进村”“五星标兵支部”等荣誉，完成了一个偏远小山村的美丽嬗变！张江红先后获得2018年三门峡市优秀驻村第一书记、2019年河南省脱贫攻坚奖贡献奖、2020年三门峡市优秀女驻村第一书记、2020年三门峡市五一劳动奖章、郑州大学化工学院研究生党建导师、2021年全国“巾帼建功标兵”等荣誉。

不达小康誓不还，敢教拐峪换新颜

三门峡市卢氏县是国家级贫困县，拐峪村位于卢氏县城西80公里的大山深处，土地贫瘠，交通闭塞，基础设施薄弱，有8个居民组，258户956人，建档立卡贫困户147户580人，贫困发生率

60.7%，是典型的深山区省定贫困村。2017 年 11 月，带着组织的重托，张江红主动请缨到拐峪村担任驻村第一书记。她克服重重困难，以“不达小康誓不还，敢教拐峪换新颜”的决心，抓党建、促脱贫、办实事、惠民生，带领拐峪村走上了一条稳定脱贫、共同致富之路。

一个坚强支部，筑就一座“战斗堡垒”

“火车跑得快，全靠车头带。”张江红作为拐峪村驻村第一书记，深知强班子、带队伍的重要性，她制订支部党建工作计划，坚持落实“三会一课”制度，开展党员积分管理，强化党员的日常教育，深入开展创优争先活动。在建强健全基层组织方面，她以“不忘初心、牢记使命”主题教育为抓手，以两次村“两委”换届为契机，3 年时间，把一名年轻党员推选、培养成全乡最年轻的党支部书记；树立党建就是凝聚力、党建就是生产力的理念，量化“党员一对一帮扶”，充分发挥抓支部、带支书的战斗堡垒作用和党员的先锋模范作用，有效推动脱贫攻坚工作开展；重视新党员的发展和培养，3 年来发展党员 4 名，培养入党积极分子 4 名，不断为党组织输送新鲜血液和培养后备力量。拐峪村党支部成功创建“五星级党支部”，荣获“五星级标兵党支部”称号。

一次精准施策，幸福一个困难家庭

3年来，按照习近平总书记“六个精准”扶贫思想，大力实施“五个一批”的帮扶措施，张江红紧紧聚焦“两不愁三保障”，圆满完成了拐峪村脱贫任务。特别是2020年，面对脱贫攻坚最后的“硬骨头”，张江红没有退缩，对有脱贫困难风险的群众、对有脱贫返贫风险的检测户、对有致贫风险的边缘户全面排查，特别是五保户、重残户、老人户等特殊群体，不但确保他们享受院外供养待遇、残疾补贴、一级低保、益贫岗、光伏分红等政策，同时由村干部带种辣椒，保证产业全覆盖。贫困户徐月军的儿子上小学五年级，通过爱心捐助得到平板电脑一台，确保了按期完成网络授课。罗书章的儿子因车祸去世，老伴去年住院，儿媳妇带两个孩子在外打工，生活压力大，被定为边缘户，经过与村“两委”商量，安排罗书章到保洁员公益岗，还通过评议将其定为低保户，让这个家庭充分享受相关政策，防止致贫。通过低保提级扩面，增加公益岗、益贫岗，提高光伏分红比例等措施，全村群众幼有所育、病有所医、老有所养、住有所居，脱贫奔小康路上没有落下一人！

一项支柱产业，铺就一条“富民之路”

村里的产业如何谋划、如何引导，集体经济如何实施、如何壮大，这是摆在每一名驻村第一书记面前的一道难题，只有抓产业、争效益，才能守住农民的钱袋子！从驻村第一天起，张江红就把发展产业作为拐峪村的头等大事。几年来，她带领村组干部通过考察市场、示范推广、科学管理，大力发展特色辣椒种植，把辣椒培育成拐峪村的支柱产业，还成立了村集体合作社，组织农户种植，负责组织收购；商户与村集体商议收购价格，确保群众利益最大化，并根据销量给集体交 1 斤 5 分钱的费用，创新“农户 + 集体 + 商户”模式。为了保丰收、争效益，她想尽办法。2019 年春节过后到村上班第一天就开会研究种辣椒的事儿，从晚饭时一直开到凌晨，发动群众早谋划、早动手，当年辣椒比上年早上市一个月零七天，价格也卖出了新高。春季，持续干燥少雨，辣椒苗都被晒“蔫”了，她自筹资金购置 11 台汽油发电机和自吸式水泵以及 1200 米引水胶管，第一时间把灌溉设施送到大家手中。为了让大家多种一亩地，张江红吃过闭门羹，受过嘲讽；为了争取 1 斤多卖 1 毛钱，她与收购商拍过桌子，红过脸。据统计，2019 年拐峪村共种植辣椒 187 亩，带动 52 户贫困户出产辣椒近 70 万斤，产值破百万，集体经济也增收 3 万余元。2020 年拐峪村单日出售辣椒 3.2 万斤，仅此一项群众日收益突破 5.12 万元。她还发挥辐射带动作用，让辣椒这一“短平快”产业在木桐乡甚至县域内其他十多个乡镇迅速发展，有效促进了群众增收和村集体经济的发展壮大。

一件为民实事，回应一份浓浓真情

“金杯银杯不如老百姓的口碑。”驻村以来，张江红始终与党中央、省、市、县和乡党委、政府保持高度一致，做到目标同向、思想同心、行动同步，用好“三股劲”，与村“两委”团结带领全村人民，创造性地开展工作，为拐峪村百姓做实事做好事，先后制订了《关于打赢脱贫攻坚战如期完成扶贫任务的实施方案》《关于让贫困户到类似村情村况示范村考察学习方案》等一系列规划。2018年农历正月十五，她带领村组干部、党员代表、群众代表31人到山西大寨实地学习，2019年“七一”前夕，按计划让全村258户，每户派1人，分批到河南新乡的郭亮村、漯河的南街村等示范村实地考察学习。她利用单位职工工会福利费5.8万元回购贫困户32头藏香猪，做“消费扶贫”的先锋，真扶贫、扶真贫；自筹资金20余万元，帮助村集体建设冷水鱼养殖二期工程配套供水系统，发挥集体经济效益；争取12.5万元解决了服装厂供水问题和周边环境问题，支持龙头企业落户拐峪；中秋节前夕，组织帮扶责任人和全体村民一起谋发展、话中秋，描绘“家家户户共发展，团团圆圆奔小康”的和谐画卷。她带领实施亮化美化村容村貌工程，开展“好婆婆”“好媳妇”“文明标兵”评选表彰活动，关爱留守儿童，送戏下乡，举办首届“拐峪村春晚”，村民的物质生活、精神面貌发生了巨大变化。拐峪村先后获得“文明村”“脱贫攻坚先进村”等荣誉，张江红也荣获拐峪村第一位“荣誉村民”称号。

在脱贫攻坚这个寄托着共和国新时代发展梦想的激情战场，作为参与者、实践者和推动者，从城市到农村，张江红完成了从机关干部到乡村干部的美丽嬗变，虽然过程艰辛而复杂，付出了很多，但是也得到了前所未有的锻炼和成长。因勤学善用、业务过硬，张江红参加过2019年上半年三门峡市脱贫攻坚考核、2019年河南省脱贫攻坚年度考核、2020年河南省脱贫攻坚年度考核；她善闯敢拼、业绩突出，作为全省8个优秀第一书记代表之一，受邀参加2019

年河南省春节团拜会；她是三门峡市首个省级脱贫攻坚奖贡献奖获得者，受到时任省委书记王国生接见；她是2019年河南省脱贫攻坚先进事迹报告团成员，在河南省各地市巡回宣讲。

张江红在日记里这样写道：“我不知道自己能在拐峪干多久，但只要干一天，我就会全心全意，竭尽全力！”

张冠军，男，汉族，河南灵宝人，1997年10月参加工作，2001年5月入党，中国地质大学本科学历、经济师。现任三门峡市公共资源交易中心交易服务科副科长。2010年9月—2015年3月，被派驻三门峡市卢氏县官坡镇安坪村任党组织第一书记。2015年4月—2017年10月，被派驻三门峡市卢氏县朱阳关镇河南村扶贫工作队；2017年11月至今被派驻卢氏县朱阳关镇河南村任党组织第一书记兼工作队队长。驻村后，他以支部星级提升为引导，以党员活动日为载体，组织开展新时代文明实践活动；制订《河南村发展规划》，带领群众修建冷库和标准化食用菌大棚，栽植核桃、连翘，进行食用菌种植，实现年产值4000多万元，年纯收入2400多万元；协调各类项目资金2000多万元，改善村容村貌和生产生活条件，村集村经济年收入超过20万元；带动50余人就地务工，每户增收5000余元，实现贫困群众全部脱贫。他曾获得三门峡市优秀共产党员、驻村扶贫工作先进队员、2020年度河南省脱贫攻坚奖贡献奖等荣誉。

扎根基层终不悔，誓让穷村换新颜

三门峡市卢氏县朱阳关镇河南村距三门峡市区180公里，村内山大沟深，土地贫瘠，因遭受两次特大洪灾，道路、水利等基础设施损毁严重,农业发展缓慢,经济发展水平低。全村 362 户 1154 人，耕地 665 亩，2014 年前有贫困户 161 户 687 人，贫困发生率高达 59.5%，信访矛盾严重，是全县的软弱涣散村。2010 年 9 月至今，张冠军先后被选派到官坡镇安坪村、朱阳关镇河南村任党组织第一书记。驻村 10 年来，他始终牢记组织重托，俯下身、查问题、理思路、定方向，不断夯实基层党建，完善基础设施，发展特色产业，贯彻落实好各项惠民政策，全面实现贫困群众脱贫增收致富，带领群众走上一条稳定脱贫、共同致富之路。

泥路里摔来个“带路人”

第一次入村，老天爷就给张冠军来了个“下马威”。2010 年 9 月，他被选派到豫陕交界大山深处的卢氏县官坡镇安坪村任驻村第一书记。当时特大洪灾刚过，山体滑坡，道路堵塞，无法通行，他只好踩着泥步行进村，翻山越岭两个多小时，栽了跟头，爬起来，揉揉摔痛的胳膊，继续前行。他就这样带着满身泥巴进了村。村里没有办公场所，开会要在村干部家里，就连妇女康检也在村干部家的床上。灾后重建资金没有着落,又急需解决群众出行困难的问题，这些对于这个没有农村工作经验的第一书记张冠军来说，是一场严峻的考验。他顾不上考虑太多，自掏腰包先后垫付 6 万多元购买水泥等物资，组织群众投身安坪村的灾后建设。2015 年 4 月，由于驻村工作性质调整，张冠军被重新选派到卢氏县朱阳关镇河南村任驻村工作队队员，2017 年 11 月担任河南村第一书记。面对河南村的种种困境，他曾经惆怅和纠结过，甚至考虑要不要给组织写申请退出。但是想起肩负组织重托，张冠军没有退缩，他咬紧牙关，继续扛起第一书记职责。他知道首要任务就是“强筋壮骨”，增强村“两委”班子凝聚力，把加强基层党建摆在首位，不断提高村级治理水平。面对村党员队伍严重老龄化、集体经济薄弱、党员活动无阵地等突出问题，张冠军利用党员活动日，开展“正党风、转作风、淳民风、促整改”组织生活会。他多次讲，“火车跑得快，全靠车头带”，没有一套团结上进的班子，什么工作都干不好。通过开展批评与自我批评，村“两委”干部和党员深感事情的严重性，他们结合组织生活会上查找的问题，迅速制订出了解决问题的方案和对策，开展村务信息公开和村干部值班。在张冠军的带领下，村里建成了高标准的党群服务中心、“五新”讲习所和新时代文明实践站；定期组织党员干部举行升国旗、唱国歌仪式，切实激发党员群众的爱国热情；组织党员干部扫雪除冰，清除路边杂草和生活垃圾；组织开展“点亮唱响”活动，点燃群众的爱家情怀，全面提高了群众对村“两委”的认同度和满意度，增强了党支部的凝聚力和战斗力。

致富生活“比菇香”

扶贫工作刚开始，群众对这项工作不理解，认为就是走过场，解决不了啥实际问题。特别是一位叫滕银锁的重度残疾贫困户。张冠军第一次去他家时，就吃了闭门羹。打电话不接，上门走访，嫌耽误他的时间。有群众就说，他要是能脱贫，太阳都打西边出来了。

张冠军就是不信这个邪。那段时间，他坚持每天去滕银锁家里，帮他打扫卫生，跟他聊天，讲解扶贫政策，动员他开展食用菌种植，还带领他去参加食用菌种植技术培训，帮他申请扶贫资金贷款。慢慢地，在张冠军“润物细无声”的感召带动下，滕银锁说，我就是一块石头，也让张书记给暖热了，我干！于是答应先发展1万袋试试。第一年，滕银锁香菇净挣4万多元。尝到甜头，第二年他又发展了2.8万袋，还养了6头猪，年纯收入13万元。滕银锁说:“坐吃等死对不起自己这条命，也对不起张书记，今年弄3万袋，如果行情好，明年再增加1万袋。”张冠军通过用身边人的典型事迹引导身边人，增强了贫困群众的荣誉感，进一步激发了群众脱贫致富的内生动力和信心，形成人人争先进的浓厚氛围。

“一人富不算富，全村富才算富。”脱贫、奔小康，一靠特色产业，二靠集体经济。张冠军积极协调金融机构对村里所有农户进行信用等级评定，开展小额贴息贷款，解决群众发展产业资金短缺问题。群众的后顾之忧解决了，种植香菇的信心更足了。现在走进河南村，几乎看不到一块空闲地，香菇种植量由原来的200万袋发展到现在的600多万袋，产值4000多万元，仅这一项产业，人均年纯收入就超过1.7万元。除此以外，新建食用菌大棚、冷库，栽植连翘、核桃、山茱萸，保证了每户贫困群众有3项以上产业增收渠道。

俯身实干的“老黄牛”

村支部蜗居在村小学二楼的一间房内，连最基本的办公活动都无法保障，更别提开展党员活动了。村里道路大都是泥泞土路，路灯更是没有一盏，一到晚上整个村子真的是伸手不见五指。面对如此薄弱的基础设施，张冠军没有因此而退缩，凭着一股干事业的韧劲儿，他利用两个多月时间对全村 362 户群众进行了逐户走访。摸排到的种种问题，他都详细记录在驻村日记上，第一时间将情况上报给选派单位,制订解决问题的对策。对所有贫困户做到户情清楚，找准致贫原因，明确发展方向，因户因人制订落实帮扶措施，对群众反映的具体困难，建立问题台账，积极协调解决。2017 年，他利用第一书记专项资金修建了全镇第一个冷库，对全村所有农户建立信用档案，进行信用等级评定；积极协调金融机构开展小额贴息贷款，为贫困群众发展产业解决资金短缺的问题，群众种植香菇的信心更足了。

驻村的 10 年里，张冠军先后协调各类项目 20 多个，涉及金额 2000 余万元。他带领村“两委”铺设饮水管道，实施农村电网提升改造；新建综合性文化服务中心，修建蓄水池、防洪坝、泄洪渠、污水处理系统；购买清扫车、洒水车和垃圾车，开展农村环境治理；购置文化器材和健身器材，新建标准化卫生室，配备卫生医疗器材；购置办公用品，改善办公条件；修建光伏发电站、冷库、标准化食用菌大棚；安装监控设备、路灯；硬化村组道路，绿化村庄道路，打造灌河沿岸景观提升工程等。随着一个个项目的谋划推进和特色产业的快速发展，现如今的河南村，路通了、灯亮了,群众的钱袋子鼓起来了，群众生活水平明显提高，村集体经济收入突破 20 万元,昔日的软弱涣散村变成了“文明村”“金融扶贫信用村”。张冠军先后被评为扶贫工作先进个人、优秀共产党员，并获得 2020 年度河南省脱贫攻坚奖贡献奖。

10 年，在时光长河里也许只是一朵小小的浪花，显得微不足道；而一个人的一生,又能有几个 10 年？张冠军就用了整整 10 年，守望他心中的那份信仰，那就是：通过一个普通党员的努力，让党的温暖惠及山区百姓和贫困群众。

王涛，男，汉族，1982年4月出生，安徽阜阳人，2007年4月入党，2008年6月参加工作，北京大学研究生学历、法学硕士。现任国务院研究室秘书司处长。2017年8月至今，被派驻南阳市淅川县毛堂乡银杏树沟村任党组织第一书记。驻村以来，王涛把贫困发生率高达41%的银杏树沟村发展成了“国家森林乡村”和“百万收入村”。国务院参事忽培元以王涛为原型创作的小说《乡村第一书记》发行20多万册，由河南省委宣传部出品的同名电视剧在央视一套黄金时段播出，受到广泛关注。王涛先后获得河南省脱贫攻坚奖贡献奖、中央和国家机关脱贫攻坚优秀个人奖、淅川县“最美第一书记”、河南青年五四奖章、河南省南阳市脱贫攻坚先进个人奖（优秀第一书记）、全国脱贫攻坚先进个人奖和2018—2020年度河南省先进共产党员宣传典型等荣誉。

不忘初心勇担当，脱贫路上谱华章

南阳市淅川县是南水北调中线工程渠首所在地，是省定四个深度贫困县之一。淅川县毛堂乡银杏树沟村是一个被重重大山阻隔的深度贫困村，全村共179户625人，其中建档立卡贫困户73户263人，贫困发生率一度高达41%。“无村部、无广播、无手机信号，喝雨水、走泥路、住土房、没新娘”是该村贫困原貌的真实写照。

2017年8月，国务院研究室选派王涛任淅川县毛堂乡银杏树沟村第一书记。王涛驻村后，坚持党建引领、绿色发展，带领党员干部群众，短期内解决了群众关心的饮水、道路、信号等基础设施问题；引进社会资本近2亿元，以村集体参股创办资源再生透水砖厂、生态植被修复公司、玫瑰谷、矿泉水厂等6家绿色扶贫企业，年产值达到3亿元，解决200名贫困人口就业，村集体经济收入从无到有，连年突破300万元，2018年年底实现整村脱贫，2019年被评为“国家森林乡村”，2020年被评为“芈月山玫瑰产业特色小镇”。他牵头组织流转区域9个村部分土地，挖掘历史文化，创建“芈月山”生态品牌，引导山区群众发展艾草、玫瑰和林果产业6000余亩，超过100种品类的农副产品进入电商销售，目前品牌估值超过5000万元，为生态敏感地区创新发展闯出了一条可复制推广的示范之路。

党建引领提高村党组织的威信，凝聚干群人心

北大高才生、当过兵的王涛在驻村前也作了充分的思想准备，但到村伊始，还是被村内的贫困状况深深震撼了。“村里的实际情况比想象中还差。”王涛说，村里贫困发生率达41%，无村部、无广播、手机无信号，喝雨水、走泥路、住土房、没新娘，是银杏树沟村贫困原貌的真实写照。他就召集党员干部商讨脱贫路子，谁知又发现村“两委”班子长期不健全，开会都叫不齐人。

王涛挨家挨户走访群众、看望老党员，找到了治理穷村的第一把“钥匙”——解决没水泥路、没自来水、没移动信号这“三大难”。

王涛带着党员干部跟相关部门对接，积极争取引进项目资金。短时间内，村里新打了3眼机井，全村人吃上了自来水；新修了2座移动信号塔，4G网络信号全村覆盖；建成了7.8公里通村水泥路。解决了群众关心的一大批基础设施问题，夯实了村内发展基础，群众的获得感、认同感大大提升，村党支部的威信空前提高，进一步凝聚了人心。

同时，按照打造美丽乡村的标准，在充分尊重群众意愿的基础上，村集体拿出专项资金近300万元，统一标准、统一风格对群众房屋实施人居环境改造；对一、二、三组群众每户分红补贴1.5万元，动员鼓励因地制宜实施人居改造，115户房屋实施了改造。

王涛趁热打铁，在乡党委的支持下，进一步充实了村“两委”班子。他把对乡亲们的承诺“做一个负责任的党员、建一个负责任的班子、留一个负责任的摊子”写在村部的墙上。同时，围绕打通党建最后一公里，他探索提出“两统两保两带一融”党建促脱贫工作法（统一思想、统一会议形式，保障就业、保障困难群众兜底，带出致富带头人、带出后起之秀，基层党建与脱贫工作融合开展）。他创新开展以“邻家支部”为载体的村院党建，将党组织在最基层失去的阵地找了回来，三任老村支书回村参与脱贫攻坚工作。三年多来，银杏树沟村新发展党员4名，全村党员数量达到19人，党员队伍建设实现历史性突破，村党组织的公信力、凝聚力、领导力、组织力和战斗力得到全面提升，党员的先锋作用得到进一步发挥。他创新建立“党干群联席会议”制度，充分保障党员干部群众对党务村务的知情权、参与权和监督权，在村集体经济发展、重大事项决策中，凝聚了党员干部群众合力，取得了良好效果。

聚焦绿色脱贫产业，带动贫困群众高质量脱贫

在王涛的努力下，村内基础设施大大改善，但全村人均耕地不足一亩，且土质贫瘠，干部群众对下一步脱贫产业发展心里没底。加之淅川县是南水北调中线工程核心水源区和干渠渠首所在地，受水质保护政策和区位影响，有水不能养鱼、有山不能开采、有田不能施肥，银杏树沟村脱贫产业发展也严重受限。

“必须发展兼具政治意义、生态意义、经济意义和社会效益的绿色环保脱贫产业，下一步才有出路，这样发展后劲才足！”王涛在2017年8月中旬的村党干群联席会议上动员全村的干部群众。许多群众包括村干部都认为王涛的想法太超前，行不通。“行不行，大家跟着我往下干就知道了。”王涛在会上郑重宣布。三天之内，王涛推动成立了两家村办集体企业——芈月山生态农业开发有限公司和银杏树沟村劳务服务有限公司。以村集体企业为支撑，王涛先后引进社会资金近2亿元，开展“村企智”三方合作扶贫，引进先进环保技术，创办的6家绿色扶贫企业吸纳村内外145名贫困人口就业，成为全村乃至该区域脱贫攻坚的重要支撑。同时，依托村办农业公司集中流转周边区域9个村部分土地，围绕生态走廊定位调整种植产业结构，引导毛堂乡芈月山区群众累计自主发展各类绿色产业6000亩，上马玫瑰花茶、化妆品、酒水等玫瑰系列产品，建成了芳香制品生产线和环保日用品扶贫车间，带动了周边贫困村一起脱贫致富，推动区域协同脱贫。

前些年，由于妻子身体不好加上缺乏技术，张金柱成了村里“老

大难”贫困户。王涛把他吸纳到村办企业，张金柱积极参与农业公司玫瑰、核桃等脱贫产业发展，妻子也到村扶贫车间上班，全家不仅顺利脱了贫，他还成为农业公司的骨干和主力，被群众推选为村农业公司副总经理。由于贡献突出，张金柱还获得了“芈月山贡献奖”。

贫困户李建慧和丈夫张金洲原来在外打零工，入不敷出，王涛动员他们夫妇加入村环保扶贫企业，每人每月工资不低于3000元，李建慧全家顺利脱贫。由于工作认真负责，李建慧还成长为车间小组长。

三年多来，绿色环保脱贫产业给银杏树沟村累计创收900多万元，大大提升了干部群众的发展信心，贫困群众的中长期收入有了着落，在保护“绿水青山”中实现了“金山银山”，绿色环保脱贫产业的路子越走越宽。

扎根山村，一心为民，用实干赢得人心

“北京来的大干部，能在咱村待几天？”2017年王涛刚进村那会儿，一些群众对王涛能否扎根到村里，持怀疑态度。

“老百姓心里有杆秤，只要党员干部真正俯下身子为群众服务，赢得群众的信任，并不难！”王涛暗下决心，挨家挨户走访群众，每周看望留守老人和孩子，帮助每家每户找脱贫致富门路。

他走遍了全村的田间地头和每一座山、每一条沟。他自费外出为村里协调项目，工作不分节假日，曾经连续5个月没有回家，女儿出生那天，他仍坚守在村里协调贫困户危房改造。目前，银杏树

沟村按照生态旅游村标准，实现了贫困群众和农户房屋全面改造，群众居住条件得到彻底改变。

由于每天工作到深夜，生活艰苦朴素，王涛落下了严重的颈椎病，每天贴膏药坚持在一线，还因长期饮食不规律得了胃溃疡。在村里扶贫车间上班的贫困户张春心疼他，一下班就抱着热水瓶跟着他，全村百姓深受感动。

针对群众最关心的“饮水难”“通信难”和“出行难”及乡村旅游发展问题，王涛一次一次翻山越沟实地察看，东奔西走与相关部门对接，协调争取了一大批项目，自来水、手机信号塔、通村水泥路、党群服务中心、卫生室、村小学等项目很快得到实施，村内生产生活条件实现了根本转变，贫困群众的认同感、获得感得到极大提升。

村里经济条件稍好，王涛就启动对困难群体实施双重保障，对老弱病残等困难群体实施“定向分红”，给予每人每年3000元至5000元的补助，强化再兜底保障；对村里13名在读大学生每人补贴1万元助学金，点燃山区孩子求学改变命运的希望。王涛用实际行动诠释了一个共产党员的情怀，与群众结下了深厚情谊。村内群众都说：村里的好光景是王书记领着大家伙儿干出来的，党给我们村派了个好书记，可千万别让王书记走了！

王多义，男，汉族，河南淮阳人，1987年9月参加工作，1992年10月入党，郑州大学研究生学历。现任河南省纺织产品质量监督检验院院长。2017年11月—2021年2月被派驻南阳市镇平县老庄镇凉水泉村任党支部第一书记。驻村期间，他团结村“两委”干部，着眼“近、中、长”期发展格局，力抓产业、行业扶贫，圆满完成了“户脱贫村出列”的脱贫攻坚任务。他协调资金修建旅游步道4500多米，引进种植花椒、光皮梾木2万余棵，引进双孢菇种植项目和10万只生态蛋鸡项目，引进许昌瑞贝卡假发加工项目，使凉水泉村成为全县第一个全年龄段劳动力就业村。他勇做全域党建的践行者，在全县第一个办起了“脱贫攻坚讲习所”。王多义先后获镇平县扶贫标兵、南阳市脱贫攻坚先进个人、“出彩河南人”之首届最美退役军人、国家市场监督管理总局先进工作者、河南省脱贫攻坚奖贡献奖等荣誉。

携家扶贫践初心，勇于担当履使命

凉水泉村位于南阳市镇平县城北12公里、老庄镇政府南3公里处。全村辖10个村民组、14个自然村。2016年该村有贫困户74户235人。其中因病致贫52户155人，户数占比70%；因残致贫11户35人，户数占比15%；因学致贫10户40人，户数占比

14%。2017年11月，王多义由河南省市场监督管理局派驻该村任党支部第一书记。经过帮扶，该村2018年年底完成了“户脱贫村出列”目标任务，2020年9月底，贫困发生率由20.8%下降为0，贫困户年人均纯收入由不足3000元到8600元以上，村集体经济收入由不足10万元到59万余元。2019年，凉水泉村获得南阳市“全市十大美丽乡村”称号，被国家林业和草原局认定为第二批“国家森林乡村”，2020年5月获得南阳市“文明村镇”称号。

甘愿携家扶贫，做忠孝双全的力行者

站在凉水泉村7600亩山坡地、795亩耕地跟前，王多义暗下决心：脱贫攻坚，带领全村奔小康，不获完胜决不收兵！

刚入村时，他一边学习扶贫政策，一边进家入户了解乡情，天天和村“两委”干部研究脱贫路子。当妻子查出高危癌变信号，医生建议立即住院手术时，当85岁的母亲因视力严重下降正在寻求治疗时，当84岁的岳母体弱多病离不开人照顾时，王多义的心都要碎了。一边面对的是至亲至爱人的需要，一边是父老乡亲渴望的目光和肩上那沉甸甸的责任，他陷入了两难的境地……

自古忠孝难两全。怎么办？他反复权衡，终于想出一个大胆之策：把家搬到老庄镇凉水泉村来住！这个“忠孝两全”的特殊决定背后是接踵而来的疑虑：家人会同意吗？生活方便吗？亲娘、丈母娘能和谐共处吗？

苦口婆心说服了家人，报请组织同意后，王多义租了套民房，接来了年迈的双亲和患病的妻子，全家人携手踏上了扶贫攻坚之路。他身体力行，用朴实无华的为民情怀谱写了一曲令人动容的精准扶贫赞歌，也为群众树立了忠与孝的典范。2020 年 6 月，老母亲含笑九泉。

建强基层组织，做全域党建的践行者

在思变之年，王多义把南阳市倡导的“全域党建”拓新为建强组织的一把“金钥匙”，为全村开启了一条发展的新路子。他秉持全域党建发展理念，深挖内部动能，真正实现了组织力量融合，党员特长作用发挥，形成脱贫攻坚一盘棋。

他把学与思结合起来，时刻拷问自己，把感悟和收获转化为实实在在的行动，在扶贫时注重抓支部带支书，在全县开设第一个脱贫攻坚讲习所，积极推行党员的分类积分管理。村党支部被镇平县党委、县政府评为 2018 年度“玉乡先锋优秀党支部”，实现了从“触动一阵子”到“受益一辈子”的质变。

他凝聚合力，把 6 支帮扶队伍和 17 个手拉手共建党支部组建为脱贫攻坚联合党总支，通过以“党务联建、支部促班子；党员联动、人才促农户；产业联手、龙头促行业；发展联合、近期促远景”为主要内容的“四联四促”工作模式，推动基层组织队伍发展，破解脱贫攻坚难题，提升为民办事能力。

他利用这样一个新载体，内融外联，激活惠民动能，以全域党建为引擎，探索全域融合新路子，迸发出新的发展活力，奔着问题去，奔着困难去，奔着落实去，奔着服务去，摸索建立了“一会四题”“一标四单”“一讲四评”工作机制，成为推进全域党建的有效抓手。

心系产业发展，做惠济民生的引路者

扶贫三年来，他始终把产业发展作为自己扶贫的重心，并为下一步乡村振兴擘画了笃实路线，按照近、中、远相结合的产业发展格局，在考察选项上力求精准到位。

他围绕脱贫攻坚目标，发展见效快的“近期产业”。利用投资160余万元建成的村集体牧生养殖场，发动贫困户26户参与“公司+金融+贫困户”的模式搞养殖，每户年均分红5000余元；先后建成了保洁工具和箱包加工2个扶贫车间，吸纳贫困劳动力家门口就业48人，平均月收入1500元以上。两位70多岁的五保户老人领到第一个月700多元的工资时，激动得泪流满面，逢人便夸党的政策好，干部领导得好。凉水泉村成为全县第一个全年龄段全员就业村。

他围绕巩固脱贫攻坚成果，发展有潜力的“中期产业”。投资150多万元建成了576千瓦的光伏电站，为村集体经济每年增收25万余元；引进许昌瑞贝卡假发加工项目，有效解决了弱劳动力持续稳定增收问题，镇平县委、县政府对此给予充分肯定，并决定在全县引进实施，进一步深化了全域融合的效果；投资300多万元在建自动化生态养鸡场，投资500万元的双孢菇种植项目，投产在即。

他围绕乡村振兴五大战略，发展有后劲的“长期产业”。他以凉水泉村被国家评为“传统民俗村落”为契机，协调资金970余万元，先后改造传统民房39套，治理河道1500米，修建景点登山步道4500多米，蜿蜒山林，尽显生态之美；引进社会资金1000多万元，种植3000亩国储林，挺立山头，绿意葱茏，为开发乡村旅游项目奠定了坚实基础；引进并种植花椒8200棵、光皮梾木1.3万多棵，不仅绿化了荒山，还能预计为群众每年增收400万元以上，真正实现“绿水青山就是金山银山”。

刘峰，男，汉族，1973年5月出生，河南许昌人，1993年1月入党，1993年8月参加工作，中国人民大学公共管理专业硕士（MPA）。现任河南省委组织部正处级巡视专员。2017年11月—2020年2月，被派驻南阳市淅川县九重镇武店村任党支部第一书记。驻村以来，他积极探索实践“党建引领、绿色发展、科技支撑、教化铸魂”的脱贫攻坚“武店路径”，种植香菇10.7万袋、软籽石榴1800多亩，建成黄粉虫、凤凰蛋卷扶贫车间，发展乡村旅游，协调修路，铺设下水道，安装太阳能路灯，绿化美化街道，建成小学书法教室、青少年宫等，开展免费义诊、“两弘扬一争做”等活动。该村被评为全国“十佳”科技助力精准扶贫示范点。刘峰的扶贫事迹被央视《焦点访谈》节目专题报道。刘峰入选“中国好人”榜，获得全国科技助力精准扶贫先进个人、“最美淅川人”等荣誉。

党建引领拔穷根，渠首绽放幸福花

武店村位于南阳市的国家深度贫困县——淅川县，全村696户2844人，建档立卡贫困户70户242人，既是贫困村，又是党组织建设软弱涣散村。2017年11月，刘峰背负行囊，担任南水北调中线渠首武店村的驻村第一书记，开启了“驻村模式”。他深入基层、扎根农村、埋头苦干，探索出了一条“党建引领、绿色发展、科技支撑、教化铸魂”的“武店路径”。武店村被评为“十佳”科技助力精准扶贫示范点，刘峰的扶贫事迹被央视《焦点访谈》节目专题报道，并收录到人民出版社结集的《精准扶贫的故事》一书，被“学习强国”推送。

勇于担当作为，扎根大地抛洒一片真情

风流总被雨打风吹去，吹尽狂沙始到金。刘峰认为，在新时代脱贫攻坚和乡村振兴的新征程中，能够驰骋在农村的广阔天地里，倾注满腔的热情，挥洒拼搏的汗水，就是这个火红时代赋予的最好的人生经历。他始终把驻村作为一种责任和担当、一份付出和奉献、一腔热血和激情，让脚上多点泥巴、让身上沾些风雨、让心灵增加温度，在脱贫攻坚的主战场上冲锋在一线、奋战在一线、收获在一线。在驻村实践中，他自觉做到人在心在、深情融入，履行好“建强基层组织、推动精准扶贫、为民办事服务、提升治理水平”的职责，努力做一名有理想、有追求的第一书记，有梦想、有情怀的第一书记，有故事、有特色的第一书记。

强化党建引领，夯实筑牢基层战斗堡垒

围绕学习贯彻习近平新时代中国特色社会主义思想，他聚焦主责抓党建，努力把支部带强、把支书带优、把党员带好，打造一支

永远不走的工作队；注重加强村“两委”班子建设，与党员干部手拉手交朋友、手把手教方法、手牵手促发展；邀请专家学者作“不忘初心、牢记使命”辅导报告，组织党员干部到兰考焦裕禄纪念馆、濮阳市西辛庄村党支部书记学院等地参观学习，开展“近学张河村、远学西辛庄”专题活动，引导党员干部进一步增强“四个意识”、坚定“四个自信”、做到“两个维护”；开展“学党章、戴党徽、重温入党誓词”“亮比评”“三清理一公开”等活动，实行无职党员设岗定责、党员积分管理办法，认真落实“三会一课”等基本制度，坚持“四议两公开”工作法，充分发挥好党支部的战斗堡垒作用和党员的先锋模范作用。村党支部被评为南阳市“先进党支部”、九重镇“明星党支部”，村支书被评为“功勋支书”，武店村的支部变强了、农民变富了、村容变美了、乡风变淳了。

实施“志智”双扶，增强扶贫产业发展后劲

刘峰积极推动精准扶贫、精准脱贫，落实好“两不愁三保障”要求，积极开展“双基”（基本设施建设、基本公共服务）攻坚、“志智”双扶、促进“两业”（产业、就业）发展和“两貌”（村容村貌、户容户貌）提升专项行动；定期组织贫困户到“农民学校”集中学习扶贫政策，开展“同心超市”积分兑换、“红黑榜”评选，举办“讲文明、树新风”移风易俗座谈会，激发群众脱贫致富的内生动力。武店村毗邻核心水源区，“有山不能牧，有水不能渔”。刘峰和村干部因地制宜谋划推进“短中长”三线产业协调发展，围绕短线抓“现钱”，散养牛、羊、鹅，种植迷迭香、丹参、艾草，建成用好香菇

大棚、蔬菜大棚和黄粉虫、凤凰卷饼干加工扶贫车间；围绕中线谋“致富”，采取“龙头公司＋合作社＋农户”模式，发展软籽石榴种植1800多亩，实现“一地生六金”，即租金（地租）、薪金（务工收入）、佣金（返租倒包）、果金（果品收入提成）、奖金（林下套种收入和产业奖补）、股金（到户增收资金及土地入股分红）；围绕长线造“恒业”，发展乡村旅游业，依托渠首北京小镇民俗文化街、汤山国家湿地公园、移民生态新村等资源，重点打造武店农庄。目前，村集体经济不断发展壮大，收入有70多万元，实现了由“输血”到“造血”的可持续发展。

彰显百姓情怀，设身处地办好民生实事

金杯银杯不如群众的口碑。刘峰热心关切涉及群众利益的大事小情，努力让老百姓得到看得见的实惠。他积极协调加强基础设施建设，通过修路、铺下水道、改造电网、拆除危房、安装路灯、绿化街道等，改善了群众的生产生活条件；开展文化卫生服务，联系实施首例先心病“爱心行动”救治手术，开展免费义诊、送戏下乡、送春联送祝福等活动，组织广场舞、篮球赛、舞狮子、耍龙灯，举办迎国庆70周年文艺汇演，丰富了群众文化生活；提升教化育人水平，为村小学建设德育教室、书法教室、青少年宫，联系开展广东德基金艺术支教活动、欧美同学会英语口语支教活动，举办高考招录政策和报考志愿咨询会；开展弘扬移民精神、弘扬好家风好家训、争做最美武店人的“两弘扬一争做”评比表彰活动，促进了乡风文明建设，增强了群众的获得感和幸福感。

一路铿锵前行，初心永恒留下坚实脚印

扶贫路上有诗和远方，也有风霜雪雨和艰辛付出。往事如昨，历历在目。刘峰在父亲刚做完心脏手术时，就立刻赶往村里扶贫去了；儿子参加中招考试，他也无暇顾及照料；夜间拼车急着去县里参加扶贫会，差一点儿撞上了大货车；好几年的清明节、端午节、中秋节都是在村里度过，农历腊月廿三晚上还与村干部一起忙着扶贫。作为第一书记，他也有老母亲，也有心上人，也有宠娇儿，但是他却与家人聚少离多，约80万字的驻村日记《石榴花开》记录着多少次风里来雨里去，多少次星夜兼程一路奔波，多少次与群众促膝长谈，多少次反复协调对接项目，还有多少次被难为得直想掉泪，又有多少次重拾信心和期望，憧憬着武店村的明天会更加美好……

驻村工作经历让刘峰更加懂得什么是冲锋在前、主动作为，什么是家国情怀、使命担当，他更多地感受到最丰富的社会百态、体味到最真切的冷暖忧欢、投身最广阔的创业舞台、经历最难得的人生历练，这些也促使他的灵魂跟上成长的脚步，不负韶华、不辱使命，不畏艰难、不辞劳苦，用辛勤的付出浇灌出绚丽的花朵。面向大地，静待花开；晴耕雨读，静赏花开……

李怀琛，男，汉族，1985年8月出生，山东巨野人，2006年6月入党，2008年7月参加工作，湖北工程学院大学学历、文学学士。现任河南省药品监督管理局机关服务中心副主任。2017年11月—2021年2月，被派驻南阳市邓州市龙堰乡刁河村任党组织第一书记。驻村以来，李怀琛带领村党员干部加强党性教育，建设村民文化广场、党建红色长廊、村史馆等，开展技能培训1000余人次，发展特色餐饮街、肉联厂、汽配城、养羊合作社、广告位租赁、草莓种植等产业，全村59户168名贫困群众全部脱贫，村集体经济收入达到50万元。刁河村荣获“全省首批农村党建示范村”“全国乡村治理示范村”等称号。李怀琛先后获得邓州市优秀共产党员、南阳市优秀第一书记、河南省青年岗位能手、河南省脱贫攻坚奖贡献奖等荣誉。

初心如磐，使命扛肩，刁河岸边党旗红

刁河村位于南阳市邓州市龙堰乡，耕地总面积2536亩，下辖6个自然村、12个村民小组，全村941户4016人，其中回族群众1480余人，党员69人。曾经的刁河村土地贫瘠，水涝泛滥，道路、水利等基础设施薄弱，经济发展水平低，是有名的贫困村。2017年11月，李怀琛带着那颗初心和组织的重托，到刁河村任驻村第一书记。他夯实基层党建，完善基础设施，发展特色产业，办好惠民实事，带领广大群众一块儿蹚过那条河，将“刁河”打造成为群众服务的幸福河，让刁河村从一个贫困村一跃成为全国乡村治理示范村、全省首批农村党建示范村，闯出了一条多项产业叠加、脱贫致富奔小康的幸福大道。

坚守初心使命，建强基层组织

李怀琛在其大儿子刚读幼儿园、二儿子刚出生7个多月、爱人极力反对的情况下，积极响应组织号召，主动报名参加驻村帮扶工作。他带领村“两委”增强“四个意识”、坚定“四个自信”、做到“两个维护”，主动深入脱贫攻坚最前线，与4000多名乡亲心连心，撸起袖子加油干。

他制定“以党建为龙头，以产业和就业为两翼，以‘两不愁三保障’为底线”的帮扶思路，开展“不忘初心、牢记使命”主题教育，为党员干部赠送《党的十九大报告辅导读本》《中国共产党章程》《中国共产党农村基层组织工作条例》等；定期开展“三会一课”，重点学习党的十九大和十九届二中、三中、四中、五中全会及各级历次脱贫攻坚工作会议精神等；带领村干部及部分党员先后赴焦裕禄干部学院、红旗渠干部学院、愚公移山干部学院等干部教育基地加强党性教育、学习帮扶经验等。

他注重抓支部带支书。先后两次主持参加村党支部换届工作，积极吸纳年轻人、返乡人员等进入班子，着力提高村“两委”班子能力素质和干事热情；摆正第一书记和支部书记的位置，在河南省委组织部第一书记工作通讯发表《1+1>2，共当致富奔小康的“带头人”》；带头严格遵守并时刻要求村“两委”讲政治、讲团结、讲奉献，切实提高村党组织凝聚力、战斗力、公信力。

他注重加强组织阵地建设。协调邓州市打造“四个示范村”的定位，先后协调资金390万元建设基层组织阵地1760余平方米，协调资金220万元建设村民文化广场等。2019年底，南阳市委组织5500多名村支书、组工干部历时7天时间，现场观摩刁河村的党建典型经验。

他注重科学运用“四议两公开”工作法。提高了广大人民群众的参与度，保障了群众的知情权、参与权、表达权、监督权，实现党的领导、人民群众当家做主和依法办事的有机统一。刁河村被中央组织部组织二局举办的新时代“四议两公开”工作法研讨会定为观摩点。

勇于破解难题，狠抓精准帮扶

为了摸清村情民情，他坚持“五天四夜”，放下架子、卷起袖子，丢下车子、迈开步子，堆起脸皮子、打开话匣子，哪里人多就往哪里去，哪间房舍破旧就往里面钻，经常与贫困户促膝拉家常，将党的惠民政策宣传好，把各项基础制度落实好，同时，主动倾听群众倾诉，把普通话改为南阳方言，与乡亲们打成一片，主动破解驻村工作的各项困难。

他注重协调，争取各类资源项目。制订三年精准帮扶规划并抓好落实，先后行程 10 万多公里，跑省里、跑市里、跑县里，撰写各类项目请示报告 100 余篇，协调各类资源项目近 200 项，折合资金约 2500 多万元，引进企业投资 2.6 亿元（一期投资 5000 万元）。

他注重以产业壮大村集体经济。他为了招商引资，开展汽修行业高峰论坛；为了发展特色餐饮，专门成立餐饮协会，专程邀请烹饪大师现场授课，评选刁河特色菜、金牌厨师等；为了发展汽配产业，他成立汽修协会，多次坐在路边数路过刁河村的车辆；为了发展养羊产业，他成立养羊合作社，为贫困群众垒羊圈、建羊场；为了发展广告位租赁产业，他找领导、找朋友，一个一个地对外出租……

刁河村先后发展 10 余项产业，全村 59 户 168 名贫困群众如期脱贫，解决就业 500 余人，村集体经济收入从零到突破 50 万元。

创建“四个刁河”，树立乡风文明

为了扭转刁河村落后的面貌，李怀琛提出，创建“文明刁河、平安刁河、美丽刁河、雷锋刁河”，打造幸福刁河。

他与村干部组织成立了两支广场舞队，并购买了两个大音响。一位近 70 岁的老大娘说，“没想到黄土埋到脖子了，还过上城里人的娱乐生活了”。在他的鼓励下，刁河村广场舞队获得邓州市广场舞大赛二等奖，还在河南省文化和旅游厅举办的“群星耀中原　美丽新农村”河南省第四届广场舞比赛中被评为全省二等奖。他还组织举办了刁河村新录取大学生奖励欢送活动、欢庆教师节活动、九九重阳节活动等，深受群众认可。

他为了解决群众“羊怕偷、鸡怕丢”的问题，开展平安刁河建设，切实提高群众安全感，他协调资金近10万元，安装了101个高清监控。同时，多次协调河南省药监局，城乡携手共建药品安全防线走进刁河村宣传活动，并开展义诊活动，成立了红白理事会、寺管会、国旗护卫队等。

他为了改变村里环境脏乱差的状况，先后修路12公里，重修了400多年的刁河老桥，种植各类树苗3000余棵，安装路灯220盏、休闲长凳30多个；修建民俗文化长廊、党建长廊等，还修建了微型太阳能污水处理厂，购置了垃圾桶、垃圾车等。刁河村被河南省妇联、省文明委、省委农办、省住建厅评为“2018—2019年度河南省美丽庭院示范村”。

他为了弘扬邓州编外雷锋团精神，开展雷锋刁河建设，打造了雷锋小学、雷锋中学，开展雷锋讲堂，为中小学捐赠“学生奶”，建设图书室、电脑室，捐赠教学一体机、空调，建设知识产权科普宣教基地等，让雷锋精神的种子撒播在每个孩子心中。

他在帮扶之余笔耕不辍，撰写各类驻村材料30多万字、宣传报道100余篇，先后发表在《中国医药报》、《河南日报》、人民网等主流媒体，产生了社会共鸣。

1000多个日日夜夜，他有得有失，亏欠家人太多。由于长期奋战在脱贫一线，他体重下降了20多斤，患上了腰椎间盘突出症、肛瘘症、头皮囊肿等，到医院治疗是一拖再拖；由于生活压力大，其爱人也患上抑郁症，头发白了很多很多；两个孩子与这位年轻父亲见面的次数还没有村里贫困群众多。

他离开村里的那天，为了不让群众看到他伤心的一面，他没有和广大群众一一告别，但是，群众不舍这位年轻的第一书记，自发聚集在村口，采取微信视频的方式道别，无不依依不舍、泪流满面……

杨晓鹏，男，汉族，1975年9月出生，河南郸城人。1993年7月加入中国共产党，1998年7月参加工作。教授级高级工程师，硕士研究生导师，研究生学历，西安交通大学在读博士。现任郑州大学第一附属医院医学装备部党支部书记、副主任。2017年11月—2021年2月任南阳市方城县二郎庙镇滹沱村第一书记。他先后建设了高标准村级卫生所，率先成立县域“医共体”，开展远程医疗，大力兴修道路、学校、厕所和水利等基础设施，发展葡萄种植、生猪养殖、乡村旅游、特色民宿、光伏发电和光荣合作社等六大支柱产业，走出了一条特色突出、成效显著的健康扶贫之路。杨晓鹏曾获河南省脱贫攻坚奖、河南省高工委优秀共产党员、南阳市脱贫攻坚先进个人、方城县“十佳第一书记”等荣誉。

锻造出彩人生，无愧伟大时代

南阳市方城县二郎庙镇滹沱村位于方城东南8公里，全村人口324户1365人，毗邻望花湖水库和大乘山风景区。由于基础设施落后，经济发展乏力，2015年贫困人口达378人。2017年11月，杨晓鹏被派驻到该村任驻村第一书记。自驻村以来，他和滹沱村父老乡亲同吃同住同劳动，交心交流交朋友，走村入户，足迹遍布田间地头，脚下沾满泥土，心中饱含热情，先后建设了高标准村级卫生所，率先成立县域“医共体”，开展远程医疗，大力兴修道路、厕所和水利等基础设施，发展葡萄种植、生猪养殖、乡村旅游、特色民宿、光伏发电和光荣合作社等六大支柱产业，走出了一条特色突出、成效显著的健康扶贫之路。

发挥医疗优势，建设健康乡村

没有全民健康，就没有全面小康。驻村伊始，杨晓鹏走遍了滹沱村的家家户户，村民杨士良一家的遭遇对杨晓鹏触动很大。杨士良的女儿杨刘斌因医疗条件差，得了乙脑造成终生脑瘫，致使全家生活困苦不堪。杨晓鹏随后了解到滹沱村医疗卫生水平较差，滹沱村的因病致贫率高达62.5%，另有慢性病患者38人，各类残疾47人，因病因残致贫成为滹沱村脱贫攻坚面临的最硬的“骨头”。杨晓鹏决心发挥派出单位的医疗优势，全面提高滹沱村的医疗卫生水平，通过健康扶贫扶起来乡亲们的“精气神”，帮助他们走上脱贫致富之路。

2018年起，杨晓鹏多方筹措资金200余万元，建成了滹沱村高标准村级卫生所。滹沱村卫生所通过人员“等额对调”的方式引进县中医院医疗人员1人，由郑大一附院出资，通过“镇聘村用”的方式引进医疗人员2人，并对该村村医提供免费培训学习，滹沱村卫生所的医疗技术水平“弯道超车”，大幅提高。

2019年7月31日，县中医院、乡卫生院和滹沱村卫生所“医共体”成立，形成了县乡村三级医疗机构分工协作机制，通过人才、设备等资源互通共享，使优势医疗资源下沉，从而提高群众的医疗卫生水平。目前，“医共体”基本可以帮助滹沱村实现“大病不出县，小病不出村”，这一创新之举“可复制可推广”，是一条行之有效的健康扶贫之路。

2019年6月，杨晓鹏联系“国家紧急医疗救援队”专家60余人，带着先进的诊疗设备，为滹沱村近千名群众进行了免费健康体检，建立了完善的村民健康档案。在此基础上，他带领村干部在群众中推行家庭签约医生制度，大力推广科普健康宣教，努力提高公共卫生水平，为慢性病患者提供“送药上门”服务。杨晓鹏着眼“管长远，求实效”，积极引导群众加入新型农村合作医疗保险，减轻医疗负担，努力破解“看病难看病贵”难题。2019年以来，滹沱村贫困群众住院诊疗32人次，总计花费143,586元，自费10,419元，医保报销比例为92.7%。

通过一系列健康扶贫措施，滹沱村以及周边地区医疗卫生水平有了飞跃式的提升，因病致贫、返贫风险大幅度降低。“同时，这种将省、市、县等优质医疗资源下沉到村级卫生所，让普通群众足不出户享受到较高水平的医疗服务，对提高基层医疗卫生水平、缓解大医院人满为患的困局有积极的现实意义。”郑大一附院相关负责人说。

单位做后盾，万人来扶贫

自驻村以来，杨晓鹏马不停蹄，为百姓做了很多好事实事。杨晓鹏介绍说：“我们单位有职工一万两千余人，自2017年11月驻村以来，我单位职工个人累计捐款6000余人次62万余元；两年来购买溏沱村农产品5800件次近60万元，捐赠衣物1500余件，捐赠图书500余册，‘一对一’结对帮扶贫困儿童7人次，安排群众就医300余人次，亲临溏沱村进行义诊、宣教的专家有200余人次，医院出资和协调经费200余万元；三年来，为全省建档立卡贫困户减免医疗费用5594万元……一枝一叶总关情，单位党委和同事的支持是我永恒的动力！我和村‘两委’一定落实每一份爱心，共同建设美丽溏沱村，携手迈入小康社会！”

三年多来，杨晓鹏积极协调资金2555万元，修建了溏沱村自来水厂、“户户通”道路、垃圾中转站、溏沱小学、幸福大院和文化广场，进行了坑塘治理、厕所革命，安装了路灯；建立了同心超市和农民学校，联系县乡各级文艺宣传队进行文艺演出，在节日开展走访慰问。杨晓鹏谋划并实施的以社会主义核心价值观为引领的一系列文化建设活动，提升了广大农民群众的精神风貌，培育了文明乡风、良好家风、淳朴民风，推进了溏沱村社会公德、职业道德、家庭美德和个人品德建设，进一步凝聚人心、教化群众、淳化民风，不断提高乡村社会文明程度，以精神文明促乡村振兴，人人提高了群众的满意度和获得感，凝聚了人心，坚定了建设美丽乡村和奔赴小康社会的信心。

2018年，杨晓鹏带领溏沱村25户53名贫困群众成立了光荣合作社，委托致富带头人经营水果种植和粉条加工，三年来发动郑大一附院职工购买葡萄近百万元，极大地推进了村集体经济的发展。目前，溏沱村已经形成了葡萄种植、生猪养殖、乡村旅游、特色民宿、光伏发电和光荣合作社等六大支柱产业，进一步夯实了溏沱村脱贫致富奔小康的产业基础。

锻造出彩人生，无愧伟大时代

群众无小事，枝叶总关情。驻村两年多来，杨晓鹏养成了一个习惯，每天早上7点钟，雷打不动和村干部一道在村内巡视。在一次走访到五保贫困户崔国兴家中时，正碰上崔国兴突发心脏病，躺倒在地上，杨晓鹏和村主任杨长军一起把崔国兴送到县医院就医，及时挽救了他的生命。杨晓鹏多次帮助股骨头坏死的贫困户崔孟恩寻医问药，结下了深厚情谊。他积极联系郑大一附院为全村贫困户维修了门窗，为残疾人贫困户杨传东联系申请了轮椅，为多名留守儿童联系了爱心人士结对帮扶……他积极宣传国家政策，化解矛盾纠纷，用实实在在的付出，得到了滹沱村群众的一致认可。由于扶贫成效显著，杨晓鹏先后获得南阳市脱贫攻坚先进个人、河南省高等学校优秀共产党员和河南省脱贫攻坚奖创新奖等荣誉，受到时任的王国生书记、武国定副省长、史秉锐主任等省市县领导的亲切关怀和接见。

三年半驻村路，行程20万公里，杨晓鹏收获巨大，付出也很多。杨晓鹏开始驻村的时候，长子正面临中考，学习十分紧张，幼子不足一岁，正值咿呀学语，父母年迈多病，更需照顾，但是他舍小家、为大家，严格按照上级要求，坚持“五天四夜”，节假日常常是在村里度过，哪里有群众需要，哪里就有他的身影。

“我们生逢伟大的时代，我们都是追梦人，我们只有努力奔跑，才能实现人生价值，才能无愧于伟大的时代。”杨晓鹏说，为打赢脱贫攻坚战贡献自己的光和热，是一名驻村第一书记的无上光荣，也是一个共产党员的初心与使命。

彭叶，女，汉族，1973年12月出生，河南南阳人，1998年3月参加工作，2002年5月入党，郑州大学本科学历、文学学士。现任南阳文化艺术学校党委委员、副校长。2017年11月—2021年2月，被派驻南阳市唐河县源潭镇蔡庄村任党组织第一书记。驻村以来，她协调资金在村里建成5200平方米的羊肚菌种植大棚，雅鑫制衣和豫源纸业两个面积达1800平方米的扶贫车间，成立三家农业专业合作社，2020年年底52户120名贫困群众全部脱贫。她还组织开办“国学小讲堂”，组建村业余剧团和广场舞队，连续三年举办蔡庄村春晚。彭叶先后荣获南阳市优秀驻村第一书记、南阳市脱贫攻坚工作先进个人、南阳市三八红旗手、南阳市“十大新闻人物”、河南省巾帼建功标兵、全国巾帼建功标兵等称号。

磨砺扶贫路上，书写出彩答卷

南阳市唐河县源潭镇蔡庄村是一个市级贫困村，原来村里基础设施简陋，集体经济薄弱，交通十分不便，劳动力大量外出务工，全村750户2807人，有建档立卡贫困户52户126人。2017年11月，时任南阳文化艺术学校教务科科长的彭叶受组织委派，到村担任第一书记，她克服没有农村工作和生活经验、儿子面临中考等困难，舍小家顾大家，讲奉献敢担当，以党建为引领，聚焦脱贫攻坚，争取资金项目，推动产业发展，致力志智双扶，带领村民使蔡庄村发生了翻天覆地的变化。

党建提升战斗力

火车跑得快，全靠车头带。建强基层组织，提高村干部的能力水平，是彭叶驻村后着力解决的问题。进村伊始，她就从抓党建、带支书、强堡垒入手，借助党建活动载体，坚持“党员活动日”活动不隔月，规范开好“三会一课”不断线，严格落实“四议两公开”工作法，不断增强支部的战斗力，树立了村“两委”的良好形象，凝聚了发展合力。蔡庄村连年被评为脱贫攻坚工作先进村，2019年年底实现了整村脱贫，2020年52户126名贫困村民全部脱贫。

2018年5月，致富带头人郭国立新当选村干部，正赶上实施整村推进，其中6500米新修道路施工的协调任务分配给了他。由于任务繁重、不被群众理解和工作压力大，郭国立最后痛哭失声，坚决辞职不干了。彭叶动之以情、晓之以理，反复劝说，耐心做通郭国立的思想工作，使其重返工作岗位。一个月后，整村推进项目顺利完工，村民们高兴地连演了三天大戏。70多岁的老党员郭长甫在村里党员大会上激动地说：“彭书记，谢谢您为我们蔡庄村留住了一位好干部！”赢得了全体党员热烈的掌声。

产业就业促发展

三年来，在彭叶的不懈努力下，蔡庄村所有贫困户实现了“两不愁三保障”，全村道路全部硬化，通水、通电、通网、通班车、通有线电视，环境卫生、绿化亮化等全面提升，建成了村综合文化服务中心、文化广场、卫生所、同心超市和幸福大院，在省、市、县历次脱贫攻坚成效考核中均名列前茅。

发展产业，促进就业，是治本之策，也是群众的热切期待。彭叶和村“两委”成员相互配合，一方面针对村里贫困户的致贫原因和家庭实际，严格落实各项扶贫政策，做到应享尽享，一方面积极动员本村人才返乡创业，发展产业、促进就业。2018 年，她利用第一书记专项经费 30 万元建成 300 平方米的扶贫车间，提供给县雅鑫制衣厂租用，满足了群众家门口灵活就业的愿望；2019 年，省、县财政投资 150 万元的 1500 平方米扶贫车间建成后，她动员在外务工多年的村民白明付返村，投资近 50 万元办起了豫源纸业加工厂，带来了村民就业和村集体经济双丰收；2019 年年底，她又动员在深圳经商多年的郭海群回村，成立合作社，种植的羊肚菌和名贵中药材长势喜人，在合作社务工的 20 多名村民月收入都在 2000 元以上；2020 年，她利用第一书记专项经费，建成 8 个共计 5200 平方米的高标准塑料大棚，用于羊肚菌种植，亩均净收益超过 3 万元，为蔡庄村发展新型高效农业注入强大活力，也为下一步实施乡村振兴战略奠定了扎实的基础。

志智双扶赢未来

脱贫攻坚，关键是要凝聚起贫困群众的精气神，唤起其对幸福生活的向往。三年来，彭叶一方面坚持每月办好唐河首创、全市推广的志智双扶“三个一”活动，不断增强贫困户感恩奋进的自主意识，激发内生动力，一方面通过持续开展丰富多彩的文化活动，提升村民素养，促进乡风文明建设。她连年在村中组织开展“学树行做”评选表彰活动，调动群众知孝尽孝、崇德向善的积极性，2019年村里评出的“文明家庭”，被唐河县委、县政府授予“十佳移风易俗家庭”称号，继而当选“南阳市第二届文明家庭”。她在村部开办了国学小讲堂，让中华优秀传统文化在孩子们心中生根发芽；争取县委宣传部支持捐赠爱心图书600册，引导孩子们和书交朋友；购置设备、服装，组建蔡庄村业余剧团和广场舞队，协调艺校师生做辅导老师；安排艺校师生精心编排的经典豫剧《朝阳沟》在源潭镇首演，好评如潮；连续三年举办了蔡庄村春节联欢会，开创了全市村级连年办春晚的纪录；由她原创的歌曲《扶贫之路》和《相约在春天——为驻村战友而歌》经市、县驻村办推出，在社会上广泛传唱，彰显了扶贫精神，树立了驻村干部的良好社会形象。

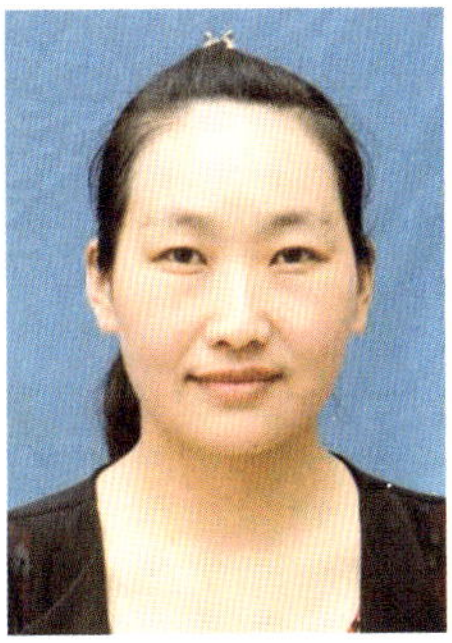

王伟，女，汉族，1979年12月出生，河南唐河人，1996年8月参加工作，1997年12月加入中国共产党，本科学历。现任南阳市唐河县统计局二级主任科员。2017年11月—2021年3月任南阳市唐河县东王集乡郑沟村驻村第一书记。2017年11月与丈夫同为驻村第一书记，两人在脱贫攻坚一线并肩作战，曾被央视誉为“夫妻第一书记”。王伟先后获得唐河县巾帼建功标兵、南阳市防疫先进驻村书记、南阳市三八红旗手等荣誉。2020年5月，其家庭被全国妇联授予“全国抗疫最美家庭”称号，2020年12月，被河南省文明办、河南省妇联评为“河南省最美家庭”。

不负韶华守初心，铿锵笃行担使命

有这样一名巾帼女将，她在平凡的岗位上做出不平凡的贡献，在平凡的角色中迸发出不平凡的力量，她用不懈的奋斗书写着脱贫答卷，让青春在汗水挥洒中开出绚烂的花朵，她就是唐河县统计局驻东王集乡郑沟村第一书记兼工作队队长王伟。

断奶携子，一线摸爬滚打

2017年11月，时任唐河县统计局副局长的王伟刚休完产假不久，就接到组织部门要求选派驻村第一书记的通知，她和丈夫王海森毫不犹豫地向党总支递交了申请书。但公公身患食管癌、肺心病，仅仅是勉强可以生活自理，大女儿又是刚刚考上高中，不满8个月、正在哺乳期的儿子“小石头儿”谁来照顾？

夫妻两人同为驻村第一书记，对一个家庭来说是极大的挑战。再三考虑后，王伟决定给儿子断奶，买足奶粉后对公公说：“爸，俺们下乡了，辛苦您老人家，‘小石头儿’就交给您了！”“放心去吧。”老人坚定地说了一句。自此，67岁的爷爷和不满8个月的孙子开始相依为命。

从“夫妻书记”到“夫妻宣传员”“夫妻快递员”“夫妻心理疏导员”，奔赴一线的两人一个月也见不上几面，但他们却通过电话相互鼓励、相互支持，他们不仅是夫妻，更是战友和知己，两人始终肩并肩、手牵手，把使命牢记在心，把责任扛在肩头，演绎了世间最美好的励志夫妻档。2020年5月，王伟和王海森一家被全国妇联评为“全国抗疫最美家庭”，王伟说：“都是应该做的事儿，只要群众健康平安，脚下有路、兜里有钱、心中有劲，就是我们最大的心愿！”

不忘初心，一路砥砺前行

郑沟村辖 10 个自然村，510 户 2507 人，其中建档立卡贫困户 22 户 50 人。刚一到村，王伟就被村里贫困户、五保户简陋的房舍、粗糙的饭食震惊了，那一刻她骤然感到了肩上的担子和责任。为此，她下定决心，一定要扎根基层，给自己和人民群众一个交代。她一边积极与唐河县民政局、社会爱心机构等多方联系，一边向局领导汇报，做好应急准备。功夫不负有心人，通过她的四处奔波，唐河县爱心志愿者协会连续三年为郑沟村送来价值 8 万余元的爱心物资。

扶贫先扶志，给钱给物只能解决一时的困境，只有让贫困群众从思想上斩穷根、甩穷帽才是根本之策。郑沟村贫困户张才明家有 4 口人，妻子三级残疾，儿子自幼脑瘫，全家因病致贫，对生活失去信心。王伟把他们视为亲人，把脑瘫儿视为自己的儿子，带领扶贫工作队队员多次上门走访，耐心讲解，终使张才明重新燃起对生活的希望，逐步变得开朗、积极，主动对儿子实行康复训练，儿子从无表情到会笑会哭，从不能站立到蹒跚走路，家庭收入也从不足 3000 元增加到 1.3 万余元。

聚力脱贫，一路乘风破浪

村民富不富，先看党支部。郑沟村 42 名党员中，老龄党员多、退伍军人多、混同于老百姓的党员多。驻村伊始，王伟就深知强党建促发展的深刻意义，她与村“两委”班子一起调查研究，摸索出“三问”“三制”的党建新思路。对思想落后的党员，不厌其烦地引导他们扪心自问：“入党为什么？入党干什么？身后留什么？”坚持党员与村干部共同值班制，执行党员轮岗定责制，实行流动党员定期汇报制,等等。“三问”和“三制”的实施,唤醒了党员们的初心，激发了党员们的斗志，发挥了村党群服务中心的阵地作用，筑牢了村支部党建工作的基石。大家主动结对帮扶贫困户，带头承揽扶贫项目，发展“两业”，全村上下形成了“党员干部齐上阵，大事小事不出村，齐心协力谋发展，脱贫攻坚建小康”的良好氛围。

产业是扶贫的“硬核”，就业是脱贫的“保障”。两年多来，王伟结合驻村实际情况，促生本土产业，组织了蜜桃、烟叶专业合作社。其中，才奇专业合作社发展烟叶 200 亩，建标准烟炕一处，年产值近百万元，净利润达 40 万元，带动贫困户 10 户 15 人就业，户均年增收 800 元以上；建成的大华机械扶贫加工车间，占地 200 平方米，务工人员辐射周边郝店、安庄等五个村委，吸纳 15 名贫困群众稳定就业；建设新饶扶贫家庭农场一处，带动村内群众发展黄桃种植基地 180 亩，带贫 22 户，人均增收 1000 元以上，实现了产业带贫全覆盖。

三年来她带领群众新修硬化道路 7.5 公里，安装路灯 30 盏，建成村级幸福大院 1 所，新建村级文化广场 1 处，新建学校 1 所，扩建村文化服务中心办公用房 5 间，等等。郑沟村实现了“三增一降零发生”，即产业覆盖率、就业覆盖率、人均纯收入大幅增长，贫困发生率连年骤降，信访案件三年来零发生，贫困户于 2020 年 9 月全部如期脱贫出列。如今的郑沟村，村容村貌、户容户貌、精神风貌正发生着日异月殊的变化。贫困户张四远说：“在家里种种地、搞搞编织、打打零工，收入提高了，手头宽裕了，精气神也不一样了。”

寒来暑往，叶落花开，驻村的日日夜夜，无不渗透着家人的点点心酸与默默付出！她记不清已满三岁的儿子是何时张口叫“妈妈”、何时会走路的；记不清多少次与同为驻村第一书记的丈夫一个多月也见不上一次面；忘不了2018年大雪纷飞时，年近八旬的老母亲因突发心脏病住院却没人管护；忘不了2020年公公一次次生命垂危直至生命的最后一刻，她和丈夫仍坚守脱贫攻坚一线，不能守护……

作为母亲、作为妻子、作为女儿、作为儿媳，王伟心中充满着对家人深深的歉意和愧疚，但是她深知，打赢脱贫攻坚战是她作为驻村第一书记该有的责任和担当，她与丈夫以“不获全胜，决不轻言成功”的信念坚守在脱贫攻坚的最前沿，用实际行动诠释着一个驻村干部的使命和担当，用自己的青春热血共同书写脱贫建小康的完美答卷。

时圣宇，男，汉族，1989年10月出生，河南永城人，2010年12月入党，2012年8月参加工作，清华大学研究生学历，公共管理硕士。现任人民日报社政治文化部党建新闻室副主编。2015年8月—2017年6月，被派驻商丘市虞城县稍岗镇韦店集村任党组织第一书记；2017年6月—2020年1月，被派驻虞城县谷熟镇柴王村任党组织第一书记；2020年1月，被派驻虞城县利民镇西关村任党组织第一书记。任驻村第一书记近6年来，时圣宇先后带领3个贫困村711名建档立卡贫困群众高质量脱贫，贫困人口最低年收入达到6000元，村集体经济年收入超200万元。他先后获商丘青年五四奖章、河南省优秀党务工作者、中共中央直属机关优秀共青团员、全国脱贫攻坚奖贡献奖、河南省优秀驻村第一书记、中国青年志愿者优秀个人奖、全国脱贫攻坚先进个人等荣誉。

拼在“四当好”，打赢攻坚战

商丘市虞城县是国家级贫困县，韦店集村是虞城县典型的平原贫困村。一进村，道路坑坑洼洼，桥梁桥板断裂，小学破旧不堪，基础设施建设非常落后。全村不同程度地存在基础之贫、产业之贫和思想之贫、金融之贫的现象。全村共有545户2160人，其中贫困人口89户254人，全村人均年收入2850元。自2015年8月入村始，时圣宇围绕中央、省、市对第一书记“带出一条致富的路子，建好一个班子”的驻村要求开展工作，决心做到“四当好”：当好贴心人、当好实干家、当好开拓者、当好领头羊，想方设法让韦店集村富起来。在全面建成小康社会的道路上，韦店集村一个人都不能掉队。

当好贴心人，熟知群众所难所盼

时圣宇一入村，马上开始访民情知民意，跑遍每一户、访遍每个人，当好人民群众的“小学生”。主要分了三步走：第一步，访特困户；第二步，访贫困户全覆盖；第三步，访户全覆盖。

2015 年年底，全村 89 户贫困户全部访完；2016 年上半年，完成访户全覆盖。在访户过程中，时圣宇通过摸家底，算明白账，查找致贫原因，确保了对贫困户的精准掌握，并将韦店集村贫困的原因归结为四个方面：基础之贫、思想之贫、人才之贫和金融之贫。找到致贫原因、找出脱贫潜力，对症下药，靶向治疗，才能真正实现习近平总书记强调的“看真贫、扶真贫、真扶贫”，才能真正当好贫困群众的贴心人。

当好实干家，筑牢村庄发展根基

韦店集村基础条件差，作为初来乍到的第一书记，改善基础设施必须做一件成一件，把实事办好，把好事办实，靠实干取信于民。

在危房改造方面，时圣宇帮助20户贫困户改造新建房屋，确保贫困户居者有其房，夏不漏雨冬不遭冻，全村无一处危房。在基础设施建设方面，他作规划绘蓝图：邀请中国建筑设计研究院、筑梦乡村设计院作一套公益、系统的村庄规划，确保村庄建设一张蓝图绘到底，不重复建设、不浪费资源，实现科学规划、科学建设、科学发展。修路建桥：为村修路13.8公里，韦店集村8个自然村及农村精品旅游区道路实现全部硬化；筹资350万元修建桥梁4座，路桥工程为韦店集村夯实了交通基础。建广场：建设4500平方米文化广场1座，涵盖戏台、文化活动中心、体育器材等，终结了韦店集村没有文化广场的历史。建小学：筹集200万元小学建设经费，年后施工。建村级服务综合体：高标准建设1200平方米乡村公共服务综合体，涵盖村室、卫生室、银行服务、文化活动、快递服务、治安防控等多种功能，为韦店集村群众提供了更便捷更丰富的便民服务。改电：实施全村电力系统改造升级，为韦店集村腾飞奠定了电力能源基础。点亮村庄：实施村庄“点亮”工程，安装高杆路灯20盏、悬臂路灯200盏。美丽乡村建设：谋划乡村振兴，对韦店集村8个自然村实施村庄综合美化工程。一是实施围村林改造，形成韦店集自然村“核桃小村”、张楼村“枣树小村”等，形成一村一品、一村一园的效果；二是实施差异改造、个性改造、特色生存，按照一村一景、一村一韵的要求，塑美乡村独特形态，精雕乡村特色小气候，倾力将各自然村打造成产业型、文化型、田园型、古村落型等各类有味道、有品位、有特色的美丽乡村，对各居民户进行精雕细琢，达到各户各美其美、美美与共的倍增效应。

经过两年的苦干实干，韦店集村基础设施建设已赶上中等先进村水平，为快速脱贫插上了翅膀，为致富夯实了基础。

当好开拓者，产业扶贫引领全村

贫困村脱贫，贫困户致富，是第一书记的第一课题。时圣宇以产业扶贫为主导，以确保贫困户形成稳定持续可靠的收入为核心，将金融扶贫、保险扶贫等多策并举，一户一策，对症下药，激发出全村脱贫活力。

一是产业就业扶贫。第一产业扶贫：韦店集村创设“一体两翼”模式，“一体”为“互联网＋预售农业＋品牌”，“两翼”为“普惠式扶贫产业”“重点带动式产业”。开展5万只蛋肉鸭养殖，带动13户贫困户；发展100亩高标准蔬菜种植园项目，带动12户贫困户；发展大田蔬菜、黑小麦、荠菜种植200亩，带动40户贫困户从贫困线以下跃至贫困线以上。所有涉农产业全部采取“先解决市场销路后发展项目”和“大公司＋合作社＋农户”的模式，以解决贫困群众的后顾之忧。第二产业扶贫：依托村内原有的五金工量具企业基础优势，大力发展五金加工，转型升级，拓宽销路，其中有3家企业出口额已达200万美元，带动本村和邻村近200名贫困群众就业。另发展3家小微注塑企业，带动近20名贫困群众就业，人均每月增收1500元左右，年增收近2万元。韦店集村现新成立合作社4家、涉农公司2家，大力发展预售农业和农副产品加工，打造了“乐农优品”“农家味道”等品牌，推出了石磨黑小麦面粉系列产品、麦仁、咸鸭蛋、农家酱等农村特色产品，市场销售规模已达100万元。第三产业扶贫：打造韦店集村“十里画廊”，这是一个集游乐、体验、餐饮、采摘于一体的农业生态综合体，将以此发展豫东地区精品乡村生态游，总计划投资5000万元，目前，一期投资超过2000万元，带动200多名贫困群众就业，重点解决了农村50岁至70岁的人口就业问题。这个年龄阶段的贫困群体外出就业难，就业机会少，但十里画廊为他们解决了就业难题，人均年增收1万元。十里画廊项目从无到有、从有到优，现已成为虞城县重点项目，呈现出生态效益、经济效益、扶贫效益，实现了“既是绿水青山，又是金山银山”的效果。

二是金融保险扶贫。韦店集村成为虞城农村信用联社授权信用村，贫困群众可以直接申请3万—30万元不等的小额免息信用贷款，极大缓解了农村贷款难问题；同时，中原农业保险公司将韦店集村作为涉贫涉农保险试点，为贫困户发展项目提供保险托底，确保脱贫不返贫。

当好领头羊，党建扶贫积蓄发展后劲

“给钱给物不如给个好支部。”时圣宇到韦店集村以后，一方面，苦练“内功”，解决村班子软弱无力、工作不在状态等问题，使班子例会和定期专题学习制度化，定期召开村党员大会和村民代表大会。现在村党支部已形成每月“初五搞学习，二十搞活动”的制度化安排。另一方面，强化“外功”。组织村“两委”、党员到商丘、徐州、郑州、信阳等地的先进村学习经验，村党支部与人民日报社政治文化部党支部展开结对共建。

时圣宇创新基层社会治理模式，开展两个试点：其一，成立青年委员会，选拔8名年轻、优秀的年轻人参与村集体事务，为村干部培养后备队伍。其二，成立“公道会”，由德高望重的老村干部、群众代表、司法人员等组成，一方面，监督村务工作，确保村务阳光透明；另一方面，力求“小事不出村”，依法化解村内矛盾。该创新获得清华大学学者、省市县组织部门的认可。

在奋斗脱贫攻坚的进程中，韦店集村形成务实管用的精准扶贫路径，对全县乃至全市精准扶贫形成榜样带动效应，前来学习观摩者络绎不绝。韦店集村实现了89户贫困户全部高质量脱贫摘帽，全村人均年收入从2015年的2850元升至6000元，昔日的贫困村蜕变成产业名村、美丽乡村。

李文博，男，汉族，1983年1月出生，河北东光人，2005年3月入党，2005年8月参加工作，西安科技大学本科（华东交通大学在职研究生学历）、工学学士。现任中国铁路郑州局集团有限公司郑州机务段副段长。2019年5月，被派驻商丘市虞城县刘店乡丁河楼村任党组织第一书记。驻村以来，他着力加强基层党建工作，帮助丁河楼村修建道路、整治环境，帮助群众解决实际困难，有针对性地组织开展了慰问救助、评选表彰、技能培训、助学支教、消费扶贫、志愿者帮扶等一系列活动，细致地办好各项惠民实事。2020年，丁河楼村建档立卡贫困户145户304人全部脱贫。2021年2月，中国铁路郑州局集团有限公司驻商丘市虞城县刘店乡丁河楼村工作队荣获“全国脱贫攻坚先进集体”，李文博荣获“铁路扶贫火车头奖章”。

勇当铁路扶贫火车头

商丘市虞城县是国家级贫困县，丁河楼村位于虞城县城南15公里处，紧邻连霍高速虞城出入口和203省道，距刘店乡政府所在地2公里。丁河楼村由3个自然村组成，共有5个居民组、661户，总人口2036人，耕地面积2200亩。全村有建档立卡贫困户154户338人，人多地少缺乏资源，基础设施薄弱，是远近皆知的穷村。

2019 年 5 月，带着组织的重托，李文博接过前任驻村第一书记的接力棒，成为中国铁路郑州局集团有限公司驻丁河楼村的第三任第一书记。

驻村伊始，丁河楼村的群众对铁路干部那种发自内心的热情，在感动着李文博的同时，也增强了他工作的动力。如何延续前两任书记的工作成果，带领丁河楼村整村脱贫，甩掉贫困落后的帽子，向党和人民奉献一份合格的答卷，是摆在他面前的重要课题。那一夜他辗转反侧，满脑子都在琢磨如何把第一书记的职责履行好。

党建引领，让责任担当不断延伸

火车跑得快，全靠车头带。作为一个工作多年的政工干部，李文博深知驻村帮扶工作能否正常开展，关键在于能否发挥好村党支部的战斗堡垒作用。打好脱贫攻坚战，建强基层组织不仅是第一书记四项职责之一，更是一项关乎引领作用的保障性工作。为此，他组织村党支部加强政治理论学习，强化廉政教育，指导村党支部严格落实“三会一课”制度。为了开拓支部同志的视野、提振干事创业的工作热情，他积极组织开展党建活动，带领支部党员到河南省首批农村基层党建示范村栾川县拨云岭村参观学习农村党支部建设工作，并到叫河村、协心村等 7 个村考察集体经济产业园、农产品展销中心、民宿、茶厂等，还推动村党支部与新乡机务段设备车间党总支、商丘车站党群办党支部开展共建交流活动。

有了前期工作的磨合，村党支部的工作运转渐入佳境。在随后的脱贫攻坚工作中，李文博带领支部同志认真对照河南省脱贫攻坚成效考核和调研检查反馈问题，制订详细的整改方案，在实践中推动了支部同志工作能力的提升，打造出了一支带不走的工作队。

落实制度，让权力运行充满阳光

传统印象中的农村工作相对比较散漫，为此，李文博针对症结，在工作中不遗余力地推动基础制度落实，强化规则意识。他以身作则，自觉遵守驻村第一书记《管理办法》等有关规定。在他的不断努力带动下，丁河楼村“两委”干部坐班工作制度得到了有效落实，村委会各项工作运转良好。

他推动落实基层民主科学决策制度，丁河楼村全年运用“四议两公开”工作法20余次，实现了村治理工作和扶贫项目实施的民主化和规范化。他认真落实矛盾调解化解制度，发挥第一书记工作优势，妥善处理了多起邻里矛盾。他深入开展普法教育，引导村民群众学法、知法、懂法、守法，增强了依法表达诉求和依法维权的法制观念。同时，他还以村务公开为切入点，开展廉洁意识教育，保证了村委会始终运行于规则之中。

精准帮扶，让扶贫举措成效显著

丁河楼村的变化来源于脱贫攻坚以来的精准帮扶，来源于瞄准村民群众的关注热点和迫切需求。因而应将帮扶资金优先用于最急需、最能体现帮扶成效的项目上，让村民切实看得见、摸得着。为此，李文博在与村“两委”商议后，确定了工作的主抓方向。一抓项目推进。完成扶贫项目建设工作，建成三层村集体经营性用房1处，流转村民土地11.9亩建设村集体牲畜养殖场1座，内设钢结构牛棚6个、草料棚3个；完成村内人居环境整治项目，铺设村内道路900米，帮助部分生活困难的贫困户整治破旧墙头106.2米，安装太阳能路灯115盏，并对村内损毁坑塘、破损道路进行修缮；完成贫困户帮扶项目,对22户贫困户门前816平方米道路进行硬化，对2户贫困户漏雨房屋屋顶进行维修；协调县有关部门投资115万元修建村内道路1010米和牲畜粪便处理厂。此外，协调县教育部门投资170万元建设的3层1041平方米丁河楼小学新教学楼正式投入使用，解决了村内适龄儿童入学难、入园难的问题。二抓集体经济收益。通过招商洽谈，对村集体经营性用房和牲畜养殖场进行出租，村集体年新增租金收入4万元，并引进一家建筑公司入驻丁河楼村，在填补当地注册建筑公司空白的同时，又增加了税收。三抓产业带贫。在扶贫车间和木材加工产业的带动下，全村实现家门口就业300余人。

心系百姓，让惠民实事温暖人心

“群众工作无小事，一花一叶总关情”是李文博驻村以来的深切体会。他深感做群众工作要心怀感情，时刻不忘为民初心。在日常工作中他坚持走村入户，努力融入村民群众，帮助解决实际问题。驻村以来，他与村“两委”同志一同认真核对贫困户信息，完善扶贫明白卡帮扶措施6000多条，办理特困供养4人、低保18人，改造危房 3 户，安装自来水 2 户。在春节前夕，他协调资金对全村兜底户、大病重残户和高龄老人 120 余户进行了慰问。他组织开展了“好媳妇”“好婆婆”“乡贤孝子”“美丽庭院”评选活动，在村民中积极弘扬家庭传统美德。他配合虞城县劳动局开展技能培训班两期，共培训贫困群众 120 人次。此外，他还主动争取单位支持，组织消费扶贫活动，购买农副产品 8.95 万元；开展扶贫助学和支教活动，向师生捐赠学习用品 4 万多元；开展志愿者活动，宣讲扶贫政策、讲授路外安全知识等，受到了群众的普遍好评。

脱贫攻坚以来，在中国铁路郑州局集团有限公司的持续帮扶下，丁河楼村村容村貌焕然一新，发生了翻天覆地的变化，村内产业健康发展，集体经济收益年年攀升，群众安居乐业。丁河楼村先后被虞城县评为“先进行政村”“脱贫攻坚工作先进村”“红旗便民服务站”，村党支部被商丘市命名为“全市先进基层党组织”。

杨永峰，男，汉族，1972 年 5 月出生，河南郸城人，1990 年 3 月参加工作，1995 年 5 月入党，装甲兵指挥学院大专学历。现任河南省司法厅社会文化立法处三级调研员。2017 年 11 月—2021 年 2 月，被派驻商丘市民权县王桥镇麻花庄村任党组织第一书记。驻村以来，他注重组织建设，狠抓产业发展，协调县政府将村名“五里河”改为“麻花庄”，成立村办集体企业，新建标准化车间，建成贡麻花文化馆，多措并举，使麻花年产值接近 3000 万元，村集体经济超过 150 万元；协调资金 1300 多万元，修建道路，铺设排水管网，安装天然气，建设老年活动中心，打造古色古香的商业街。2020 年 10 月，杨永峰获得河南省脱贫攻坚奖。2021 年 2 月，麻花庄村党支部被党中央、国务院表彰为全国脱贫攻坚先进集体。

小麻花托起乡村振兴梦

商丘市民权县是国家级贫困县，麻花庄村隶属该县王桥镇，地处黄河故道，土地贫瘠，人均耕地少，回汉杂居，以前村“两委”班子软弱涣散，群众不团结，上访告状成风。全村 392 户 1812 人，2014 年前有贫困户 73 户、贫困人口 252 人，是全县有名的穷村、乱村。2017 年 11 月，带着组织的重托，杨永峰到麻花庄村任驻村第一书记。他团结带领驻村工作队和村“两委”班子，把强党建与强产业相结合，把惠民生与聚民心相结合，深挖当地传统产业资源，不断激发群众内生动力，走出了一条独具特色的产业脱贫致富之路，使村庄发生了翻天覆地的变化，并在持续提升村民获得感、幸福感的过程中，使广大群众知党恩、感党恩，重树了党的形象与威信，厚植了党的执政基础。

2020 年 10 月，杨永峰获得河南省委、省政府颁发的河南省脱贫攻坚奖创新奖。2021 年 2 月，麻花庄村党支部被党中央、国务院表彰为全国脱贫攻坚先进集体。

筑基固本强党建——群众说“党员干部站排头，我们的日子有奔头”

“干部不领，水牛掉井”，这是焦裕禄同志的一句名言。2017 年 11 月，杨永峰一到村里就深入了解村里的历史现状及面临的难题，摸清了问题的症结：这问题那问题，党建弱化是大问题；这困难那困难，建强了支部都不难。他利用 2018 年村“两委”换届的契机，把几名年纪轻、头脑活、有文化的致富带头人选进了村“两委”班子。为了有效引导班子成员转变思想观念，杨永峰多次带领大家外出学习考察，并通过与郑东新区园林绿化公司等企业党支部开展共建活动，坚定他们带领群众致富的信心。

杨永峰认为，作为驻村第一书记，不仅要关心贫困群众，更应该关心农村的老党员，既要注重提升他们的思想觉悟，也要注重解决他们的实际困难，从生活上关心照顾他们。入村后第一次召开党员会，党支部就给老党员每人买了一件新棉袄、一双毛皮鞋。2018年“七一”，杨永峰带领党员到焦裕禄纪念园重温入党誓词时，党员们一致表示要发扬焦裕禄同志的“三股劲”，把麻花庄建设好、发展好。2019年“七一”，他又带领党员到新乡刘庄学习发展村集体经济经验，到林州红旗渠感受艰苦创业精神。

“帮钱帮物，不如帮助建个好支部。”党支部的战斗堡垒作用得到充分发挥，党员的先锋模范作用得到充分显现，党员干部时时处处作表率，这股新风、这种干劲让群众既看到了希望，也有了实实在在的获得感。群众由衷地赞叹：“党员干部的好形象，连着群众的好日子！”“党支部有了威信，村里发展更自信！”

2020年“七一”前，曾经3次去北京上访、84岁的老“上访户”李振中眼含热泪，向党支部递交了用钢笔工工整整书写的入党申请书。

产业扶贫兴经济——群众说“乡村小麻花，开出富裕花”

“俺这祖祖辈辈家家户户都炸麻花，就是赚不着钱，干着干着有的就干不下去了，俺这个厂也是半死不活的！”这是杨永峰刚入村时听到的话。

杨永峰当上了麻花推销员，仅2018年春节前1个多月，就推销了2万箱，企业增收50多万元，村集体挣了18万元。他把扶贫当事业、把群众当亲人的诚心感动了很多人，漯河技师学院不仅采购了500箱麻花，还动员党员为该村贫困户捐款1.36万元。

为了把麻花产业做大做强，杨永峰先后在郑州找了多家企业洽谈合作。正道思达集团董事长武治功对工作人员说：“与麻花庄合作是支持脱贫攻坚，我们要讲政治，不讲任何条件！”

为了提高麻花知名度，杨永峰多次邀请新闻媒体到村里采访。2018 年 10 月、2020 年 11 月，中央电视台两次应邀到麻花庄采访。2020 年 7 月 29 日，新华社《新华每日电讯》以《麻花香飘麻花庄》为题报道了麻花庄的发展变化。中国网、人民网、《中国青年报》、第一财经、今日头条、《河南日报》、河南电视台、《商丘日报》等媒体先后 50 余次报道麻花庄，“学习强国”平台 18 次转载。

为了发展麻花产业，2019 年 3 月 4 日，经民权县政府批准，杨永峰所驻的五里河村改名为麻花庄村。他们以村委会为法人注册了“民权县麻花庄村食品有限公司”，把村里原有的 6 家麻花厂、6 家小作坊改为村集体企业的分厂，逐步实现统一采购、统一生产、统一销售。

2019 年 12 月，杨永峰多方争取资金 150 万元，建成了麻花庄贡麻花文化馆，组建了电商销售团队，布置了直播间，培养了自己的网红——麻花兄弟。他们还请知名网红直播带货，6 分钟卖出 3 万多箱麻花。2020 年 8 月，杨永峰筹集资金 200 多万元，新建了标准化生产车间。2020 年 12 月，该村的麻花被列入省级非物质文化遗产。

人的精气神调动起来了,麻花庄的品牌名气打出去了。2019 年、2020 年连续两年，该村麻花产业年产值都达到 3000 万元，村集体经济超过 150 万元。

为民服务解难题——群众说“爹亲娘亲，没有共产党亲”

芝麻开花节节高，麻花开花放异彩。随着麻花产业的不断发展壮大，广大群众直接分享到了乡村振兴的红利，300余名从业人员因此增收；通过设置公益性岗位，安排47名贫困群众就业；给贫困户发棉被，资助困难家庭学生，给70岁以上老年人发慰问品，给村卫生室装空调，给贫困户垒院墙，扶植贫困户养羊……一件件实事好事不胜枚举，传递了党的温暖。

贫困户付慎云说：“爹亲娘亲，没有共产党亲；哥亲姐亲，没有人给我一分。要不是村里照顾我，我真不知道这些年咋能熬过来啊！”

2017年12月14日，杨永峰在村室给贫困户集中发棉被时，81岁的贫困户陈广亮突然站起来振臂高呼：“共产党万岁！”全场群情激昂，大家齐声高喊：“共产党万岁！”欢呼声经久不息。在场的很多人都流下了热泪。

2019年年初，杨永峰提议用卖麻花赚的钱建一个老年活动中心。他说：“我的父母也在农村，我理解农村老人的心情。我们不仅要让他们吃好穿好，更要让老年人精神愉悦、心情舒畅。”他们组织全村128名70周岁以上老年人每周开展一次活动，大家一起唱歌、下棋、打扑克，免费理发，中午免费吃一顿丰盛午餐。他们还开展为80岁以上老年人过生日祝寿活动，倡导孝老敬亲。

眼下，麻花庄家家户户都用上了自来水，装上了天然气，全部修通了水泥路，73 户贫困户也全部脱贫。杨永峰还争取资金 400 多万元，为全村铺设了排水管网，整修了废旧坑塘，拆迁拓宽了主要街道，统一用青砖灰瓦改建了临街房屋、门楼、院墙，两条古色古香的商业街已经成型。2020 年，麻花庄村获得了河南省乡村旅游特色村、河南省文化产业特色村、河南省民族团结创建先进村、河南省防灾减灾先进村等荣誉。

麻花庄村群众正以喜悦的心情奋进在乡村振兴的幸福大道上。

常晖，男，汉族，1982 年 1 月出生，江苏南通人，2002 年 6 月入党，2006 年 9 月参加工作，中南财经政法大学研究生学历、法学硕士。现任河南省高级人民法院审判管理办公室主任。2017 年 11 月—2021 年 1 月，被派驻商丘市民权县野岗镇孟庄村任党组织第一书记。驻村以来，他积极引进企业，协调资金 3100 余万元，建立 500 亩大型农业产业园，集体经济收入从零增长到 40 万元，101 户贫困户全部脱贫；推进庭院厕所改造以及环境治理等近 30 个项目，全力完善基础设施建设；协调多家单位，为中小学投入资金近 40 万元并设立助学基金；办理低保、危房改造等惠民事项，解决近千人次实际困难。常晖先后获河南青年五四奖章、河南省省直机关“十大杰出青年”、河南省优秀青年卫士等荣誉，3 次荣立个人三等功。2019 年，孟庄村被评为河南省首批农村基层党建示范村。

狠抓党建引领，打赢脱贫攻坚

商丘市民权县是国家级贫困县，野岗镇孟庄村是民权县典型的贫困村，全村 626 户 2406 人，2017 年前有贫困户 101 户、贫困人口 345 人。该村土地贫瘠，道路、水利等基础设施薄弱，经济发展水平低。2017 年 11 月，带着组织的重托，常晖到孟庄村任驻村第一书记。他夯实基层党建，完善基础设施，发展特色产业，带领孟庄村走上了一条稳定脱贫、共同致富之路。

党建引领促脱贫，凝心聚力固堡垒

驻村以来，常晖始终将抓好农村基层党建放在突出位置，坚持以党建高质量发展带动脱贫攻坚等其他工作高质量发展。作为一名听党话、跟党走的省直机关党员领导干部，常晖时刻清楚地认识到自己“党建第一责任人”的职责所在，把培养和提高党员干部素质放在突出位置，坚持教育培训和建章立制相结合，实现了思想发动和制度管人的有效统一。

常晖严格落实“三会一课”、主题党日和组织生活等各项制度，开展经常性的谈心谈话，无论是上党课、开会，还是在平时工作中、走访群众中，都注重以自己的模范言行，及时纠正错误倾向；坚持正面引导，丰富学习方式，制作专用的党员学习袋、学习本，组织包村干部和村主要干部赴外地学习考察和支部联建，激发村组干部和党员干事创业的积极性；通过“共产党员承诺”牌子上墙、设立“党员服务岗”等，向群众全面公开公示，组织党员开展各种服务活动，以高水平党建带动脱贫攻坚高质量发展。

争取项目补短板，倾心全力促发展

常晖进村以来，一头扎进村里，日夜走访调研，与村组干部座谈，与县镇领导交流沟通，反复思索，慎重考量，一心为全村发展谋思路。

2017年以来，常晖争取派驻单位投资58.3万元，协调项目资金1560万元，吸引社会资金1500余万元，帮助孟庄村新修钢结构厂房1座、引进企业2家，建设育苗温棚2座、酿酒葡萄基地1个，推动集体经济收入从“零”增长到40万元，带领101户贫困人口全部脱贫。他注重加强基础设施建设，协调吸引投资470万元，新修道路5.8公里，安装路灯340盏；协调资金180万元，新修桥梁6座，挖掘河道6.1公里，新打机井18眼，解决1000余农户灌溉问题；新建自来水厂1座，改善了1万余名群众饮水质量；协调资金180万元，新建党建主题公园1座；协调资金30万元，建设篮球场1座；协调资金80万元，打造党建、法治特色街区2条。他注重改善人居环境，努力协调资金7.5万元，为102户贫困户实施“六改一增”，推进“厕所革命”，安装水冲式厕所240套，组织群众1300余人对环境卫生脏、乱、差问题打“歼灭战”，清理垃圾152车，配置垃圾桶75个，设立公益性岗位38个，对全村垃圾进行集中清理和运输，使村容村貌有了较大改善。他坚持产业化运作模式，引进集酿酒葡萄种植、现代农业观光为一体的葡萄园产业项目落地孟庄，实现流转土地500亩，建成后提供就业岗位数十个，每年为全乡400余户、本村72户贫困群众分红1000元。他协调推动传统种植，购买“秋月”梨树苗3400棵，赠送给群众试种40亩，预计3年挂果，5年进入盛果期，预计每亩可创收5000元左右；发展中药材地黄种植60亩。他狠抓村集体经济发展，引进源发包装厂进驻村扶贫车间，解决10余名群众就近就业，村集体每年可以获得租金2.5万元；协调资金100万元新建2000平方米厂房，引进天铸门业公司，解决了30

余名群众就业问题，每年为村集体新增收入 7 万元；协调财政整合涉农资金 150 万元建设高标准温室大棚 2 座，合作方配套建设温棚 1 座、冷棚 15 座，提供就业岗位 40 个以上，每年为村集体创收 9 万元。

清家底明思路，惠民爱民办实事

在全县脱贫攻坚誓师大会上，常晖代表全县各级驻村工作队和第一书记庄严承诺，要做到因户因人精准帮扶，打通政策落实的“最后一米”，不断提高群众的获得感和满意度。他始终把提高脱贫质量放在首位，以扶危济困、惠及民生为根本，走遍全村所有贫困户，及时撒播党和政府对贫困群众的阳光雨露，为民为村办了数不尽的大事好事。他多次邀请河南豫剧院、商丘豫剧院来村演出；协调河南省青联委员来村帮扶送温暖；组织河南省法院机关 35 个党支部慰问结对帮扶的贫困户；筹资 7 万元建立商丘地区首家“农村法律书屋”；每年开展“脱贫奋进者、好媳妇、好妯娌、最美文明家庭”表彰暨重阳敬老慰问活动；为村小学配置 20 万元教学器材；向村小学捐款 3 万元、捐赠价值 3 万元的体育器材；投资 7 万余元为学校购置安装冷暖两用空调 10 台、电扇 16 台、饮水机 2 台，捐赠各类图书 1000 余册；鼓励读书考学，设立“扶贫救助基金”，累计资助贫困中小学生 37 人，自 2019 年起，每年向本村考取大学的学生发放奖学金，两年来发放 9 人次 3.3 万元；为 196 人次申请种植奖补，为 27 人次申请养殖奖补，为 54 人次申请赡养奖补，为 191 人次申请务工奖补；为 42 户 63 人办理低保，其中贫困户 36 户 57 人；为

3 人办理特困人员供养，其中贫困户 2 人；为 20 名残疾人申请生活补贴，为 24 名残疾人申请护理补贴；为 15 名群众申请临时救助；为 30 户群众申请危房改造项目，确保住房安全；为 47 户群众申请金融贷款 226 万元，解决群众发展面临的资金难题；组织送法下乡、“‘6·1’送法进校园”、“‘12·4’宪法进校园”等系列法制宣讲活动，增强群众的法制意识，培养学生的法制素养；邀请宁陵县梨树种植农业合作社技术人员讲授梨树种植和管护技术，提升群众梨树种植水平，实现增产增收。

现在，孟庄村村容村貌焕然一新，人均收入大幅增加，全体贫困户实现真脱贫，集体经济收入从零到数十万元，群众发家致富劲头高涨，产业发展态势良好，群众生活水平持续提升，共同致富奔小康步伐明显加快，乡邻四舍安定祥和，被评为河南省首批农村基层党建示范村。

周广智，男，汉族，1975年6月出生，河南民权人，1997年8月参加工作，1998年6月入党，中国矿业大学公共关系管理硕士。现任商丘市人力资源和社会保障局工考中心主任。2015年1月被派驻商丘市梁园区孙福集乡小吴屯村任党组织第一书记。驻村6年多来，他坚持抓党建、强肌体，抓项目、强基础，抓增收、强民生。其间，共争取资金933万元，用于修建村室、道路、文化广场、扶贫车间、光伏发电站等；引进河南福群食品有限公司；带领群众发展山药产业，成立了山药种植合作社；修建31座保鲜冷库，山药年储量达1050吨，实现了产销、储存、运输、包装、加工为一体的产业链条。周广智先后获商丘市市直机关优秀党务工作者、商丘市优秀驻村第一书记、商丘市“十佳”驻村第一书记、河南省脱贫攻坚奖贡献奖等荣誉。

扎根黄土地，换得颜笑开

小吴屯村是豫东废黄河古道滩区贫困村，土地沙化、贫瘠，承载率低，道路、文化、水利等基础设施非常薄弱，经济发展停滞。全村现有住户246户1263人，贫困户25户79人，是商丘市梁园区出了名的“穷村”“乱村”“上访村”。2015年1月，周广智受组织委派到孙福集乡小吴屯村任驻村第一书记。来之前，他一腔热血，激情澎湃。

走进小吴屯，他的心凉了半截。当时小吴屯村群众中流传着这样一个顺口溜：“走进小吴屯，神仙吓掉魂。村道如丘陵，坑塘臭气熏。仨人俩懒汉，十户九家贫。”这就是当时小吴屯村的真实写照。

2015 年下半年，党中央在全国范围内开展精准脱贫，习近平总书记向全国发出号召：脱贫路上不落下一人！周广智聆听着这来自中南海的时代强音，在单位党组的具体指导下，迅速投入这场史无前例的脱贫攻坚战役中，六年拼搏，六年奋斗，怀抱一个“情”字，锁定一个“脱”字，力求一个“变”字，和群众同吃同住同劳动，滴滴汗水换来了小吴屯村的巨变。

当好“领头羊”，让村级党组织强起来

驻村伊始，周广智就是奔着加强基层组织建设来的，脱贫攻坚的战场上，正需要这面鲜艳的红旗作引领。

为实现这一目标，周广智经常主持召开村“两委”班子会议和党员干部大会，传达学习党的十八大以来关于中央在农村实施的一系列惠民政策，开展“三会一课”主题活动，召开党员代表和群众代表会议，聆听民意，摸排问题，寻找突破口。

同时，他积极培养后备力量，壮大党员队伍。他从致富能手、返乡务工青年中培养了 4 名党员、2 名预备党员、2 名种植致富带头人，为村党组织注入了新鲜血液。通过一系列活动的开展，小吴屯村基层党组织建设充满了活力，党支部成为打赢脱贫攻坚战的坚

实后盾。

做好“保洁员”，让村居环境美起来

曾经的小吴屯，村内只有一条破旧的柏油路，坑洼不平，街道上陈年垃圾堆积成山，一度废弃的坑塘污染着村庄的空气，每到夏天，附近群众就苦不堪言。

为彻底改变村容村貌，周广智带领干部群众开展“清洁家园行动”，建设生态文明村。每月集中村民对村庄主要出入口、房前屋后、沟渠两岸、街道两侧进行大扫除，重点治理农村“五乱”现象。经过努力，他争取到 25 个清扫保洁公益性岗位，安排 20 名贫困群众就业；筹集资金 2 万元，购置了垃圾清运车等清扫设备。同时，他制定了清扫保洁制度，常态化开展家家行动、人人参与的清洁家园行动，让村庄面貌焕然一新。

路修好了，坑塘整治了，扶贫车间建起来了，老乡的养殖事业成功了，周广智病倒了。2017 年冬天，扶贫车间全面竣工的时候，他的腰椎间盘突出症又一次发作了，腰疼得难以直立行走，右腿像木头一样没有了知觉。

扶贫车间即将竣工，村东头的冷库还要规划建设，开春后的产业结构调整还需要召开群众会议，一大堆工作摆在他面前，躺在小吴屯的村室里，他挑灯夜战，写规划、拟方案、打报告。那一夜，外边飘起了雪花。

第二天一大早，他的妻子披着一身厚厚的雪花来到小吴屯看望他，一进门，看见周广智和衣而睡，笔记本掉落地下，床头的桌子上摆满了药瓶子，椅子上挂着的裤子上都是泥巴，此情此景，是他妻子从来没有见过的凄凉，妻子没有叫醒他，独自坐在外边的椅子上哭了。

家人心疼他，群众依靠他，在小家与大家之间，他选择了后者。送走妻子，他举着一根木棍，冒着风雪走进扶贫车间。

绘好“施工图”，让乡村建设靓起来

周广智心里有一张图，处处都是小吴屯村美好的明天。他心里也有一本账，一页一页都是密密麻麻的数字，每一个数字都记录着他和他的队员们几年来孜孜不倦的付出。在商丘市人社局大力支持下，他们筹集资金 277.6 万元，整修村组道路 6.94 公里；争取农电改造资金 86 万元，对小吴屯村的农村用电进行了改造，解决了山药储藏户和群众的用电困难；争取文化建设资金 35 万元，建成了占地 5600 平方米的村文化广场；争取政府投资 39 万元，建成了占地 1800 平方米的扶贫工厂；协调资金 35 万元，建设了 380 米长的文化墙和 120 平方米的村级卫生室；投资 34 万元，对 17 户困难户进行了危房改造；争取资金 60 万元，建成了小吴屯村垃圾处理回收中心和公共厕所；协调水利部门投入 26 万元，新打机井 13 眼；投入 58 万元修筑桥梁 5 座；筹措资金 47.2 万元，实施了小吴屯村主次街道绿化和亮化工程，对村中央废旧坑塘进行了升级改造；争取资金 36.4 万元，建设了 60 千瓦的房顶光伏发电站；争取扶贫资金 100 万元，建成保鲜冷库 1 座。

如今的小吴屯村，村道平坦，干净整洁，池塘清澈见底，村民精神风貌大幅提升，一个新时代的美丽村庄在黄河故道绽放异彩。

打好“产业牌”，让全体村民富起来

小吴屯村群众今天的幸福感不仅来自村庄变美了，更来自外在生活的富裕和内在精神的富足。

小吴屯村有种山药的历史，最多的时候全村 1100 多亩耕地 2/3 种的都是山药。由于山药种植不能重茬，这几年，在帮扶工作队的引导下，村里的种植大户开始走出去承租外村，甚至外县、外省的土地继续发展山药产业，路子越走越宽。当地群众说这叫“借窝下蛋”。

为了帮助山药种植大户朱昭正承租土地，2018 年冬天，周广智 3 次奔赴周口市西华县，通过各种关系，帮助朱昭正承包 100 亩田地。2019 年，朱昭正在西华县种植的 100 亩山药喜获丰收，经济收入比在老家种植翻两番。

6 年前，小吴屯村村民只是种山药、卖山药，形不成规模，算不上产业，现在的小吴屯村是山药经济挑大梁，家家户户挣钱忙。目前，村里建有山药保鲜冷库 31 座，山药年储存量达 1050 吨，注册了定海神针、怀美两个品牌，已经从种植转向了集产销、储存、运输、包装、加工为一体的产业链条，成为巩固脱贫成效，不返贫、防滑坡的第一道保障。在这个产业链条上，全村 1000 多名群众实现了在家门口就业、每月拿固定工资的美好愿望，脸上绽放出灿烂的笑容。

六年驻村，六年坚守，六年汗水，六年拼搏，小吴屯村实现了由一个偏僻乡村到具有全区影响力的美丽乡村的历史性跨越，实现了由维持温饱到全面小康生活的历史性跨越，实现了由产业单一到多元化经营的历史性跨越，实现了由被动“输血”到主动“造血”的历史性跨越！

通过落实脱贫攻坚各项政策，眼下，小吴屯村建档立卡贫困户25户79人已经全部脱贫，小吴屯村先后被评为孙福集乡脱贫致富先进村、梁园区军民共建示范村、梁园区脱贫先进村、商丘市返乡农民工创业示范园区、商丘市市级文明村和河南省生态文明村。周广智也在脱贫攻坚一线捧回了甜甜的果实，他连续6年年度考核优秀，先后被评为商丘市“市直机关优秀党务工作者”、商丘市优秀驻村第一书记、商丘市“十佳”驻村第一书记，获得2020年河南省脱贫攻坚奖贡献奖。

齐素静，女，汉族，1973年6月出生，河南睢县人，1992年10月参加工作，1999年3月入党，南京审计学院大学学历、学士学位。现任睢县审计局副主任科员，高级审计师，睢县妇联兼职副主席，商丘市第五次党代会代表，河南省妇女第十三次代表大会代表。2015年10月至今，被派驻商丘市睢县周堂镇乔寨村任党组织第一书记。5年多来，齐素静用“党建立村、扶贫富村、旅游兴村”的发展思路，带领乔寨村成为全县美丽乡村的示范村、脱贫攻坚的标杆村、乡村振兴的先行村。她于2015年7月获评河南省优秀第一书记，2017年2月被商丘市脱贫攻坚领导小组评为2015—2016年度优秀驻村第一书记，2018年9月获评河南省巾帼建功标兵，2019年3月获评全国巾帼建功标兵，2019年10月获河南省脱贫攻坚奖贡献奖，2020年3月获评第六届商丘市道德模范。

甘当“绣花女”，为老百姓绘就希望的蓝图

齐素静自2015年10月至今任商丘市睢县周堂镇乔寨村第一书记。任驻村第一书记5年多来，她认真践行习近平总书记“精准扶贫，需要下绣花功夫”的指示，从基础做起，从小事做起，拿出愚

公劲头，以实际行动诠释一个共产党人不忘初心、牢记使命，敬业爱岗、无私奉献的忠诚情怀。

勇挑重担的“冲锋员”

齐素静所驻的乔寨村地处三乡交界，地理位置偏僻，全村276户905人，2014年前有贫困户126户、贫困人口349人，是一个穷村、乱村，村“两委”班子软弱涣散，党员队伍老龄化。村里经济发展滞后，基础设施差，群众出行难、上学难、浇地难。群众受教育程度普遍较低，思想守旧，安于现状，人心不齐。入村时，她双方父母年迈多病且无人照顾，孩子即将高考无时间关心和照料。她却说：“既然是党员，就不能辜负组织的信任，就要干出点实实在在的成绩。”她以柔弱身躯，肩负着组织和人民的重托，毅然投入驻村帮扶工作中。

为民解忧的“服务员”

入村第一天，还没喝上一口水，群众就给齐素静来了个“下马威”。20多名村民代表团团围住了她：“先别说扶贫不扶贫，把俺村的路修好再说，弄不成，从哪里来，回哪里去。”面对群众的不信任和带着“火药味”的强烈期盼，她将村里的大路小路走了无数遍，每家每户都装进了她脑海里。她坚持走访每一户群众，熟悉村情民意，倾听群众心声，先后写下了30多本民情日记，理出了“党建立村、扶贫富村、旅游兴村”的发展思路，明晰了乔寨村的脱贫和发展方向。乔寨村没学校，孩子上小学需要跑到白庙乡苏庄，去学校是一条长达2000多米的泥土路，到了雨雪天，孩子们上学都需要家长背着接送。这条泥路不光苦了上学的孩子，也制约了村民的出行和各种物资的运输。她从解决群众最关切的出行难问题入手，多方奔走，跑资金、上项目，终于为群众修通了期盼已久的致富路。当宽阔的水泥路修成那天，村民自发放起了鞭炮，热闹得像过节一样。

思想行动的“引导员”

针对贫困群众“等靠要”思想严重的情况，齐素静组织开展“人穷志不穷、脱贫靠自身”自立自强行动，通过评比环境卫生“星级文明户”、评选“好婆婆好儿媳”、设立孝善基金等措施，让群众思想动起来。村民赵法才几年前因为建房欠了一屁股债，成天唉声叹气，整个人没有精气神。听说老赵会扎扫帚，她找到赵法才，鼓励他两口拾起老本行。老赵支支吾吾说：“我一没资金，二没销路，你让我咋干？”齐素静坚定地告诉他：“你只管扎扫帚，资金和销路我来想办法。”她帮老赵申请了5万元贴息贷款，与睢县城管局签了每月购买1000把扫帚的协议。大半年后，老赵不光还完了贷款，还有了盈余，腰包渐鼓，笑容也多了起来。其他群众看到老赵变了样，也都想换个活法，纷纷寻思致富路子。先后有26人到产业集聚区务工，19名贫困群众依托扶贫车间实现不出家门能挣钱。

基层党建的“组织员”

齐素静坚持党建扶贫一齐抓，与村支部委员一道制定完善了“三会一课”制度、党员集中学习请销假制度，开展好党支部主题党日活动，从复员军人、返乡创业人员中培养年轻后备干部，把优秀青年发展为党员；组织全村党员、村民代表学习习近平新时代中国特色社会主义思想和党的十九大、十九届五中全会精神，统一思想，共谋发展；实行农村党员积分管理量化考核，设立政策法规宣传、文明新风倡导、党务村务监督、民事纠纷调解、环境卫生巡护、产业发展示范、扶贫帮困7个岗位，把党员集中起来，主动发挥每一名党员的个人专长，让党员自愿认领岗位。通过党员为群众提供服务，增强党员的荣誉感，凝聚人心，示范带动，形成组织领、党员带、群众跟，团结一致奔小康的局面。在2021年的换届选举中，乔寨村顺利选出了新一届支部班子，打造了一支“不走的工作队”。

富民产业的“领航员”

5年多来，齐素静先后为乔寨村争取到2000多万元项目资金，用于新修和改建道路6628米，建成污水处理站、村级光伏电站、雨水和污水管网，新建党群活动中心、标准化卫生室和公厕各1所，新建文化广场2处，配套健身器材20件，农村电网改造7150米，打井15眼，建桥6座，铺设地埋线5100米，为127户实施了“三清六改”等人居环境改善工程；建成拥有13座现代温室大棚、12座冷棚、果林110余亩、基本农田1200余亩的首乡（乔寨）现代农业产业园，种植水果玉米、甜瓜、蜜薯、番茄等特色农产品，做好巩固脱贫攻坚成果与乡村振兴的有效衔接；落实种植业、养殖业、转移就业、脱贫成效奖等奖补政策达100万元，大大激发了贫困群众勤劳致富、自主脱贫的内生动力；依托村里丰厚的历史文化资源，通过“公司+农户”的模式重点打造“旅游、采摘、餐饮、垂钓、黑陶制作体验、休闲”乡村一日游产业项目，让资金变股金，村民变股民，资源变资产，让群众过上更好的日子。

2018年4月16日，中央巡视组到乔寨村调研时，对齐素静的工作给予了高度肯定，说“这个第一书记很棒”，特别指出她是该组在工作中发现的“对驻村工作和村情民意最为了解熟知的第一书记”。2018年5月17日，她在全省抓党建促脱贫攻坚第三次推进会议上作典型发言。2018年6月5日，《河南日报》对她的先进事迹进行了报道。她作为驻村第一书记代表参加了河南省庆祝建党97周年先进典型党员代表座谈会。她先后获商丘市五一劳动奖章、河南省优秀驻村第一书记、河南省脱贫攻坚奖贡献奖和全国巾帼建功标兵等荣誉。

孙晓锋，男，汉族，1975年12月出生，河南虞城人，1994年7月参加工作，2004年3月入党，河南省财政金融学院本科学历。现任商丘市睢阳区财政局政府采购管理办公室副主任。2017年4月—2021年4月，被派驻商丘市睢阳区冯桥镇曹庄村任党组织第一书记。驻村以来，他坚持抓党建促脱贫，抓支部带支书，建强了基层组织；先后引进1700多万元项目资金改善村基础设施建设，积极招商引进康华食品厂进驻村扶贫车间，带动贫困人口就业，实现了脱贫成果的持续性。他还带领贫困户发展经济作物种植，持续增加群众和集体经济收入。2020年曹庄村先后获评商丘市级文明村和市级卫生村。孙晓锋先后获得睢阳区优秀驻村第一书记、商丘市优秀驻村第一书记、河南省社会扶贫先进个人、全国脱贫攻坚先进个人等荣誉称号。

真抓实干，他为村子带来“精气神”

商丘市睢阳区冯桥镇曹庄村是区里典型的贫困村，土地贫瘠，道路、水利等基础设施薄弱，经济发展水平低。全村618户2118人，2014年前有贫困户137户373人。2017年4月，带着组织的重托，孙晓锋到曹庄村任驻村第一书记。驻村以来，他夯实基层党建，完善基础设施，发展特色产业，带领曹庄村从“软弱涣散村”变为市级“文明村”和“卫生村”，走上了一条稳定脱贫、共同致富之路。

迎接挑战勇担当

“孙书记就像俺的亲人，他一心给俺老百姓办实事，俺都和他感情深着咧！”在曹庄村，说起第一书记孙晓锋，贫困户纷纷竖起大拇指。

一个“外来户”，如何能取得群众的认可与称赞？这还要从2017年说起。

2017年4月，孙晓锋被组织选派到商丘市睢阳区冯桥镇曹庄村任第一书记，从此他全身心扎根到了这块土地上。一直在区直单位工作，刚刚到基层如何全面开展工作？怎样才能帮助老百姓脱贫致富？孙晓锋陷入了沉思。

从驻村第一天开始，他就每天泡在村里，挨家挨户地走访调研，印制“睢阳区财政局驻村工作队、帮扶责任人和贫困户心连心电话联系卡”，及时倾听群众的呼声，掌握真实信息，寻找致贫原因和脱贫之路，他也成了一个地地道道的农民，整天两脚泥。

曹庄村辖曹庄、任庄、孟庄、李庄、张木显5个自然村9个村民组，共618户2118人，耕地面积2235亩。农业经济发展单一，基础设施薄弱，教育条件落后，无村办企业，群众缺少就业门路。村集体经济空白，农民除种地外，无稳定收入来源，人均纯收入较低，部分群众家庭生活较为困难。

唯有破局，才能发展。一张脱贫的蓝图在孙晓锋脑海中渐渐成型。

思想宣传是引擎。只有改变传统思想观念，才能激发贫困户的内生动力，让他们主动脱贫致富。在融入群众、充分了解群众需求的基础上，在睢阳区财政局领导的大力支持下，孙晓锋把加强基层组织建设，提升村委班子凝聚力和战斗力，增强干部服务意识作为首要工作来抓。他积极开展“两学一做”“三会一课”，巩固提升党员队伍素质，发挥党员的带头作用和基层党组织战斗堡垒“领头雁”作用。

驻村以来，他把每月的15日和“三五”工作日，定为全村党员集体上党课的时间。以学习党的方针政策为主，在会上以“四议两公开”的形式，集体表决村里的一些事情。此举充分提高了党员的积极性。

驻村4年来，他用满腔的热情，用共产党人的情怀，为村民谋福利，为村庄谋发展，跑项目资金，拉爱心赞助，找致富门路，从不言苦言累。

他将贫困户致贫原因分为因病、因学、因故等三大类别。对因病致贫的，采取协调免费治疗药物、争取政府低保及社会资源帮扶等措施帮扶；对因学致贫的，协调社会爱心单位予以帮扶；对因故致贫的，采取创业就业扶助、帮助协调贷款、开展技能培训等措施帮扶。

扎根一线结硕果

入驻曹庄村以来，孙晓锋先后协调各项目单位，为曹庄村争取到各类资金1700余万元，先后建成了428万元的美丽乡村项目，

470 平方米的办公楼项目、标准化村级卫生室项目，1800 平方米的扶贫车间项目；新修道路 2716 米，修建排水沟和雨污管 3303 米，栽种栾树 327 棵，新安路灯 157 盏，新建标准化公厕 3 座，新打机井 23 眼，新建村室 6 间并配备相关办公物品，购置垃圾收集桶 277 个，使曹庄村率先在睢阳区实现了全村道路户户通。2020 年曹庄村先后被评为商丘市级文明村和市级卫生村。

百年大计，教育为本。村小学经常因低洼积水，每次大雨都停课。孙晓锋个人捐款 1.2 万元购买学习用品，并积极协调教育部门，引进资金 15 万元。2017 年 10 月为曹庄村小学硬化地面，修建下水道，极大改善了校区环境，不再因积水而停课。

强基固本促发展

脱贫，让老乡的腰包鼓起来是关键。孙晓锋通过多方协调，联系爱心企业，采取“公司 + 农户”模式，帮助鳏寡孤独、五保户增收。无论是脱贫攻坚，还是乡村振兴，产业发展是关键。村里 1800 平方米的扶贫车间建好后，如何招商，意见不一。有人建议租作仓库，租金可能会更多些。孙晓锋看得更长远，他力排众议，坚持把劳动密集型、带贫效果好的商丘康华食品厂招了过来，为村里及周边村的贫困户解决了 60 多个就业岗位，增加了集体经济收入，实现了脱贫成果的可持续性。

自 2017 年开始，通过实施到户增收和小额贷款项目，30 余户特困群众连续 4 年稳定每年收益 3000 多元。孙晓锋带着真情为群众服务，老百姓看在眼里、记在心里。他的辛苦没有白费，2019

年年底，曹庄村建档立卡贫困户 36 户 83 人全部脱贫。

一心为民舍小家

驻村占用了孙晓锋的全部时间和精力。2017 年 10 月 17 日，是孙晓锋人生中最激动的一天——宝贝儿子出生。而他为了实施协调贫困户的“六改”工程，一直坚守在岗位。没能迎接儿子的出生和照顾妻子，成为他心中最大的亏欠。

舍小家为大家，对于村里贫困户的事，他竭尽全力。贫困户刘中先家中有危房，由于当时没有相关政策支持，孙晓锋想方设法，协调联系社会爱心人士，第一时间为其新建了两间住房。到 2017 年年底，曹庄村 36 户贫困户全部进行了“六改”工程，并通过验收。

慢慢地，这个贫困的村庄增了精气神，有了主心骨。孙晓锋日夜坚守，让群众暖心、村干部聚心、上级领导放心。最近，孙晓锋又忙了起来，他和村“两委”正在努力促成 1000 亩规模的土地流转。这项工作做成后，不仅可以让群众从土地中解放出来，也能为全村提供百余个就业岗位。

“担任驻村第一书记，不仅仅是个人工作角色的转换，还代表了一个单位的集体荣誉，肩负着上级组织的嘱托和信任，更多的是承载着全村群众的期盼。切切实实让村民富起来、过上好日子，才是最重要的。”谈及自己的驻村工作，孙晓锋感慨良多，“将心比心、以心换心，你对老百姓亲，他们就会对你更亲。”

贾涛，男，汉族，1981年6月出生，河北衡水人，2003年5月参加工作，2013年9月入党，西安电子科技大学本科学历。现任国机集团旗下中国一拖集团有限公司特专车厂经营办副主任。2016年12月—2021年4月，被派驻信阳市固始县郭陆滩镇孙棚村任党组织第一书记。驻村以来，他先后申请国机集团扶贫资金140万元，修缮村部、援建文化广场、安装路灯、修建提灌站、整修大塘等，为村民处理各类困难300余起；申请国机集团扶贫资金200万元，建立国机集团养殖小区，成立永旺小龙虾养殖合作社等。全村186户贫困人口全部高质量脱贫，村集体经济年收入增长了15.6万元，人均收入翻了三番。他先后获2018年度信阳市优秀第一书记、2018年河南省优秀第一书记、2018—2020年度国机集团优秀共产党员等荣誉。

独在异乡不言难，真情扶贫慰思乡

信阳市固始县是国家级贫困县，孙棚村是固始县软弱涣散重点贫困村。该村村级干部缺乏，基础设施薄弱，集体经济为零。全村720户2777人，有建档立卡贫困户186户732人，是固始县脱贫攻坚的“硬骨头”。2016年12月，贾涛积极响应国机集团和一拖集团公司的号召，带着组织的重托，来到固始县郭陆滩镇孙棚村担任驻村第一书记。履职以来，他团结带领孙棚村广大党员和群众，努力建强村级组织、积极推动精准扶贫、提升完善基础设施、扎实为民服务办事、强力推进扶贫项目，一步一步让孙棚村摘掉了软弱涣散村的帽子，顺利实现整村脱贫出列，带领全村群众脱贫致富。

面对挑战，他走村入户，理清发展思路

面对新形势下的工作需要，贾涛从熟悉的工作岗位到完全陌生的贫困村开展工作，一开始简直是千头万绪、难以着手。群众有质疑有顾虑：这个连固始话都听不懂的“城里人”能啃得下脱贫攻坚这块“硬骨头”，带领大家脱贫致富吗？面对质疑，贾涛默默用行动证明一切。他所驻的村共有 15 个村民组、186 户贫困户。为准确掌握孙棚村发展和贫困户的第一手资料，他每天骑着电动车走村入户，自己摸索着绘制了孙棚村的路线图和贫困户分布图，骑坏了三个电瓶，走坏了两双鞋子，经过近两个月的深入走访调研，终于将村情民意及全村贫困户情况摸清吃透，为规划孙棚村下一步的发展方向奠定了坚实基础。

面对短板，他后来居上，筑牢党建基础

履职以来，贾涛牢记中派第一书记“抓党建、促脱贫”的责任和使命，下定决心要改变孙棚村党组织软弱涣散的现状。他在全面摸排掌握村情的基础上，从加强党的基层组织建设入手，不断完善

相关制度，设置了大型党建宣传版面12处、小型展板34处，定期组织召开党员大会、组织生活会，组织带领村党员学习党章，领会党的十八大及十八届历次全会精神，掌握省、县、乡的有关政策文件，鼓励带动党员积极建言献策，找寻好的发展思路。在他的带领下，孙棚村成了郭陆滩镇第一个党建制度规范化建设观摩点，并在全镇范围内推广。

面对困难，他不辱使命，抓好档卡建设

2017年5月5日，河南省脱贫攻坚整改规范档卡培训会在郑州举行，会议明确各贫困村贫困户明白卡由驻村第一书记亲自填写。孙棚村2016年、2017年贫困户共计100户，200本（一式两份）明白卡既要书写工整、不能涂改，又要实事求是。这就要求前期的入户普查务必准确，但正值春耕之际，贾涛和其他帮扶责任人多次入户无果，经与其他帮扶责任人商议，大家毅然决然地决定利用中午11点至1点这段宝贵的农户休息时间做好入户普查信息登记工作，入户归来的时候经常已是下午两三点，贾涛这才和其他帮扶责任人匆忙吃点午饭，然后继续投入信息采集表的录入工作中，而这仅仅是档卡规范的第一步。为严格贯彻落实河南省有关档卡规范整理会议精神，贾涛在入户信息采集结束后，采取“闭关”模式，全身心地投入明白卡的填写工作中，就这样整整写了5天，200本共计4万字左右的明白卡全部在规定的时间节点前填写完毕。

面对发展，他勇于带头，做好精准扶贫

面对孙棚村一穷二白的村集体经济状况，贾涛充分用好国机集团的扶贫资金，分别投资 5 万元和 130 万元，建立永旺小龙虾合作社和蛋鸡养殖小区，实现贫困户增收全覆盖的同时，也使村集体经济收益达到 15.6 万元。同时，投入 40 万元，安装太阳能路灯 114 盏，照亮了孙棚村的每一个角落；投入 40 万元，建设标准提灌站 2 座，切实解决了村民生产灌溉需要；投入 25 万元，修缮村部前排房屋，增设了集便民服务室、矛盾调解室、党员活动室等于一体的多功能办公区；投入 20 万元，在文化广场上安装了体育健身设施 9 套，音响器材 1 套，政策宣传公示栏 1 个，照明灯 4 个，篮球、羽毛球、乒乓球等活动器材若干，将孙棚村文化广场打造成郭陆滩镇标准最高的文化广场之一，为群众的业余文化生活提供了好去处。

面对群众，他尽心尽力，为群众排忧解难

6 月的固始已进入盛夏时节，艳阳高照，却也挡不住贾涛走村入户的步伐，在入户过程中，细心的贾涛发现一些贫困户行动不便，家中常年卫生环境较差，夏季极易导致细菌传播，不利于身心健康。贾涛积极联系其他帮扶责任人，拿起扫帚，扛起铁锹，帮助贫困户改善生产生活条件。在老五包吴万堂家，看着大汗淋漓的贾涛，这位老五包流下了感动的泪水，说道：“你不是我们的贾（假）书记，

你是我们的真书记。”南寨村施泽其老两口子女常年在外，独自居住，在入户过程中，贾涛发现施泽其这一阶段身体状况较差，就主动将自己的手机号输在老人手机里，并叮嘱老人：“施大爷，您儿子女儿不在身边，有什么特殊情况尽管给我打电话，我住在村里，离您近。”后来老人因摔伤卧病在床，第一时间打电话给贾涛，贾涛立刻联系本村的帮扶单位卫生院，替老人登门治疗。在孙棚村驻村期间，这样的事例还有很多很多。贾涛用实际行动让群众记住了他这位中派第一书记。

一分耕耘、一分收获。孙棚村的变化得到了省、市、县各级领导的认可，得到了广大群众的广泛赞誉。贾涛定将不辱使命，继续团结带领孙棚村广大党员群众，共同奋斗在致富奔小康的路上。

李胜利，男，汉族，1973年12月出生，河南尉氏人，1994年5月入党，1996年8月参加工作，中央党校经济管理、法学理论研究生学历，郑州大学管理学硕士。现任河南省公安厅维稳总队政委。2015年9月—2018年2月，被派驻信阳市淮滨县邓湾乡罗营村任党组织第一书记。驻村以来，李胜利带领当地干部群众坚持以党建工作为统领，走出了一条精准识贫治贫、扶智扶志与平安建设相辅相成的农村脱贫致富道路，提前一年完成整村脱贫的任务目标，实现了帮扶工作向稳定脱贫和乡村振兴的重心转移。村庄党心民心由散到聚、民规民俗旧破新立，群众生活由僵到活，村庄焕发出蓬勃生机。他先后获得2018年度河南省脱贫攻坚奖贡献奖、河南省优秀驻村第一书记、信阳市优秀驻村第一书记、2016年度信阳市脱贫攻坚奖等荣誉。

攻坚决战淮河滩，誓将穷村换新颜

“决战淮河滩，不破誓不还。”这是时任罗营村第一书记李胜利入村时的一句承诺。罗营村是淮滨县一个典型的淮河滩区贫困村，位置偏僻，洪灾多发，产业凋敝，贫乱兼具。2015年确定由河南省公安厅定点帮扶后，在厅党委的高度重视和当地党委政府的领导支持下，李胜利带领“两委”班子和当地干部群众，识贫助贫、扶志扶智，多措并举，罗营这个昔日凋敝偏僻的贫困村，凝神聚力建起了村级产业园，当地知名服装加工以及灯具加工等企业入驻兴办扶贫车间，茶业加工、鞋业加工、药材种植、林间养殖等特色产业发展热火朝天……走在平整的入村公路上，迎面而来的是整齐划一的护栏路灯、修葺一新的泄洪河道、绿树如盖的“组组通”硬化小道、庄重肃穆的村部大院、气息浓郁的文化广场、儒雅丰盈的文化长廊、活力满满的学校操场，聆听到崭新教学楼里300余名小学生琅琅的读书声，感受着扶贫车间妇女们的欢声笑语……很难想象，几年前这里还是一个全县数得着的滩区贫困村。作为驻村第一书记，李胜利和他的战友们发扬河南公安特别能战斗的克难攻坚精神，决战淮河贫困滩区，用责任和担当促成了这个贫困村的“化蛹成蝶”。

响应号召、背负期待，决战淮河滩

“那里更是人生历练的熔炉，那里更有血与火的战斗。”2015年秋，河南省委号召机关干部到扶贫一线，李胜利在省公安厅第一个报名。

罗营村三面临河，人均半亩滩区薄地，1/5的人口生活在贫困线以下，居住拥挤，交通不便，矛盾多发。村委占用村小学房舍，村集体一穷二白，入不敷出；有300多名小学生的学校，校舍拥挤不堪，没有活动场所，没有图书室……

“千里姻缘一线牵。”省厅党委把包村扶贫当作政治任务，始终把群众的脱贫解困挂在心上，多次召开党委会，研究驻村帮扶方案，多名厅领导现场办公，机关20多个支部结对贫困家庭帮扶寻找出路。

在这个距省城近500公里的偏僻小村，李胜利他们把组织的期待化作攻坚的不竭动力，把公安民警的战斗精神融进村庄的产业发展，把对群众的感情倾注到扶贫助困事业上……因为距离远，母亲来省城住院，李胜利还在村里忙着照顾孤寡老人；儿子参加中招考试，他在村里没日没夜地入户识贫；妻子怀孕生孩子，他还在紧张地操持着产业基地建设；在豫南湿热的三伏天里，他们挥汗如雨、日夜兼程，以决战决胜的攻坚精神彰显了共产党员的初心使命，坚定履行打赢脱贫攻坚战的庄严承诺。

扶贫助农、强基固本，党建打头阵

李胜利坚持扶贫工作队与村“两委”捆绑作业、荣辱与共，始终把党建引领工作“挺在前面”。

他健全“两委”班子，协助调整多名村干部，改善班子结构，治懒治软，重塑班子战斗力，党支部从落后到连续跃居全县前列；筑牢组织阵地，多方筹资40万元征地建设党员群众活动中心，如期归还小学校舍，开启了用电脑、投影、触摸屏等现代化设备办公的历史；开展文明创建，编制精神文明建设规划，建设文化广场、文化长廊，编写村史村志、村风村训，制订民约公约，实施“好媳妇”、脱贫模范等8类先进模范评选，选出先进典型40多名，100多面先进村民代表宣传旗始终招展在全村大街小巷；创新乡村治理，成立村民议事、红白理事、环境卫生等8个群众协会，发挥了老党员、老干部、老教师引领作用，开启了群众自治的新路子；注重示范引领，帮助茶业合作社壮大规模，被林业部批准为国家示范合作社，带动一大批群众增收脱贫；组织电商、“巧媳妇”等培训，组建农民社团开展文艺活动，给乡村带来了久违的生机和活力。

聚焦脱贫、放眼长远，打出组合拳

李胜利坚持短期脱贫与长远发展统筹用力、外部“输血”与内部“造血”同时发力，打出一套治贫脱贫的组合拳。

他精准治贫，区分贫困程度及类型，首创“三类八个一”工作法，率先实施户退“1+N”等多种脱贫措施组合；精准立项，争取茶场扩建、道路硬化、排水排污、饮水安全、生产用电、绿化照明、人居环境整治等40多个建设项目，生产生活设施大大改善，开启了美丽乡村建设的新目标；聚焦产业，引进服装、灯具加工等企业入村开展村企合办，新建厂房1000多平方米，实现本村及临近村庄留守妇女的就地就业，村集体收入从零增加到年均10万元以上，开创了全省村企联办入村扶贫的先河，被县委、县政府推广。他积极推动扩大茶叶种植规模，争取信阳茶叶科学研究所助力提升品质，带动大量农户增收脱贫；鞋业加工、林地养殖、植桑养蚕、药材种植等特色加工和养殖种植产业初具雏形。他注重扶智助学，建设的3层教学楼和操场、球场已经投入使用，教师周转楼建设已列入规划；对接郑州大学教育学院“智力扶贫学校”落地村小学，郑大的师生们通过“结对子”，时时感染和影响着村里的孩子们；厅机关女民警“暖心牵手”助力脱贫团，担任13名单亲儿童的爱心妈妈，厅机关幼儿园与村幼儿园“手拉手”支教活动也实现了常态化。他注重治懒扶志，每年元宵节警官艺术团来村演出、村委召开大会表彰先进模范的做法已成为全县知名的保留节目。其间，村里 1 名“好媳妇”入选“2016 感动淮滨十大人物”，5 个家庭入选信阳市及淮滨县“和谐家庭”,这些经验做法已在全省推广。他注重治乱促稳，加强平安建设，设立村级交通劝导站，成立义务巡逻队，与村庄“一村一警”站点实施“三站合一”，创新了公安机关开展行业扶贫的新渠道，促进了当地治安的根本好转和社会稳定。

不忘初心、砥砺前行，振兴再向前

两年多来，在政府、企业、社会等多方支持下，村庄发生了翻天覆地的变化，117 个贫困户如期脱贫，提前一年完成了整村脱贫的任务目标，实现了帮扶工作向稳定脱贫和乡村振兴的重心转移。村庄党心民心由散到聚，民规民俗旧破新立，群众生活由僵到活，村庄焕发出蓬勃生机。分包淮滨县的省领导、原军区司令员卢长键两次对罗营第一书记工作给予高度评价，指派其给全省军区扶贫干部进行帮扶培训。在河南省委组织部首次举办的 3 期第一书记培训班上，李胜利专题介绍经验做法，作为信阳市事迹报告团成员在全市多次巡回报告。

如今，习近平总书记和党中央乡村振兴的号角已经吹响。罗营村作为河南省公安厅定点帮扶村，厅党委又选派了两任优秀第一书记驻村帮扶。他们按照建设美丽乡村、促进乡村振兴的宏伟蓝图，发扬钉子精神，一任接着一任干、一锤接着一锤敲，他们秉承的“不破不还”的决心和“鱼水情深”的警民关系受到了当地干部群众的衷心拥护。

宋瑞，女，汉族，1964年10月出生，河南南召人，1983年8月参加工作，1996年6月入党，北京工商大学本科学历，学士学位。现任国家统计局河南调查总队二级巡视员。2012年10月被派驻信阳市息县路口乡弯柳树村任党组织第一书记。宋瑞连续4轮驻村，扎根基层9年，带领群众走“党建引领、文化扶心、道德育人、产业发展、脱贫致富、乡村振兴”之路，村民年人均收入由2012年的不足2000元，提高到2020年的1.7万余元，打造了弯柳树村脱贫致富模式，先后吸引420多个市、县、乡和100多家企业团体自发到村参观学习。她先后获“感动中原”十大人物、全国巾帼建功标兵、全国脱贫攻坚奖贡献奖、全国脱贫攻坚奖先进个人等荣誉。

一张蓝图绘到底，九年坚守践初心

信阳市息县路口乡弯柳树村是河南省省级贫困村，辖14个村民组，全村483户2375人。在脱贫攻坚战之前，全村没有一条水泥路、一家企业，村班子和党员队伍涣散，垃圾围村，村民孝道严重缺失，喝酒打麻将成风，贫困人口数量较多，是全县有名的穷村、乱村。2012年10月，宋瑞带着组织的重托，到弯柳树村驻村扶贫，至今已连续4轮驻村，坚守9年。

宋瑞通过夯实基层党建、完善基础设施、立足中华优秀传统文化净化人心、发展特色产业，带领弯柳树村从“省级贫困村”蝶变为全国知名的“明星村”，走出一条“党建引领、文化扶心、道德育人、产业发展、脱贫致富、乡村振兴”的人民幸福之路。

筑牢党建引领基础

2012年，弯柳树村“两委”班子只有村支书和村主任两个人，村党组织涣散，群众办事难、意见大。第一书记的基本职责之一便是建强基层党组织。通过多次走访党员和村民，听取意见建议，宋瑞把村里的致富能人陈社会、王守亮和汪学华先后吸纳到村“两委”班子。在2018年的村“两委”换届选举中，王守亮全票当选为村党支部书记，汪学华高票当选为村委会主任。弯柳树村“两委”班子逐渐壮大。目前村“两委”班子5人，平均年龄45岁，极具战斗力和活力。

焕发村民自治活力

为夯实党建引领，激发村民参与村级事务管理的积极性，宋瑞和弯柳树村“两委”根据实际情况制定了“两约四会”制度。在宋瑞的倡导下，弯柳树村村民先后成立了“党员志愿者队”“弯柳树村义工团”“弯柳树德孝歌舞团”等。

文化扶心助力脱贫

2014年，宋瑞在废弃的村小学开办了第一座村级道德讲堂，多年来，弯柳树村村民通过学习德孝文化得到极大改变。被村民戏称为“赌博之家”的贫困户骆同军、杜继英夫妇戒掉牌瘾，立志为子孙做个好榜样；“轮椅老人”赵久均重拾对生活的信心，重新站了起来，坚持为村里的歌舞团创作节目。这样的例子在弯柳树村不胜枚举。

村民干事创业的劲头足了，村里的文化培训产业也逐渐兴起。弯柳树村先后被信阳市委党校、大别山干部学院设为室外现场教学点，定期输送学员到弯柳树村参观培训。弯柳树村被信阳市教体局授牌为“信阳市中小学生社会实践教育基地”。“弯柳树模式”和“宋瑞九年坚守故事”成为新时代践行大别山革命精神和焦裕禄精神的样板，激励和吸引着全国各地的领导干部、大学生、企业家到村参观学习。北京、上海等大城市的家长把孩子送到弯柳树村参加夏令营、冬令营，郑州大学马克思主义学院的博士生、中国海洋大学的学生等到村实习，开展暑期社会实践活动等。

目前弯柳树村累计接待到村培训人员7万多人次。村里建有“德孝餐厅”“孝爱客房”。2015年至今，累计为村集体和村民创收300余万元。此外，弯柳树村与10个村达成支部联建协议，累计创收100万元。目前仍有来自全国各地的40多个村子向弯柳树村报名申请联建德孝文化村，学习“弯柳树模式”。“弯柳树德孝歌舞团”多年来受邀到北京、重庆、郑州等地演出，累计创收50余万元。

发展集体产业强村

焕然一新的弯柳树村立足实际，全面落实和推进乡村振兴战略。多年来，宋瑞为弯柳树村积极争取各类政策性扶贫资金5000多万元，极大改善了村基础设施和人居环境。村主干道铺了柏油路，修建了道德讲堂，建起了产业园。目前有9家企业落户弯柳树村，建成了村级扶贫产业园，为村民和贫困户提供长期就业岗位100多个、短期就业岗位300多个，月平均收入在3000元以上。弯柳树村村民的年人均收入由2012年的不足2000元，提高到2020年的1.7万余元。全村贫困户123户509人按照现行标准全部实现脱贫。2020年村集体经济收入27.3万元，2017年以来累计收入61.4万元，村集体经济实力显著提升。

打造生态宜居美丽乡村

曾经的弯柳树村垃圾遍地，破败不堪。2014年，宋瑞带领村“两委”发起“清洁乡村”活动，她带领村民和驻村志愿者劳动了一个星期，被感动的村民不断加入，经过大家一个多月的辛苦，清运拉走了100多车垃圾，村容村貌焕然一新。2017年，宋瑞鼓励村民实行垃圾分类，家家户户门前放置垃圾分类桶，村里投资50万元建起了资源分拣中心，将日常垃圾分类投放和处理。2020年，宋瑞借助“远古公司”成功培植出高质高产的“酵素大米”的优势，通过“公司+农户”的方式鼓励和指导村民制作植物酵素，发展酵素农业。目前已有200多户村民参与酵素制作、使用，为弯柳树村发展绿色生态有机农业打下坚实基础。

如今，弯柳树村的村容村貌焕然一新，每天到弯柳树村参观学习的人络绎不绝。“弯柳树模式”的文化自信与乡村振兴之路，受到社会各界普遍认可。新华社、《人民日报》、中央电视台、河南电视台等媒体多次对弯柳树村进行报道。该村的“扶贫先扶心”被《人民日报》评为2018年全国优秀扶贫案例并予以推广。2019年1月信阳市委组织部总结弯柳树村经验，以37号文件形式下发了《关于印发〈党建引领促发展　扶心扶志助脱贫——解读弯柳树村六年蝶变的实践密码〉的通知》，号召各县、市、区学习。由著名长篇报告文学作家郑旺盛采写的反映弯柳树村脱贫攻坚进程的长篇报告文学《小村大道》于2019年8月出版，河南省驻村办、信阳市委组织部将其作为第二批“不忘初心、牢记使命”主题教育学习教材发放到基层党员干部和驻村第一书记手中。反映弯柳树村巨变的另外两部长篇报告文学《光明的道路——弯柳树村奔小康纪实》和《润物细无声》也相继出版发行。由中国文联立项，中央电视台著名导演曲良平、一级作曲家卞留念创作的情景音乐报告剧《弯柳树的故事》已向息县县委、信阳市委、河南省委汇报演出，随后进京汇报演出，向世界展示脱了贫的中国农民的精神风貌，展示中国的道路自信、制度自信、理论自信、文化自信。

近年，弯柳树村先后获“全国乡村治理示范村”“中华孝心示范村”“河南省特色旅游村”“信阳市美丽乡村”等荣誉称号。宋瑞也获得2020年全国脱贫攻坚先进个人、全国脱贫攻坚奖贡献奖、河南十大年度扶贫人物、“感动中原”十大年度人物等荣誉，受到党和国家领导人的亲切接见。

陶曼晞，女，汉族，1972 年 5 月出生，江苏昆山人，1993 年 7 月参加工作，1998 年 12 月入党，郑州工学院本科学历、清华大学机械工程硕士、华中科技大学经济学博士。现任河南省科技厅区域创新处处长。2015 年 8 月—2018 年 2 月，被派驻信阳市光山县罗陈乡周湾村任党组织第一书记。驻村以来，她通过强党建聚人心、抓培训育人才、以科技促发展模式，累计为周湾村筹集资金 1300 万元，用于改善基础设施，组建了周湾村专家科技服务团，培养了乡村技术带头人，建设了光伏发电项目，培育了油茶、桑蚕、粳稻三大村集体产业，实现 134 户贫困家庭脱贫，村集体经济年收入 10 万元以上。她先后获全国巾帼建功标兵、河南省优秀第一书记、河南省脱贫攻坚奖贡献奖等荣誉。

倾己之所有，织一方锦绣

信阳市光山县是国家级贫困县，周湾村是河南省“三山一滩”中典型的农业贫困村，地处丘陵，无产业、少劳力、缺技术，全村人口 2258 人，总面积 12.3 平方公里，2014 年有建档立卡贫困户 183 户 797 人。2015 年 8 月至 2018 年 2 月，陶曼晞在光山县罗陈乡周湾村担任驻村第一书记，她以“强党建聚人心”建强基层组织，“抓培训育人才”培育“三农”人才，“以科技促发展”推动精准扶贫，探索并践行出周湾村的精准扶贫之路。两年半时间，她在周湾村组织改良了水稻种植，新发展了油茶、桑蚕产业，实现了整村脱贫，为乡村振兴奠定了产业基础。2017 年、2018 年她均入选全国脱贫攻坚奖候选人。

模范实践引领基层党组织建设

作为第一书记，陶曼晞以身作则，以全心全意为人民服务为宗旨，在工作中讲党性、重品行、作表率，在扶贫攻坚中勇于担当，攻坚克难，成为全村社会风气转变和经济社会发展的带头人。

她着力加强党支部硬件建设，整修了村部，建立了党员活动室，让鲜艳的党旗在脱贫攻坚主战场高高飘扬。她下大力气抓软件建设，在村“两委”和全体党员中开展“讲纪律树表率”活动，重温入党誓词，树立共产党员的使命感和责任感；为村“两委”工作制定工作纪律、组织纪律和廉政纪律，结合实际工作找问题、找差距，提升了村“两委”服务群众和干事创业的能力；将年轻优秀、踏实肯干的党员选进班子，提升了村“两委”班子的战斗力；发展年轻优秀党员，积极培养入党积极分子，充实党员队伍。

驻村期间，她身先士卒，以实际行动让全村老百姓切实感受到，党员干部就是为老百姓办实事的。在周湾村推进水稻种植“抛秧”新技术的关键时期，她因身体不适，在医生催促下做了开腹手术。术后她仅休息了一周，不顾身体虚弱，便强拉着专家赶回周湾，坚持与专家一起进水田、找问题、想办法，最终让周湾村村民接受了水稻种植的“抛秧”新技术、适应了粳稻的种植习惯，实现每亩增收 1000 元以上，仅此一项，就使 134 户贫困户当年实现了脱贫。

科技创新推动精准扶贫

周湾村地处大别山浅山丘陵区，除了山洼中有限的水田，就只剩下荒坡。如何利用好荒坡，进行经济作物的种植，发展新产业，成了陶曼晞考虑带领乡亲们拓宽脱贫路径的主要议题。

陶曼晞在周湾村产业发展中，确定了“近期脱贫目标和远期科学发展相结合、传统产业和新技术相结合、科学培训和实际需求相结合”的“三结合”发展路径，整合各类发展资金 1300 万元，为周湾村近期整体脱贫、远期“脱贫不返贫”打下了坚实基础。犁田种稻、植桑养蚕，成为周湾村实现脱贫的重要抓手。

在产业发展方式上，陶曼晞积极推进“长远结合、新旧结合”。她选择了水稻“籼改粳”，推广“抛秧”技术，让村里的老弱、妇女从繁重的插秧中解放出来，劳动效率提高了 7—8 倍，确保全村贫困户实现脱贫；结合当地实际，选择了 3—5 年见效，但能发展 70 年左右的油茶项目；请来了河南省内知名蚕桑专家，利用荒山荒坡发展当年见效、收益 30 年的新产业——桑蚕产业。通过示范和考察，贫困户从抗拒到尝试，到主动参与种桑养蚕。2016 年 9 月第一批蚕种投入饲养，培训技术带头人 4 名，与缫丝厂签订了长期供货合同，生产的蚕茧达到 5A 级标准。周湾村已经有桑园 200 余亩、公共养蚕场地 1500 平方米，有 10 余户贫困户投入桑蚕产业并带动 70 余人就业。现已组建了桑蚕合作社，开发了桑叶茶、蚕丝被等产品，每亩地年收益可达到 4000 元以上，确保脱贫不返贫。

陶曼晞积极推进科学培训，因地制宜培养人才队伍，推进产业发展从“输血”向“造血”转变。针对水稻、蚕桑、油茶和水产发展需求，她制订了详细的培训计划、培训手册和年度执行计划。专家手把手地教，示范户发挥带动作用，她走村串户地讲，让全村的农民都能掌握致富的法宝。她举办党课和技术培训等各类培训讲座近 20 次，累计培训近 1100 人次。村里的贫困户通过参加农民学校的学习，开阔了眼界，有了创业干事的热情。新成立的 4 家合作社，激发了大家勤劳致富的意愿，提升了发展生产的能力。

真心真情温暖“第二故乡”

2015 年 8 月，河南省委选派机关干部担任驻村第一书记。作为河南省科技厅机关核心业务处室负责人，陶曼晞带着对老区人民的朴素感情，主动报了名。作为一名女同志，从省级机关到农村去，没有农村生活、工作经验，特别是和村民语言不通，难以沟通，是她面临的从未有过的挑战。她坚信，唯有把自己一颗滚烫的心交给群众，把周湾村当作自己的家，群众才会把你当家里人。驻村第一个月，她主动与乡亲们一起卷起裤腿弯腰劳作，一起割草、下田；在暮色炊烟下，与乡亲们坐在村口家长里短拉家常。尽管乡亲们的方言时常让陶曼晞听得稀里糊涂，但发自内心的交流、诉说，让她融入周湾这方土地，真正从田间地头走到群众心头。仅仅一个月，陶曼晞从“两眼一抹黑”到“三明白”，明白了村民的想法，摸清了周湾的“家底”，弄明白了村内矿区、林地、水库、水田的方位，知道了全村可利用的荒山、荒地和水塘资源。

刚进周湾村时，全村水塘均年久失修，没有一条水泥路。通过多方筹集资金和项目，陶曼晞驻村期间，修整大塘 15 口，为水稻种植提供水源保障；对村小学危房进行了改造，破烂不堪的桌椅全部更换为标准化教具；建设了村文化广场，新修道路 13 公里，全村实现“组组通”；新添置路灯 190 盏,不仅照亮了村民出行的道路，更照亮了村民奔小康路上的信心。

她时刻把周湾村贫困户冷暖放在心头。她在河南省慈善总会建立了“优创帮扶基金”，对丧失劳动能力的张书胜一家进行帮扶，承担其 3 个未成年孙女的学费、生活费到成年；联系“河洛义工协会”，帮助儿子生大病的吴道厚一家，资助其孙女完成大学学业；对杨文雅等一批贫困大学生开展助学活动。

她和群众心连心，村民将她当自家人。驻村期间，她住院的消息惊动了全村，老书记周谋全代表乡亲们从遥远的周湾村带着老母鸡来到陶曼晞的病床前，告诉她乡亲们很挂念她。2018 年 2 月，听说她要离开周湾村，村民周谋领为她写了首藏头诗——“淘尽苦心为农民，满山遍野田间行。希望周湾更美好，愿把青春献农村。”并让自己远在云南的女儿将其绣成匾额送给陶曼晞留作纪念。在全省脱贫攻坚第四次推进会上，她作为“全省第一书记不计个人得失，深深扎根基层，为所在村尽心谋出路、尽力求发展”的典型得到了省委的表扬。两年半的第一书记工作，她于润物细无声中，将工作写在大地上，将党员形象留在村民心中，将党的扶贫政策和科技创新融入周湾村乡村振兴和实现全面小康的道路上。

曹永鹏，男，汉族，1964年7月出生，河南邓州人，1981年9月参加工作，1985年3月入党，空军工程学院学士学历。现任河南省委巡视组正处级巡视专员。2016年8月至2021年2月，被派驻信阳市潢川县隆古乡隆古村任党组织第一书记。驻村以来，他认真履行四项基本职责，带领党员干部群众脱贫增收致富，打造了一支“不走的工作队”。在他的带动下，隆古村完善了基础设施，建强了村集体经济，建成了农村渔牧业基地，建立了村级制度。村党支部成为乡、县、市级先进党支部，隆古村成为美丽乡村试点村和抓党建促脱贫示范村，村集体经济收入从零跃升为潢川县第一名。曹永鹏先后获2018年度河南省五一劳动奖章、2019年度河南省劳动模范和先进工作者、2020年度信阳市脱贫攻坚奖贡献奖等荣誉，三次获评优秀驻村第一书记。

秉初心用真情，擘画“民强”新画卷

自2016年8月担任潢川县隆古村驻村第一书记以来，曹永鹏认真履行驻村第一书记四项基本职责，积极做好群众工作，足迹踏遍全村19个村民小组，在田间地头、企业车间、群众家中拉家常、出主意、想办法；持续规范村级运转制度，努力打造“不走的扶贫工作队”，为帮扶村培养了敢担当的共产党员、负责任的村干部、能致富的带头人、愿奉献的志愿者四支队伍；不断完善基础设施建设，推进集体经济发展，建成了渔牧业基地，为村经济社会发展注入了强劲动力。

抓党建强组织，党建引领促发展

曹永鹏把开展“两学一做”、“三会一课”、主题教育与履职紧密融合，聚焦答好“时代之问”；加强村党员日常管理，开展党员“固定日”活动，强化党员学习、教育、管理工作；建立无职党员联系贫困户及“一编三定”制度，根据党员的能力特长分类分组设岗，发挥党员先锋模范作用；细化村党建工作清单，做到定责明责、知责履责、督责问责，形成责任闭环体系，突出“新重点”，激发“新活力”；大力实施“严乡强村育新计划”，以“四个一”举措，把软弱涣散的村党支部变为基层党建示范村；利用村“两委”换届的时机，调整“一肩挑”人选 1 人，从产业带头人中推选 2 人充实到村“两委”班子，达到“一升一降”的要求；深入推行党员积分管理和党员家庭亮身份活动，党员的责任感和荣誉感得到增强；开展“争先进位我先行”行动，评选各类标兵，激发群众内生动力；由村合作社党支部牵头，建立“1+1+N+1”消费扶贫平台，带贫 220 户，年平均增收 28 万余元；打通瓜蒌种植、柳条生产、工艺品制作及销售的“一二三产”，确保群众稳定增收。把党组织建在产业链上、党员聚在产业链上、群众富在产业链上已见成效。

夯基础强产业，精准施策战脱贫

曹永鹏坚持以党建促脱贫攻坚，统揽全村经济社会发展，深入贯彻精准扶贫方略，全村 264 户 1121 人已实现全部脱贫。曹永鹏任职期间，累计协调资金 5345.1 万元，建设村公共设施，完成 16.4 公里四级村道建设，建成村文化广场 3 个，整修 35.2 公里下水道，整修村部，加高一层，植树 1.5 万棵，安装太阳能路灯 280 盏；布设垃圾池，每户安装自来水，进行危房改造 51 家，安装变压器 3 台，建设旅游设施 1 处；按农村水塘整修标准完成 19 口水塘标准化改造，建设 2 座跨堰桥梁，修通 4.2 公里沟渠，建设 240 亩现代农业喷灌设施。村集体经济实力明显增强，从零起步，现拥有 1200 万元资产。年稳定收入 50 万元的村集体经济呈现良好发展局面。2016 年 12 月经过答辩，曹永鹏从河南省财政厅争取了 160 万元集体经济试点经费，又多方筹措 100 万元，历时 1 年多，花费 320 万元，建设了 1 座手续齐全的万吨标准粮仓，村拥有全部产权，与潢川县粮食局共建共享，由村每年从中储粮争取到万吨存粮指标，潢川县粮食局负责粮食收储业务及安全保障，对收购、存储和调运的国家补助款按村 60%、潢川县粮食局 40% 比例分成，确保村集体经济年稳定收入 50 万元左右，全县排名第一。村集体还在潢川县城投公司存储 50 万元，每年有 4.8 万元的稳定收入。在曹永鹏任期内，全村党员数由 37 人增长到 43 人，村后备干部由 1 人发展到 5 人，村支部班子也被打造成为 2017 年乡优秀支部，2018—2020 年县、市级优秀支部；建档立卡的 264 户 1121 人“两不愁三保障”全面覆盖，贫困户医疗实现全覆盖；安全饮水由30%的覆盖率发展为100%；由教育支出致贫、辍学大量发生转变到目前无一人因教育致贫、无一人辍学；危房改造已全部完成；贫困人口人均收入大幅提高，贫困户人均纯收入由2015年的2800元增长为2020年的7000元，增长率达150%。曹永鹏注重加强村干部、党员、致富带头人、志愿者四支队伍建设，把6名致富能手、优秀青年农民培养成党员，把13名党员培养成致富能手，把4名党员致富能手培养成村后备干部。他以大力扶持新型农业经营主体为抓手，培养评选种植养殖大户、营销大户、实用人才和优秀青年为村致富带头人；引导在外乡贤、大学生以及优秀外出务工人员19人回乡创业，创建村致富带头人示范基地28个；建设优秀的村志愿者队伍，确定扶贫解困、引领就业创业、服务群众等村志愿服务项目；组建邻里互助服务队6个，引导群众亲帮亲、邻帮邻，在精神上相互支持，在日常生活上相互关照。

细谋划固成果，绘就蓝图先振兴

曹永鹏围绕党建、脱贫攻坚和乡村振兴任务要求深入调查研究，为稳步推进乡村振兴“把好脉”“开好方”。他运用好调查研究的重要方法，与群众紧密靠在一起，在串门、请教、解民忧中，掌握实情，搞清楚问题是什么、症结在哪里，拿出破解难题的实招硬招，找到解决问题、推动发展的钥匙。他坚持生态立村、注重绿色发展，加快形成城乡融合的发展格局；坚持规划先行，请省城乡规划设计院根据隆古村地理临城、黄国故城、厨师名乡等优势，为村作出 15 年高质量高标准规划，为强力打造潢川县文化旅游示范村下好先手棋。他大力发展绿色经济，全力把隆古村打造成潢川县城的“后花园”；实施村部整体搬迁，以此为契机，启动打造集村政治、经济、文化、旅游、生态、服务等元素为一体的村部党群服务中心，将村部党群服务中心、村土地庙、黄国故城风景区、村老龙埂水库连接在一起，建设村文化生态公园景点，构成村两公里旅游圈，为实现乡村振兴打下坚实基础。

王俊超，男，汉族，1985年1月出生，河南唐河人，2004年10月入党，2007年9月参加工作，安徽大学研究生学历、法学硕士。现任河南省自然资源厅办公室副主任、三级调研员。2017年11月—2021年2月，被派驻信阳市固始县陈淋子镇红花村任党组织第一书记。驻村期间，他积极吸收培养返乡致富带头人和“90后”大学生进班子，昔日软弱涣散党支部成为全县先进支部。他争取4376万元，新修道路18.5公里、桥梁2座、水利工程3项，改造电网32千米，铺设自来水管道70公里；成立油茶种植合作社，种植油茶1000余亩，建成油茶仓储和深加工基地、生猪养殖基地，发展小龙虾养殖1000余亩，引进1500万元发展乡村旅游，通过土地指标交易使集体收益600万元，223户820名贫困人口全部脱贫。

王俊超先后获得河南省社会扶贫先进个人、信阳市脱贫攻坚创新奖、信阳市好党员、固始县优秀第一书记等荣誉，他带领的驻村工作队2021年获评全国脱贫攻坚先进集体。

两次驻村倾真情，脱贫致富花更红

信阳市固始县是国家级贫困县，红花村位于大别山革命老区，河南、安徽两省交界处，距郑州500公里，是省派第一书记被派驻的离郑州最远的村，是全县重点贫困村、党组织软弱涣散村。全村1102户4121人，其中有贫困户223户、贫困人口832人，是全县有名的穷村、乱村。2014年7月至2016年7月，王俊超在该村担任驻村扶贫工作队队员。2017年11月，驻村第一书记轮换，他已有两年扶贫经历，本不在厅党组派驻人员之列，但他觉得自己在红花村干了两年，有一定基础，理应勇当先锋，于是再次赴红花村担任驻村第一书记。他健全脱贫攻坚的支部引领机制、资源转化机制、群众参与机制和生态扶贫机制，帮助争取资金4376万元，带领红花村实现脱贫致富奔小康。

建强支部带路子

“火车跑得快，全靠车头带。”打赢脱贫攻坚战，首先要把支部建强。经过王俊超的不懈努力，在外创业的党员李杰和“90后”大学毕业生李婷婷、陈红军返回红花村进入村委班子工作。针对规则不清、群众疑问多等问题，王俊超牵头制订村党支部会议规则、联席会议规则，规范会议程序和研究事项，要求每个村民组设立专门公示栏，常态化展示贫困户、低保户进入退出和村内重要事项。通过组织村“两委”干部开展红色教育，学习先进经验，提高能力素质；实行共产党员亮身份，挂“共产党员之家”牌子，制定党员“十带头十积极”标准，打造群众信得过的党支部。

夯实基础打底子

“夏天空调不启动、电风扇不转动、冰箱不上冻、老头老太太热得不能动”这“四不动”是村民迫在眉睫的用电难题。2018年年初，王俊超积极到电力公司汇报争取，为红花村新增变压器6台，更换线路33千米，彻底满足用电需求。他争取800余万元，新修建水泥路18.5公里、桥梁2座、大塘7口，村民组道路全部硬化，95%的农户水泥路户户通；争取700余万元，实施豫皖省界河护坡工程，消除洪涝灾害隐患；争取240余万元，实施安全饮水工程，铺设管道70公里，实现自来水户户通，极大地改善了村容村貌。他组织党员干部与20名贫困学生结成对子，每月资助其生活费；设立红花小学专项教育资金，3年资助小学33万元。红花小学成为全县先进小学，为红花村发展打下坚实基础。

扶正村风拔根子

针对少数坐等帮扶甚至懒惰的贫困户，王俊超从教育引导、政策引导和典型引导3个方面入手，奖优罚懒、正向激励，从根子上解决思想贫困。一是实施教育引导。制定村规民约，写入“争当富裕户、不当贫困户”。定期召开会议，常态化走访贫困户，讲解国家扶志政策。在村内醒目位置宣传扶贫扶志，在村部树起“真是贫困户，大家来帮助；想当贫困户，很难有出路；争当贫困户，永远不会富；抢当贫困户，吓跑儿媳妇”的牌子，潜移默化影响群众。二是实施政策引导。落实以奖代补政策，鼓励群众外出务工或在家发展生产，3 年奖励群众 90 余万元。开展消费扶贫，鼓励贫困群众发展生产，通过直播带货、网上商城、第一书记产品展销中心销售等方式，帮助销售茶叶、小龙虾、猪、鸡、鹅等农产品 46 万余元，既帮助群众增收，又强化勤劳致富的观念。建成爱心超市，以表现换积分、以积分换物品，兑换物品 10 万余元，实施正向的竞争激励。三是实施典型引导。定期评选“自强自立户”“孝善光荣户”“文明卫生户”，召开会议表彰，奖励爱心超市积分，大力弘扬新风正气。

强村富民“金点子”

红花村内有不少荒废宅基地。王俊超从习近平总书记关于“着力推动人才、土地、资本等要素在城乡间双向流动”的重要指示精神中找到灵感，将废弃地转化为扶贫资金，实现“点土成金”。他想办法对废弃宅基地和符合条件的荒地实施综合整治，通过新增耕地指标交易，帮助村集体收益 600 万元，实现“集体得收入、群众得耕地、粮食得增加、环境得改善”的多赢模式创新。他还组织河南省城乡规划设计研究总院、河南省测绘地理信息技术中心、河南省自然资源调查规划院的专家，编制红花村“多规合一”的实用性村庄规划，科学划定生产、生活、生态空间。

想让红花村彻底与贫困说再见，就要推动“绿水青山”向“金山银山”转化。王俊超在发展生态产业上做文章，拿出了发展良策，被群众称为“金点子”。他围绕生态产业主题，实现“乡村林果化”

和养殖“精准化”；帮助成立“固始乡村油茶种植专业合作社”，带动群众种植油茶1000余亩；建设油茶仓储和深加工基地，帮助注册“红富金”商标，拉长油茶种植和加工产业链，带动50户贫困户增收；建成生猪养殖基地，年出栏2000余头，带动40户贫困户增收；成立“红花生态水产养殖专业合作社”，带动群众发展小龙虾养殖1000余亩，平均每年增收500余万元。全村发展农民专业合作社、家庭农场、专业大户等11个；引进固始县国有资源发展运营有限公司投资1500万元，打造红花知青文化园，弘扬“知青精神”和红色文化，发展乡村旅游，壮大村集体经济。

牢记宗旨守初心

在王俊超看来，要牢记党的宗旨意识，群众再小的事都要妥善解决。在2018年电网改造过程中，有4户群众为同一根电线杆的位置发生了争执，有的说“误门相”，有的说“误老坟”，有的说占田了，有的说离家远了。王俊超带着村组干部和群众面对面商量解决方案，定下了群众满意、施工技术允许的方案。2019年11月，五保户郑祥珍家中突发火灾，尽管王俊超带人全力施救，也只剩下了房屋空壳，家什物件全部烧毁。王俊超第二天就开车带郑祥珍到镇上采购物资，大到电视机、门窗、棉被，小到电插座、电饭煲、铁锅、酒精炉等，生活用品一应俱全。贫困户徐刚得养的猪、鹅遭遇销售困难，王俊超组织单位干部职工购买。小龙虾养殖户因缺少技术出现问题，王俊超第一时间联系专家开展培训，帮助养殖户走出困境。

王俊超常说，年轻人就要以党和国家的需要为人生追求，主动投身脱贫攻坚大业，在这场大考中实现青春价值，不负韶华。2021年2月，王俊超任队长的驻村工作队被中共中央、国务院授予“全国脱贫攻坚先进集体”称号，王俊超也先后被评为河南省社会扶贫先进个人、信阳市好党员、固始优秀第一书记等，荣获信阳市脱贫攻坚奖创新奖。如今的红花村村容整洁，群众安居乐业，先后被评为河南省森林乡村、省级卫生村、信阳市扶贫扶志示范村等。

李育军，男，汉族，1973年6月出生，安徽长丰人，1990年3月参加工作，1992年7月入党，空军后勤学院大专学历（南京陆军指挥学院本科学历）。现任河南省住房和城乡建设厅三级调研员。2017年11月—2021年2月，被派驻信阳市商城县河凤桥乡田湾村任党组织第一书记。驻村以来，李育军先后建成红色文化公园、党员政治生活馆、文化大舞台以及全县首个新时代文明实践站，引进天润文旅计划投资1.35亿元，村集体年收入近80万元。田湾村先后被评为全国改善农村人居环境保障基本示范村、国家级森林乡村、河南省文明村镇、全国文明村镇。李育军先后获评商城县优秀驻村第一书记、2017—2018年度省直优秀共产党员等。2021年2月，田湾村驻村工作队获评全国扶贫先进集体。

追梦扶贫路，放歌新时代

河南省商城县田湾村辖13个村民组，共467户2025人，2009年被定为贫困村，时有建档立卡贫困户153户596人，曾经是有名的贫困村。近年，依靠河南省住房和城乡建设厅这一坚强后盾，驻村第一书记李育军带领村民，围绕夯实基层党建、推动精准扶贫、完善基础设施、发展特色产业，积极拓展“美丽乡村+”的发展格局。

至 2020 年，田湾村所有贫困户全都“摘了帽”，真正做到了不漏 1 户不掉 1 人，人均纯收入从 2009 年的不足 5000 元到目前的 1.4 万元，村集体经济从原来几乎为零到现在每年约 80 万元。田湾村也从昔日脏乱差的“穷山沟”变成了高富美的“网红村”，实现了旧貌换新颜的美丽嬗变。

红色聚力“主心骨”

商城是一方红色的土地，著名的革命歌曲《八月桂花遍地开》就是从这里唱响全国、唱红峥嵘的革命岁月的。无数革命先烈在这里抛头颅、洒热血，曾铸就一个“金刚台三年红旗不倒”的不朽传奇。作为驻村第一书记，李育军敏锐地意识到红色基因是促进田湾脱贫的强劲原生动力。为了加强该村基层党组织建设，增强攻坚凝聚力，李育军与村党支部成员达成共识：着力创建“红色田湾”，以红色文化引领广大党员提升“守实心，担使命”思想认识，结合全村实际，找差距，剖析“贫根”对症下药，精准落实，靶向治疗，着力在商城县脱贫攻坚战场中首创一个“红色文化促脱贫”的田湾模式。

李育军先后筹集资金 186 万元抓党建：新建占地 20 多亩的红色文化公园，设置红军雕塑、五星广场、革命史浮雕、入党誓词和英烈展板等；新建党员政治生活馆，展示商城县革命史、河凤桥乡发展史和田湾村变化史，让党员群众在家门口就可以感受有故事、有记忆、有温度的红色文化；建设文化大舞台、群众大会堂，夯实党建活动的基础。

他多次组织开展“戴党徽、亮身份、作表率、助脱贫”主题实践，带领党员重温入党誓词；悬挂“共产党员户”标志牌，成立党员义工队，激发党员的责任感、使命感、荣誉感；注重“建强一个班子、带好一支队伍、完善一套制度”，落实“三会一课”，定期学习党的理论，及时传达党的声音，强化党的纪律，增强党支部的凝聚力、战斗力、号召力，精心打造出“一心向党、永远跟党走”和倾情为民的党员队伍。

弘扬美德“和谐曲”

问渠那得清如许，为有源头活水来。有了凝心聚力的“主心骨”，红色田湾焕发出新时代的盎然生机，李育军始终把创建“文明田湾”作为脱贫攻坚又一重要抓手，坚持以弘扬社会主义核心价值观为主导，把文明乡风培育融入田湾人生产生活中的方方面面。

他组织开展“晒家训、立家规”教育活动，对街巷以“仁义礼智信”命名，为每户家庭悬挂家训牌，制作《弟子规》《三字经》《公民道德规范》《村规民约》等宣传板，弘扬传统美德，打造淳朴家风。在母亲节、重阳节开展孝亲敬老活动；在儿童节、建军节，关爱儿童成长，慰问退伍军人；在腰鼓队、广场舞的基础上，引入八段锦、太极拳；每年开展“好媳妇、好婆婆、好儿子、好丈夫、文明家庭、文明公民”评选；等等。一年20多次的党建文化活动，有力地推动了社会主义核心价值观融入头脑、融入日常、融入家庭。以家风带社风促民风，培育社会新风气。现在田湾村吵嘴打架的几乎绝迹了，喝酒打牌的明显减少了，干事创业的劲头更足了。商城县首个村级新时代文明实践站落户田湾，一股股文明新风悄然兴起。“文明田湾”的成功创建为商城县乡村振兴建设积累了宝贵经验，其独具魅力的品牌效应引起各级媒体高度关注，时任河南省省长陈润儿专程来田湾调研，并高度点赞“文明田湾”品牌。

生态创业“小康梦”

“田湾模式”增强了凝聚力,“田湾品牌”汇集了向心力。一时间，在这片近 4 平方公里的土地上涌起一波波以生态绿色产业为方向的创业热潮，形成了独具特色的“田湾现象”。

外出党员熊世祥回归家乡，带动党员熊兴港、熊兴伟共同计划投资 1.35 亿元，流转土地近千亩，发展特色种植，上马农耕体验，规划农耕博物馆、亲子游乐园、动物园等项目，建设天润田园综合体,带动周围群众共同致富。共产党员祝贞峰成立蓝莓种植合作社，带动 93 户贫困户增收。成功人士赵吉宽积极捐款支持村里的公益活动，致富能人肖贵昌新建肖家寨生态园，种植果园 200 亩，水面养殖 100 亩。本乡黄畈村成功人士陈良俭到田湾村投资 2000 万元改造升级康养敬老院。本乡河凤桥村成功人士鲍兰到田湾村投资 500 万元建设天兰兰家庭农场。

李育军协调资金 50 万元，增建一组光伏发电站，使其总容量达到 300 千瓦，村集体每年可收入 20 万—30 万元。利用闲置土地，种植桃、梨 130 亩，丹参 20 亩，白芍 60 亩，稻虾共养 200 亩，特色种植养殖又成为田湾新的经济增长点。创办田湾田鑫竹木加工合作社，变商城丰富的毛竹资源为田湾的经济资源，从简单的竹筷、竹签等干起，并将上马竹炭加工，吃掉边角余料，延长产业链。该厂建成后，预计年收益可达 40 万元。

依托田湾的自然田园风光，李育军带领村干部按照“一村一品、一组一韵”的发展思路，拓展“美丽乡村 +”的发展格局，连片打造示范点 4 处：将田湾新村打造成为党建道德文化教育示范点；把茶园组、大竹园组、田湾组和下畈组打造成美丽的乡村示范点；把梅小湾组建成村级微小产业园。洪湾、周湾、刘中湾、张湾发展中药材和稻虾共养的特色种植养殖区。同时，加强基础设施建设，树立全域大公园理念，把祝家庄的亲子游乐园、大竹园的农家乐、茶园的天润田园综合体和天兰兰家庭农场统一规划设计，串点成线、连线成片，逐步实现水中有鱼、蟹、虾，岸上有鸡、鹅、鸭，山上有果、木、花，田头有稻、菜、瓜的目标，把田湾建设成为宜居、宜业、宜游的全域大公园，倾力打造出一个繁荣、和谐、幸福的商城县“后花园”。

成效显著增信心

至 2020 年年底，田湾村 153 户建档立卡贫困户全部脱贫，人均纯收入从 2009 年的不足 5000 元到目前的 1.4 万元。田湾村从一个“穷山沟”蝶变成“网红村”，各项工作处于全县前列，先后获评全国改善农村人居环境保障基本示范村，省级生态村，市级美丽乡村示范村、扶贫开发先进村，连年被评为县级红旗村；2019 年田湾村被评为国家级森林乡村，成功创建河南省文明村镇，2020 年又成功创建全国文明村镇。田湾村的变化得到干部群众的交口称赞，引起了社会各界的高度关注，人民网、新华网、光明日报网等 20 多家主流媒体持续宣传报道田湾脱贫攻坚的丰硕成果。这些荣誉的取得，极大地鼓舞了田湾村党员干部群众，更加激发了他们热爱家乡、建设家乡的积极性，也让他们更加信党、爱党，进一步增强了他们“听党话、跟党走”的信心和决心。

陈铁帮，男，汉族，1970年8月出生，河南西华人，1989年3月参加工作，1993年10月入党，现任信阳银保监局党组成员、副局长。2017年11月，被河南银保监局选派到信阳市商城县伏山乡簪子河村任党组织第一书记。驻村以来，陈铁帮加强党建、发挥堡垒作用，以茶为媒、壮大集体产业，跑资争项、完善基础设施，簪子河村顺利脱贫，曾经的深度贫困村发生了天翻地覆的变化。目前，簪子河村集体产业稳步发展，群众连年增收，该村被评为全县美丽乡村示范村和乡村振兴示范村。陈铁帮获评河南省扶贫攻坚贡献奖先进个人，其驻村事迹多次被《人民日报》《解放军报》等主流媒体报道。

扎根深山心不悔，致力扶贫担使命

信阳市商城县是大别山地区的一个国家级贫困县，簪子河村位于伏山乡的南部，离乡政府所在地14公里，距离县城35公里，紧临安徽省金寨县，海拔800米，鸡鸣可听三省，是省派对口扶贫最偏远的贫困村之一。全村总面积10.6平方公里，辖25个居民组，607户1975人，村“两委”班子5人，中共党员35人。全村共有建档立卡贫困户121户413人，是全县有名的穷村、乱村。2017年11月，带着组织的重托，陈铁帮到簪子河村任驻村第一书记。

几年来，他始终坚持以村为家，不断夯实基层党建，完善基础设施，发展特色产业，带领簪子河村从“最穷最乱村”变为“美丽乡村示范村”“乡村振兴示范村”，也带领着当地群众走上了一条稳定脱贫、共同致富之路。

抓党建，筑牢堡垒

陈铁帮到村安顿下来之后，就开始用在部队练就的铁脚板来丈量自己的新战场。他花了整整一个月时间，走遍 26 个自然村，到农户家中、下田间地头，对贫困群众情况进行了充分摸底。有几个村组不通道路，他就光着脚、提着鞋，像当年的红军一样，蹚沼泽、过草地。路上，陈铁帮腿上经常爬满蚂蟥，蚂蟥吸到肉就不放，用火才能烤下来，他腿上布满了小血洞。陈铁帮用一个多月的时间，对村里的情况，有了一个全面的掌握。他意识到，想彻底甩掉贫穷落后的帽子，对于簪子河来说不是一件容易的事。脱贫攻坚，贵在精准。在充分调研、思考之后，他决定首先抓党建！但是第一次组织召开党员大会，陈铁帮就感受到了想要在这个国家级贫困县的贫困村开展工作有多么困难：左等右等，等了一上午，“两委”班子成员到会还不到一半；35 个党员连一间小屋都没坐满，党组织涣散无力，支部战斗堡垒形同虚设，更要命的是，与群众的关系若即若离。陈铁帮强烈地意识到：抓党建，势在必行。他先是通过“约法三章”建章立制，明确扶贫任务和纪律，指导并督促支部党员认真落实“三会一课”、组织生活会、民主评议、交纳党费等制度，不断强化基层民主科学决策、便民服务、矛盾纠纷化解、党风政风监督检查四项基础机制，规范党员干部的工作和组织生活秩序，使得村支部的各项制度逐步走向规范。其次以“不忘初心、牢记使命”主题教育为抓手，推动支部生活焕发活力。他多次组织村“两委”进行集体学习，统一思想，提升觉悟，促使支部党员勠力同心，共同为村级发展出谋划策；请老党员为村民讲革命道理、讲牺牲奉献精神，增强党员群众脱贫致富的决心和信心；利用建党节、建军节等重要节点，集中党员重温入党誓词，强化党员观念，增强党性意识；通过表彰一批党员，起到了表扬、鼓励、激励、监督的示范引领作用；召开老兵座谈会，激发他们引领贫困群众脱贫致富的热情。补了软件强硬件，他又多方协调 40 万元经费布置安装了无线广播和党员群众服务中心以及远程有线教育电视等设施，为党员干部学习党的路线、方针、政策提供了良好环境。如今，全村党员的心劲“聚”起来了，身子“动”起来了。在他的带动下，村里的致富能人也积极投身公益事业，余敦学为村里捐赠 15 万元，陈德学为 120 名学生娃每人捐赠鞋子 1 双，又为 10 户贫困户捐助学费 2 万元，余刚为 26 户贫困户捐赠裤子和被单，党组织的凝聚力、向心力全面加强。

抓基建，打通致富路

簪子河村周围是方圆 10 平方公里的深山区，全村 1900 多人中，共有 400 多人的“两不愁三保障”没有着落，贫困发生率高达 28.4%。在贫困户中，因病因残致贫率高达 62%。陈铁帮刚到簪子河时，村里基础设施几乎为零，方圆近 10 平方公里范围内，只有一条羊肠小道，群众生活全靠手提肩扛；到处是年久失修且露天的破旧房屋。如果遇水灾、旱灾，庄稼基本绝收。村里当时也没有通高压电，大功率的电器几乎都用不成。尤其是没有像样的路。没有路，山外的好东西进不来；没有路，山里的农特产品卖不出去。从 2017 年开始，陈铁帮在河南银保监局的支持下，多方筹措帮扶资金 1405 万元，帮助村里在崇山峻岭之间开出一条“蜿蜒长龙”，筑起了 11.5 公里的村组主干道，修通了通往外界的 13 公里盘山公路。他又多方协调 50 万元对簪子河村中心街道和楼坊湾、彭老湾等 2 条公路共 2.5 公里道路进行硬化。为保证施工质量，他亲临一线督导监工，还甩开膀子帮着干活。目前，该村公路覆盖率达到了 98%，一举解决了曾困扰村民几十年的出行难问题。2019 年，陈铁帮又先后争取 43 万元帮扶建设资金，领着“两委”班子用愚公移山的毅力和坚持，硬是把山泉水从悬崖峭壁引入每家每户，水龙头一拧，甜水自流，村民们高兴得合不拢嘴。同时，他积极汇报，多次协调电力部门，争取投资 145 万元对电网入户进行改造施工，如今，簪子河村的各项基础设施建设都有了极大的改善，村民的生活水平提高了，日子也越过越甜蜜！

抓产业，促农增收

簪子河村共有茶园 4600 余亩，可多年来村里群众却守着“金饭碗”讨饭吃。经过多次调研，陈铁帮弄清了症结：茶叶种植面积虽大，但缺乏加工包装和品牌，始终滞留在散、土、旧、低的层次上，必须整合起来，做大做强。经过各方努力协调，他为村里争取到500多万元资金，与引来的茶叶公司联合成立了注册资金1000万元的村集体经济组织——簮子河茶叶加工有限公司。如今，茶园每亩茶同比增收1000元，茶农直接增收460万元，村集体经济每年净增收50万元。“以茶为媒”，诸事兴。在陈铁帮的带领下，约200户贫困户分别在种植养殖、产业、公益性岗位、政策等扶贫、带贫措施下分红受益，综合实现人年均增收1.7万元。在他的宣传鼓励下，群众纷纷搞起了养殖，土猪、土鸡、土鸭、天麻、茯苓、灵芝、黑木耳等农副产品，不仅价格高，还供不应求。同时，他极力推进乡村旅游模式，搭载国家美丽乡村建设的东风，以簮子河村神话传说和阶梯式茶园为核心，大力发展乡村旅游，按照三年帮扶规划，利用青山、绿水、茶园、农家乐等资源发展乡村旅游，推动簮子河村旅游设施与商城县南部山区的汤泉池、黄柏山、金刚台和里罗城旅游区连成一体，以旅游拉动群众增收。这一系列的“自我造血型”转型升级、融合发展，使村民们读懂了陈铁帮倡导“靠山吃山”的良苦用心。

现在，曾经的深度贫困村的变化可谓天翻地覆。全村集体产业稳步发展，群众脱贫摘帽、连年增收。簮子河村被评为全县美丽乡村示范村、乡村振兴示范村。

贾巍，男，汉族，1968 年 10 月出生，河南社旗人，1987 年 4 月入党，1991 年 7 月参加工作，上海财经大学研究生学历、工商管理硕士。现任中原出版传媒集团党委工作部主任兼直属单位党委副书记。2017 年 11 月—2021 年 2 月，被派驻信阳市光山县文殊乡东岳村任党组织第一书记。驻村以来，他通过“支部 + 经济主体 + 贫困户”模式，安排就业人员 851 人，协调资金 800 多万元，改善东岳村水、电、路、网、院等基础设施，主导发展特色农业和农村电商、物流，增加群众经济收入 200 多万元，制订“红白理事操办标准”在全县推广，使 86 万人受益。2019 年 9 月 17 日，习近平总书记到光山县东岳村考察调研，贾巍受到了总书记的亲切接见。他先后获 2020 年度信阳市脱贫攻坚先进个人、河南省社会扶贫先进个人等荣誉。2021 年 2 月，东岳村驻村工作队荣获“全国脱贫攻坚先进集体”称号。

因地制宜施准策，倾情尽力脱真贫

2017 年 11 月 8 日，贾巍作为中原出版传媒集团派驻的第一书记，到信阳市光山县文殊乡东岳村开展驻村定点帮扶工作。东岳村总面积 8.7 平方公里，下辖 19 个村民组，共计 634 户 2236 人，全村建档立卡贫困户 145 户 598 人，2018 年年底实现脱贫摘帽。

2019 年东岳村被评为中国美丽休闲乡村、河南省级文明村、河南省特色景观旅游名村、河南省党建示范村、河南省综合减灾安全示范区等，2020 年被评为全国文明村。三年多来，贾巍吃住在村，以苦干实干诠释了驻村第一书记的使命与担当，高标准、高质量完成了驻村工作任务。

加强组织建设，以党建引领高质量脱贫的“领头雁”

东岳村党总支下辖 3 个党支部（东岳社区党支部、文殊寺油茶专业合作社党支部、四方景家庭农场党支部）。驻村伊始，贾巍大抓组织建设，加强党员队伍日常管理，通过换届选举，将 2 名有思路、肯干事、善作为的年轻同志充实到了干部队伍，为基层党组织注入了新鲜血液；落实“三会一课”制度和党员活动日，规范党组织生活；设立了“党员先锋岗”，将农村无职党员“三编一定”；为共产党员家庭安装“共产党员户”标志牌，号召党员自觉佩戴党员徽章，亮身份作表率；建立“党员之家”微信群，将全村流动党员纳入管理，让每一位党员时刻感受到党组织的温暖和肩头上的责任。

发展规模产业，确保群众持续稳定增收的“指导员”

光山县属于浅山丘陵区，耕地分散，一家一户的小农生产很难产生规模效益。在贾巍的主持协调下，成立了以四方景家庭农场为龙头的东岳村农副产业联盟，以一个支点撬起东岳村产业的发展和农民的增收；引进武汉“双水双绿”科技产业有限公司与华中农业大学水产学院专家团队，形成了虾稻共作、稻渔种养的绿色生产模式；开设“糍粑坊”“旗袍坊”“榨油坊”，布局打造光州“十八坊”，拉长产业链，形成了规模效益；新建猕猴桃、观五枚桃、草莓等采摘园，新建农家乐、自助烧烤等娱乐休闲项目；整合提升村内现有花鼓戏班、皮影戏班、旱船舞队等民间表演队；启动中央、省级传统村落保护项目，游客接待中心及停车场项目建设，完善乡村旅游发展基础；打造集生产、观光、休闲、体验于一体的乡村旅游示范基地。

在发展全村经济、致力共同富裕的同时，贾巍引导中原出版传媒集团 7 个党支部与全村 76 户贫困户实现对接帮扶，捐赠设立了东岳村帮扶救助基金和产业发展基金；以县羽绒产业办“巧媳妇工程”扶贫车间为依托，带动 11 户贫困户实现就业增收；发展光伏发电，带动 42 户贫困户参与公益性岗位，使得贫困群众“户户有增收，人人有活干”，基本达到“一人就业、全家脱贫”。

聚焦民生福祉，精心办好惠民实事的“自家人”

“金杯银杯不如百姓口碑。”贾巍依托中原出版传媒集团的后盾支持，着力构建“集团 + 村党总支 + 驻村工作队”三位一体的扶贫格局，精心办好惠民实事。他利用第一书记资金 50 万元，建设清洁化茶叶加工厂一座；投资 28 万元安装 200 盏太阳能路灯；运用“四好公路”建设资金 50 万元为向湾村民组建桥一座；协调公路养护资金 30 万元为县道 018 线东岳段进行道路绿化；借助人居环境治理协调40万元为东岳村内部道路进行养护、绿化，为东岳村小学升级一座标准化食堂；指导四方景家庭农场进行品牌注册和“三品一标”申领，并将四方景家庭农场确定为集团农副产品供应基地，每年帮助销售各类农副产品100万元；完善村民活动中心和图书阅览室，购置体育健身器材，配备党员教育培训电脑20台；建立东岳村志愿者服务站，联系河南慈善联盟，为东岳村10名贫困学子捐赠5万元助学金。

加强精神文明建设，助推乡风文明时尚的“引领者”

贾巍致力于构建乡村公共文化服务体系，不断推动乡风文明建设。他主持制订的“红白理事操办标准”在全县推广，使86万人受益。无论是一年一届的西瓜节，还是“红白理事会千人签名”活动，或是节假日举办的关爱空巢老人、关爱留守儿童活动，以及需要大家群策群力参与的东岳村春晚活动，群众都乐在其中；“最美东岳人”“脱贫之星”“好媳妇”“好婆婆”“好妯娌”评选及“双星”创建活动如火如荼，比一比，评一评，将模范人物、脱贫之星、乡贤的事迹“上报上墙上红榜”广泛宣传，把乡风文明搬到群众中间，把礼仪观念引到群众中间，把文化活动送到群众中间，把健康的价值观植根到群众中间。

2019年9月17日，习近平总书记到东岳村视察脱贫攻坚成效，贾巍受到了总书记的亲切接见。

三年多的驻村工作，使贾巍从一名机关干部转变为通悉农村方方面面的“光山通”。他帮助贫困户大娘卖过土鸡蛋，给留守孩子送过书，带着贫困家庭的孩子在商场里买过衣服，还学会了插秧苗、打糍粑，客串过“消防员”、做过“直播带货”……有人对此会不理解：“您 50 多岁了还来我们这山沟沟里拼命干，到底图个啥？！”贾巍回答说：“大家心中有个东岳梦，要让东岳大地美如画，要让东岳百姓生活得更有尊严。我来这里就是帮大家圆梦，咱们都是追梦人，一棒接着一棒跑，东岳梦终究会实现！”

贾巍洒下的是汗水和岁月，收获的是东岳村群众的拥护、当地干部的好评、上级组织的关怀。他带领的驻村工作队荣获“全国脱贫攻坚先进集体”称号，并于 2021 年 2 月 25 日受到党中央、国务院的隆重表彰。

舒从心，男，汉族，1979年8月出生，河南固始人，2001年5月入党，2002年10月参加工作，郑州大学新闻学本科学历、公共管理硕士。现任河南省机关事务管理局办公室主任。2017年11月—2021年2月，被派驻信阳市罗山县田堰村任党组织第一书记。驻村以来，他大力推动建设电商扶贫示范基地和村集体企业，发展特色产业，建成特色品牌，大力推进消费扶贫，协调投入各级各类资金2311万余元，村集体经济收入由3万元增加到80万元，全村121户424人全部脱贫。他2018年被评为信阳市优秀共产党员，2019年10月被授予信阳市脱贫攻坚奖贡献奖，2021年他所带领的驻村工作队被党中央、国务院表彰为“全国脱贫攻坚先进集体”。

坚守初心，躬身实干，做脱贫攻坚的一线“尖兵”

田堰村位于信阳市罗山县西大门，紧邻信阳市平桥区，面积12.5平方公里，浉河绕村而过，312国道贯穿全村，虽然区位优势明显，但由于是“空心村”，基础设施落后，村民发展意识薄弱，全村1143户4322人中，有贫困户121户、贫困人口424人。2017

年 11 月初，舒从心积极响应组织号召，主动请缨，奔赴田堰村担任“第一书记”，积极投身使命光荣、任务艰巨、条件艰苦的脱贫攻坚一线。驻村三年多，他坚持在抓党建、促脱贫、办实事上下功夫，使田堰村旧貌换新颜，用自己的实际行动诠释了新时代共产党人的初心与使命。

抓党建，发挥引领作用

舒从心牵住基层党建这个“牛鼻子”，推动田堰村各项工作加快发展。他始终坚持抓住关键“人物”，激发支部书记“领头雁”作用，建好配强“两委”班子，创新载体和手段加强学习教育，进一步学懂、弄通、做实习近平新时代中国特色社会主义思想，带领党员队伍坚定“四个意识”，增强“四个自信”，做到“两个维护”。他坚持建设关键“阵地”，协调局系统投入资金近 20 万元，全面更换了村委会破旧的设施设备，营造了新形势下推动脱贫攻坚和乡村振兴的浓厚氛围。他坚持落实关键“制度”，规范落实“四议两公开”、村干部值班、网格化管理等制度，有效化解各类矛盾纠纷，促进安全稳定发展。村支部被信阳市委评为“先进基层党组织”，田堰村被河南省委组织部评为“省级基层党建示范村”，被司法部、民政部评为“全国民主法治示范村”。

抓脱贫，推动强村富民

驻村以来，舒从心认真贯彻落实习近平总书记关于脱贫攻坚的重要批示指示精神，不断对标对表、落实责任、补齐短板，推进脱贫措施落实。他严格落实“四个不摘”要求，保证了各项扶贫政策落实到位，稳定实现“两不愁三保障”，村人均年收入达到1.6万元，2020年年底121户424人全部脱贫。他组织培育近20家家庭农场、专业大户等新型经营主体，发展特色产业。根据田堰村土壤气候条件和传统优势，他组织发展苗木花卉、蔬菜、瓜果种植和土鸡、小龙虾、牛羊养殖产业，打破产业小、散、乱的“瓶颈”，培育龙头企业和品牌产品；引进油栗加工企业，延长产业链条，增加农产品附加值。他还专程赴安徽省种植加工龙头企业考察，引进新品种，推广瓜蒌种植；指导村“两委”成立了集体企业（罗山县田之堰农副产品有限公司），帮助做好“田之堰”品牌建设，整合大别山地区优质扶贫农产品资源，实现销售收入600万元，村集体经济固定收入从3万元增至目前的80余万元，起到了培育小农户、带动贫困户共同发展产业、实现增收的作用。

抓服务，办好惠民实事

舒从心积极响应群众呼声，3年来，累计协调上级投入各类帮扶资金2000余万元，他坚持普受惠、长受惠、得实惠的原则，逐项兑现乡亲们的“心愿清单”。在交通设施方面，他协调拆除重建危桥 1 座，新修道路 7.6 公里，申请局经费安装路灯 180 盏，大大改善了村民的出行条件。在生产设施方面，他协调翻修灌渠 1.8 公里，新建光伏电站 1 座，新建特色农产品加工车间 1 座，新打抗旱机井 7 口，新建电商扶贫基地 1 个，对变压设施和自来水厂进行了改造升级。在文体生活设施方面,他协调新建了政治文化广场舞台；对村小学旱厕、操场、教学楼、围墙等设施进行全面改造；对村委会、老人幸福院周边开展了道路环境综合整治、排污管道建设；对村委会党群活动设施进行了全面改造完善，实施旱厕改造 300 余个，新装广场椅 20 个，新装体育健身器材 17 套，为贫困村脱贫致富提供了硬件基础，将党和政府的温暖传递给田堰村广大群众。

抓宣教，开展志智双扶

3 年来，他带领驻村工作队和村“两委”，以“美丽田堰、你我共建；乡村振兴、你我同行”为主题，连续 3 年设计定制扶贫春联、挂历，发放给全村所有农户；在全村安装无线广播，定时播放时政新闻、扶贫政策等，宣传习近平总书记最新讲话精神、扶贫政策和帮扶成效，凝聚了听党话、感党恩、跟党走的正能量。他不断加大以工代赈工作力度，合理设置爱心扶贫岗位，推动贫困户通过投工投劳共建美丽田堰；新建扶贫爱心超市，依托河南省事管局捐赠物资搭建爱心平台，通过爱心积分兑换超市物品，有效激发群众内生动力。他为广场舞队购置音响和运动服，推动群众文体活动开展；发动群众连续 3 年举办“庆丰收　迎国庆”运动会和文艺晚会，利用歌舞表演、趣味运动项目、田堰村农产品丰收展等，展现村民积极向上的精神风貌和田堰村的可喜变化。田堰村连续举办扶贫日义诊、义捐、助教、消费扶贫等一系列活动，既关爱了老人，又关爱了孩子；既帮扶了物质，又帮扶了精神，改变了全村干部群众的精神面貌。

3 年多来，在上级党组织的正确领导和局党组的有力支持下，经过村“两委”和驻村工作队的共同努力，舒从心连续两年为河南省事管局在省定点扶贫单位考核中获全省通报表扬做出了应有的贡献。他 2018 年被评为“信阳市优秀共产党员”，2019 年 10 月被授予信阳市脱贫攻坚奖贡献奖，其所在驻村工作队被党中央、国务院表彰为“全国脱贫攻坚先进集体”，驻村工作亮点多次被省级及省级以上媒体报道。现在的田堰村，党建堡垒强了，富民产业多了，基础设施好了，村风民风正了，干群的心齐了，成了全县有名的省直后勤采购基地、电商扶贫示范基地、乡村振兴实践基地。乡亲们都说，日子越过越好了，村里跟城里没两样了。在党群服务中心，乡亲们用一张张带有笑脸的照片，制成了一面“笑脸墙”，表达了对将来更加美好生活的向往，也为乡村振兴持续前行注入了不竭动力。

魏乐乐，男，汉族，1984年2月出生，河南汝州人，2006年12月入党，2007年8月参加工作，河南财经政法大学研究生学历、工商管理硕士。现任河南省总工会宣传教育部四级调研员。2015年8月—2017年11月，被派驻信阳市浉河区游河乡高台村任驻村工作队队员，2017年11月—2021年2月任高台村党支部第一书记。驻村期间，魏乐乐克服父亲瘫痪不能床前尽孝、幼女病弱不能护其成长等困难，俯下身子带领群众脱贫致富。他组织打造“691”产业格局，平整荒山300多亩，建成400多平方米的集体经济办公生产基地和配套设施齐全的文化广场2个；协调资金2930余万元，修建水泥路21.41公里、提灌站5座、水塘27个，安装太阳能灯241盏、监控66处，完成安全饮水工程改造754户、旱厕改造500余户，实现全村电网改造和互联网全覆盖；协调河南省旅游局制订乡村振兴规划，帮扶村先后获得20多项荣誉，多项工作在全区范围内推广。魏乐乐获得2018年河南省脱贫攻坚奖贡献奖、2020年河南省五一劳动奖章和2020年河南省“人民满意的公务员”等荣誉。

六载驻村秉初心，战困战贫惠民生

高台村地处河南省信阳市浉河区游河乡西南部，区域面积8.6平方公里，辖20个村民组、78个自然村，人口3820人，贫困人口 145 户 345 人，是全省 38 个艾滋病重点帮扶村之一，曾是远近闻名的穷村、乱村。2015 年 8 月，魏乐乐主动请缨到该村驻村。其间，他始终牢记河南省总工会党组重托和领导同志们的厚望，秉持初心、扎根农村、冲锋在前，带领干部群众顽强拼搏、自强不息，谱写了一曲曲战困战贫、携手奋斗的动人乐章，实现了所驻村由“后进村”到“先进村”的华丽转身。他曾获 2018 年河南省首届脱贫攻坚奖贡献奖、2020 年河南省五一劳动奖章、2020 年河南省“人民满意的公务员”等荣誉。

联名留任，走出出彩扶贫路

2017 年年底首届驻村期满后，在村“两委”和群众代表的联名诚挚挽留下，魏乐乐留任第一书记。近 6 年来，他放弃优越的城市生活，抛家舍业、栉风沐雨，与村民同吃同住同劳动，与艾滋病户定期聚餐，最忙的阶段连续 74 天没能回家，三位老人 8 次住院不能床前尽孝，幼女病弱不能护其成长。他舍小家为大家换来的是高台村天翻地覆的新变化：高台村成功打造“691”产业格局，集体经济逐年增收，145 户贫困户全部脱贫。全村培育形成莲藕种植加工、菌菇种植、龙虾养殖等 6 个支柱产业，创立 9 个合作社和 1 个电商平台，年产莲藕 60 多万斤、香菇 8 万余斤、龙虾 10 多万斤，电商平台年销售额突破 100 万元。9 个合作社共流转全村土地和荒山 2780 亩，提供村内务工岗位 200 多个，每年可带动含贫困户在内的本村村民就业 9000 余人次，支付劳动报酬 100 多万元，与 39 户贫困户签订土地流转和带贫用工协议，每年带动贫困户增收 20 多万元；建成 400 多平方米的集体经济办公生产基地，平整荒山 300 多亩，为村集体创收 41.6 万元，每年带动村民就业 3000 余人次，支付劳动报酬 30 多万元。近 3 年来，该村未发生一例出村信访案件，多项工作作为典型在全区推广，村集体获省级党建示范村等荣誉 20 多项。

组织引领，抓住党建“牛鼻子”

群众富不富，关键看支部；党员作表率，发展跑得快。魏乐乐重点抓好三个方面：一是优化干部队伍，发挥支部战斗堡垒作用。高台村以前有 6 名村干部，平均年龄 54 岁，无一人会用电脑，服务全村群众力不从心。魏乐乐以两次换届选举为契机，吸纳 3 名年轻干部进入村“两委”，并培养两名大学生后备干部，选举产生 20 名村民组长，村干部队伍结构优化，分工合理，精神面貌焕然一新，战斗力、凝聚力明显提升。二是分类管理定责，激发党员先锋模范作用。高台村 76 名党员分别认领了矛盾调解、村务监督、政策宣传、带富帮扶、环境卫生等五类岗位，为全村发展稳定发挥重要作用。截至目前，全村 14 名党员致富带头人结对帮扶 41 户贫困户，帮助解决资金、技术困难 50 多项，带动 37 户脱贫。预备党员张成远在北京从事建筑业，带动含周边群众在内的 300 多人就业，每年支付工资 1000 万元以上。现在，高台村党员先锋模范作用发挥明显，党员成功人士捐款捐物支援家乡建设蔚然成风，“善行义举榜”每季度更新一次，村内常年可看到党员义务清扫街道。三是完善阵地建设，确保党群活动扎实开展。在河南省总工会的援助下，驻村工作队筹资36万元整修党群活动中心、图书室和便民服务大厅，升级党员电教系统，配备空调、电子屏、投影仪等必要设施。阵地完备以来，高台村共组织党员群众开展各类学习培训35场，累计1200多人次参加；“两学一做”“不忘初心、牢记使命”主题教育扎实开展，新时代农民讲习所常常座无虚席，贴近所需、鲜活生动的党群活动，对永葆党员先进性、提升群众技能素质发挥了重要作用。

苦干实干，架起惠民“连心桥”

魏乐乐始终保持为民情怀，一心一意为群众办实事、谋福祉。他先后协调各方资金2930余万元投入惠民实事，修建水泥路21.41公里，新建两个村级文化广场，完成全村电网改造，实现基础设施升级换代；加强民生工程建设，对754户常住户实施安全饮水改造工程，安装太阳能灯241盏、监控66处，改造旱厕500多户，整修水塘27口，修建提灌站5座，全村互联网实现全覆盖；关爱特殊群体，先后慰问困难户630多户，发放款物23.6万元，资助43名困难大学生21.5万元；建成高台村孝善公益社，多次组织开展评选表彰及关爱留守儿童、老人和文化下乡活动；大力推进乡村振兴，为全体村民免费发放果树苗3万多棵、蒜种1.5万斤、肥料1.3万斤，协调河南省旅游局为高台村量身定做乡村振兴规划，推动脱贫攻坚成果巩固与乡村振兴有效衔接。

王继峰，男，汉族，1970年8月出生，河南汤阴人，1987年11月参加工作，1990年8月入党，大学本科学历，法学硕士。现任河南省人民检察院政治部副主任、机关党办主任、机关党委专职副书记。2017年11月—2021年2月，被派驻周口市商水县城关乡瓦房庄行政村任党组织第一书记。驻村以来，王继峰制订的《党员分类管理积分考核办法》被全县推广，他研发手机“微心愿”服务平台，帮助困难群众发布心愿，号召河南省人民检察院干警帮助实现。他先后引进香菇种植、服装加工等6项产业，户年均增收2万元以上，村集体年增收30余万元；筹措2500多万元资金，实施污水处理、路桥修建、“厕所革命”工程，并新建幼儿园、小学和文化活动广场等；定期组织科技下乡、送法进村、爱心助学等活动，每季度开展“脱贫争先模范户”“卫生文明户”等9类评比活动。王继峰先后获得河南省脱贫攻坚奖创新奖、“河南好人”、全国脱贫攻坚先进个人等荣誉。

瓦房庄村的美丽蝶变

周口市商水县城关乡瓦房庄行政村是国家级贫困村，过去村内是坑洼不平的土路，村外坑塘污水横溢，村民住房破旧不堪，祖祖辈辈以传统种植为生，人均耕地不足0.6亩。全村有建档立卡贫困户 40 户 158 人，贫困发生率为 9.3%，村民长期在温饱线上徘徊，是十里八村有名的穷村、乱村。2017 年 11 月，河南省检察院党组派王继峰担任商水县城关乡瓦房庄行政村党支部第一书记。入村 3 年多来，他大胆探索，从加强农村党员管理、发展支柱产业、探索文化扶贫模式等方面大胆创新，瓦房庄村建档立卡贫困户 40 户 158 人全部实现脱贫。

如今，瓦房庄行政村焕然一新，村里的路桥通了，水塘清了，路灯亮了，垃圾不见了，扶贫产业起来了，村里有了欢声笑语，村民致富路宽了,群众幸福感不断提升。昔日的省级贫困村摇身一变，成了百姓的幸福乐园。3 年来，瓦房庄村一年一个台阶，2018 年获评“市级文明村镇”，2019 年获评“省级文明村”，2020 年获评“全国文明村”。

党员作用发挥好，事事有人管

刚驻村时，瓦房庄村已 10 年没有发展新党员，支部建设处于“软、散、乱”的局面，村“两委”只有两个人，说话没人听，活儿根本派不下去，带领群众脱贫致富更是难上加难。

当时发生的一件事，让王继峰记忆深刻。那年冬天，王继峰计划利用主题党日组织村里的党员开展“冬送温暖”活动，带上工具和塑料布分组帮助困难群众钉窗户。在家的党员来倒是来了，但是干活时却让他碰了“软钉子”，一群人抄手站着，没有一个人行动。王继峰一看“冷场”了，只好率先爬上梯子干起来，其他党员干部这才跟着行动起来。这件事让王继峰“很受伤”，同时也意识到，村里的各项事业要发展，当务之急是打造一个坚强有力的基层党组织。

2018 年 4 月，王继峰积极协助乡党委完成了村“两委”换届工作，推荐党性强、威信高，有责任心、有号召力，能带领群众脱贫致富、热心村内公益事业的“能人”进入“两委”班子，增补 1 名支部委员和 2 名村委委员，为村子的长远发展选好配强了“带头人”。

2018 年 6 月，王继峰和帮扶工作组队员们一块儿研究制定了《党员干部分类管理量化积分考核办法》，将本村的党员干部分为“担任村‘两委’职务的党员和干部”“留村无职务党员”“外出流动党员”“70 周岁以上的老龄党员”4 类。针对不同类别，进行不同管理，并在每月底对党员干部积分情况进行审核并公布，每季度末组织评比，予以表彰。

如今，党员干部参加集体学习、公共事务、公益服务的积极性明显提高，铺路修桥、通水架电、建校助学、发展产业、调处纠纷、清理垃圾等，这些大小事儿，都有人问、有人管，干部群众干劲十足。尤其是外出流动党员管理难的问题得到有效解决，5 名外出流动党员不仅按时交纳党费，每季度末还向支部书面汇报当季工作、学习、遵纪等情况。

扶贫产业发展好，人人有活干

“我今年 71 岁了，在家门口就业一个月还能挣 1600 元，我们一家老小生活有保障了。感谢继峰书记给我们引来一个好企业，让我一个老太婆也能挣工资了。”贫困户王玉兰老人说。

王玉兰老人说的好企业就是商水县瀚玺服饰有限公司。

说起瀚玺服饰入驻瓦房庄村，还有一个“愿赌服输”的故事。2018 年 2 月的一天下午，瀚玺服饰有限公司负责人许奋勇到村考察入驻扶贫车间问题。当时该企业同时在县城周围考察了四五家厂房，因地理位置、建筑面积、交通条件等均不占优势，许奋勇并不看好瓦房庄村扶贫车间。考察中，许奋勇半开玩笑半为难地对王继峰说:“如果你们能在 1 天之内安装好一个 50 万千瓦的变压器，我就考虑落户你们扶贫车间。”为留住该企业，王继峰当即拍胸脯表态说:“没问题！”他连夜协调商水县供电公司领导、技术人员，终于在第二天上午 9 点前把变压器装上了。再次来到村里看到一宿未睡、两眼通红的王继峰和矗立在眼前的变压器，许奋勇当即表态:“我愿赌服输，瀚玺服饰落户瓦房庄扶贫车间。”

引进瀚玺服饰后，针对本村人均耕地较少、靠近县城和周口市区的特点，驻村工作队带领村干部和村民代表先后到三门峡、鲁山等地参观，经过反复研究，选择了占地少、销路好、效益高的香菇种植产业，利用第一书记专项扶贫资金，在瓦房庄村建设了香菇种植基地，带动村集体收入稳定增长。

针对瓦房庄村是小麦主产区的客观实际，村里与县农场签订了优质小麦种植订单，参与县财政局实施的“粮油倍增计划”，与之签订了花生种植订单，分别约定由县农场、财政局免费提供种子和技术，并以高于市场价收购。

针对部分离不开家的群众，王继峰帮忙对接县里的“巧媳妇”工程，持续推广家庭渔网编织加工，村民不出家门就可编织渔网。目前，5 个自然村 85% 以上的留村妇女和老人都利用闲暇时间编织渔网，以增加收入。

2019 年 10 月，周口市天华农业联合社瓦房庄分社揭牌。瓦房庄村全村 1200 多亩土地由联合社负责统耕统种统管统收统销，村民不仅种地收入增加了，也从土地上解放出来，可以放心到外面打工挣钱了。

“南香菇，北服装，家家有订单，户户织渔网。”这是如今瓦房庄村产业扶贫工作的生动写照。

群众精神面貌好，处处漾新风

“俺村修建了文化广场和图书馆，没事的时候看看书、散散步、跳跳舞、健健身，环境好，空气好。这环境整与不整还真不一样啊！”村民王秀英言语中带着对村风变化的无限赞许。

“仓廪实而知礼节，衣食足而知荣辱。”为丰富村民文化生活，王继峰带领驻村工作队为 5 个自然村都建设了文化活动广场，并安装了健身器材，引导贫困群众参与到“求富、求知、求乐”的氛围中，让广场文化成为知识传播的“大课堂”、信息交流的“大平台”、技术推广的“农技校”、民情民意的“收集所”、农民自娱自乐的“俱乐部”。

着眼农村长远发展，他从改善文化基础设施入手，建设了党建文化活动长廊，宣传党的方针政策，引导村民感党恩、跟党走；对村小学操场、水冲式厕所、院墙进行全面改造，又新建了村公办幼儿园，结束了本村没有幼儿园的历史。

为弘扬文明乡风、引导村民新风尚，他先后组织举办爱心助学、农民广场舞大赛、送戏下乡和大学生实践等活动，丰富村民文化生活。从 2018 年 7 月起，每季度开展“党员干部之星”“带贫致富之星”“脱贫争先模范户”“文明卫生模范户”“好婆婆”“好媳妇”等 9 类模范典型评比，充分发挥了先进典型的带动作用。

“我相信经过广大干部党员和群众的奋力拼搏，瓦房庄村的明天一定会更加美好。在以后的工作中，我也将以扶贫精神为指引，再立新功，再创佳绩！”王继峰的话语铿锵有力。

王萌利，男，汉族，1980年出生，河南鹿邑人，2000年10月参加工作，2004年5月入党，河南省委党校研究生学历。现任河南省公安厅维稳协调指导总队副总队长。2015年9月至2021年2月，被派驻周口市沈丘县白集镇尹庄村任村党支部第一书记。驻村以来，他引进资金2534.1万元，实施帮扶项目24个，修建水泥路11.86公里，修建村小学教学楼、文化广场、村委办公楼，改建全村水网管道，为每户安装有线电视，新建成养牛场、蔬菜大棚、莲藕泥鳅种养基地、秸秆制肥厂、扶贫车间、育苗房、果园种植基地等产业，村集体经济实现从零到年纯收入12余万元的飞跃。2020年尹庄村代表沈丘县迎接国家第三方评估验收，取得零问题、零反馈的好成绩，尹庄行政村被评为河南省森林乡村、周口市“六村共建”先进村。王萌利先后获得河南省科技助力精准扶贫工作优秀个人、河南省社会扶贫先进个人、全国脱贫攻坚先进个人等荣誉称号。

坚定信念，情系百姓

周口市沈丘县是国家级贫困县，白集镇尹庄行政村是艾滋病防治重点帮扶村，同时也是一个贫困村。该村位于沈丘县白集镇东南部，下辖小李庄、小滩李、尹庄、孟庄4个自然村，总面积4平方公里，耕地 2223 亩，全村共有 629 户 2753 人，建档立卡贫困户 143 户 658 人，全村共有艾滋病患者 155 户 160 人，是全县有名的穷村、乱村。2015 年 8 月以来，从驻村工作队队员、工作队队长到驻村第一书记，王萌利始终牢记使命、扎根基层，牺牲奉献、积极作为，尹庄村实现整村脱贫，658 名建档立卡贫困群众全员脱贫。全村人均纯收入由 2015 年的 2700 元增加到 1.2 万元，村集体经济实现从零到目前年纯收入 12 余万元的飞跃。尹庄村 2018 年被定为河南省乡村振兴示范村；2020 年 1 月，尹庄村代表沈丘县迎接国家第三方评估验收，取得零问题、零反馈的好成绩；2020 年 1 月，尹庄行政村被评为河南省森林乡村、周口市“六村共建”先进村。

初进“名村”，天天被村民的琐事整蒙圈

对于从农村走出来的王萌利来讲，到基层驻村扶贫是有充分思想准备的，而初到尹庄村，眼前的面貌与心理预期仍有很大的落差。生活上的不适应还不是主要问题，最让人头痛的是尹庄村是当地“名村”。因为是“艾滋病村”，村民长期被歧视导致心理失衡，经常会闹出各种奇葩事件：工作队刚开始驻村，就被堵了门，哭穷的、要钱的、要衣的、要被的、要米要面要油要救济的，甚至还有光棍汉跑来要媳妇的，提出各种奇葩要求。更糟糕的是，尹庄村的村“两委”班子虽然健全，但是老龄化严重，且缺少凝聚力，没有致富思路，更没有扶贫攻坚意识和干劲。

面对眼前的现状，王萌利感到千斤重担压在肩上，如何摆脱贫困、改变落后面貌是他们必须面对和迫切需要解决的现实问题。

多方着手，重新引燃失落已久的希望

通过深入调研和学习请教，王萌利认识到，尹庄村的父老乡亲由于长期受歧视，灰心了，死心了，也穷习惯了，当务之急是要让村民重燃希望。王萌利带领工作队的同事们有针对性地开展了多项工作。一是引导加强尹庄村党支部的建设工作，定期召开党员民主生活会，建立完善党务、政务、村务公开等各项规章制度。从全村选出多名优秀青年充实到村“两委”工作中，充分调动干部工作积极性，积蓄后备干部力量。二是建立村党员活动室，增设党员教育视频系统，实现视频系统与市县镇联网，为全村党员活动提供场所。三是加强村干部队伍管理，采取镇领导及包村干部、全村群众党员代表、村干部相互测评等多层次测评机制，对村干部工作成效定期测评，实行末位淘汰。四是丰富村民们的精神文化生活，在村文化广场增设宣传栏，作为公示重要决议和开展宣传教育的阵地。一番锲而不舍的努力后，尹庄村的村“两委”干部和村民们重新对未来的生活燃起了失落已久的希望……

多措并举，让村民们的钱袋子鼓起来

为了尹庄村 2700 多位父老乡亲的幸福，王萌利带领驻村工作队舍下脸来找项目，先后引来了十多个脱贫致富、增收增产的好项目：

光伏发电项目，带动 20 户贫困户脱贫增收；

养羊场项目，购买的 500 只胡羊交由合作社代养，带动 50 户建档立卡贫困户参与；

扶贫车间项目，由社会上有实力有经验的公司主导，招收本村贫困户 23 人作为工人；

54 个蔬菜大棚项目，采用贫困户优先承包的方式，每个大棚每年只收土地流转租金 900 元，其余盈利均为贫困户所有；

莲藕泥鳅种养示范基地项目，对外承包给有种植养殖经验的致富带头人，每年为全村群众无偿提供莲藕 7000 斤；

此外，还有生猪育肥场项目、秸秆综合利用加工厂项目……

垃圾中转站建设和配套项目不仅为村里的困难户提供了多个自食其力的工作岗位，还彻底改变了村容村貌，使村里脏、乱、差的状况一去不复返。

慢慢地，村民们的收入增加了，干劲也更大了。以前那些伸手要、“等靠拿”的现象越来越少了……

标本兼治，除穷根治懒病重在扶志

王萌利和工作队队员们始终强调“扶贫先扶志，帮勤不帮懒”，并对村里的贫困户分类采取不同的工作方法：对一般贫困户，引导其承包或参与扶贫项目，或设立环卫工人岗、车间职工岗、护林员岗等增加其收入；对一味哭穷坐等国家帮扶的贫困户，耐心讲政策，促使其动起来。在引导的同时，王萌利他们还有意识地发现典型、树立典型，并大力宣传推广。比如村民张月英患有艾滋病，丈夫已经去世，两个儿子也因病去世，家庭特别困难。王萌利了解情况后，多次前去张月英的家，不仅关心她的生活起居，还积极对其进行心理疏导。同时，王萌利还根据张月英的实际情况，专题上报河南省公安厅，经公安厅党组研究决定，出资购买了 6 只种猪崽和一大批饲料，帮助张月英开办家庭养殖场。在王萌利他们的帮助下，种猪养大了、下崽了、卖钱了，于是，张月英又继续扩大养殖数量，进入了家庭经济的良性循环……王萌利又把张月英树为榜样，号召村民向她学习。张月英也积极现身说法，鼓励村民们加油快干。

春华秋实，16载帮扶尹庄旧貌换新颜

5 年多的不懈努力换来了可喜的回报：驻村工作队积极协调各级帮扶项目 24 个，总投资 2534.1 万元，覆盖全村 629 户，带动 143 户贫困户；整村水网施工改造，接通自来水厂，解决群众饮水问题，保障全体村民用上了放心水；全村 11.96 公里主干道全部修建成水泥路，路面加宽至 5.5 米，道路两旁安装了 188 盏太阳能路灯，使晚上亮如白昼，道边绿化苗木郁郁葱葱；建设了 2000 多平方米的文化广场，广场上安装 10 块电子灯箱式宣传展板、30 套健身器材；积极协调河南广播电视有限公司沈丘分公司投资 60 余万元，为全村近 700 户村民安装有线电视机顶盒和宽带设施，进一步丰富群众文化生活；河南省公安厅资助修缮村室，一层平房变成两层办公楼，配备了空调、电脑、打印机、碎纸机等办公用品，既完善加强了办公功能，还解决了工作队的住宿需求；改善卫生设施，每户配备垃圾桶一个，村内主干道均设置垃圾桶和垃圾池，配备大

型垃圾清运车一辆、小型垃圾清运车4辆，安排村内保洁员定期打扫，确保村民生活整洁卫生；定期召开各种座谈会、入户宣传、文艺下乡会演、现场授课等，进一步推进乡风文明建设；由群众推选出“好媳妇”“好婆婆”“最美村民”“脱贫致富光荣户”“卫生文明家庭”等，对其先进事迹进行挖掘和宣传，群众向善向上的氛围一潮高过一潮；建设文化广场，组建的村民舞蹈队、锣鼓队连续两年参加“出彩沈丘人”广场舞比赛，先后获得团体三等奖、二等奖的好成绩。

吕俊峰，男，汉族，1970 年 12 月出生，山东滕州人，1990 年 12 月参加工作，1993 年 8 月入党，武汉军事经济学院本科学历。现任河南省残疾人联合会机关党委专职副书记。2017 年 11 月—2021 年 2 月，被派驻周口市商水县练集镇中杨庄村任党组织第一书记。驻村以来，他着力强化基层组织建设，不断提升党员干部素质和党支部凝聚力、战斗力；注重基础设施建设，村内道路全部进行硬化、绿化并安装太阳能路灯，新建党群服务中心，5 个自然村全部修建文化健身广场，村民生活环境大大改善。在他的带领下，全村 58 户（253 人）建档立卡贫困户如期全部脱贫；先后有 5 家企业到村办厂，提供 500 多个就业岗位，带动近万人在家门口就业。他倾力办好惠民实事，协调社会各界捐赠爱心物资价值 500 余万元，村民获得感、幸福感、安全感持续提高。2021 年 2 月，河南省残疾人联合会驻商水县练集镇中杨庄村工作队荣获“全国脱贫攻坚先进集体”称号。

凝心聚气促发展，全神贯注战脱贫

周口市商水县是国家级贫困县，中杨庄村是商水县较落后的贫困村。一开始村内全是泥路，每到雨雪天，老百姓出门都发愁，村中基础设施薄弱，经济发展水平低，全村有 614 户 2461 人。2017

年前，全村有贫困户 58 户、贫困人口 253 人。2017 年 11 月初，吕俊峰作为河南省残疾人联合会派驻的第一书记从郑州来到这个偏远的农村，他紧紧依靠各级党委、政府，在建强基层组织上强班子提素质，在推动精准扶贫上使真劲脱真贫，在为民服务上着力解难题办实事，用心、用爱提升群众的满意度和获得感，赢得群众口碑，展现了一个共产党员的优秀品质。

筑基聚气促发展

驻村伊始，吕俊峰带领村“两委”班子深入学习习近平新时代中国特色社会主义思想，坚持抓党建促发展，健全基层组织体系，规范村“两委”工作制度；对党员实行“一编三定”，科学设岗定责、合理定岗编组、强化奖惩激励措施，把村内党员更加有效地组织起来，调动他们参与村务管理的积极性；加强支部书记、优秀党员和后备力量“三支队伍”建设，落实好党的群众路线政策，坚持村干部包片、定期走访等制度，主动服务群众；加强青年工作，切实摸清青年村民在家就业创业、在外学习工作、外出经商打工等情况，建立联系方式，加大在青年村民中发展党员的力度，储备、锻炼年轻干部。

瞄准目标助脱贫

吕俊峰始终把脱贫攻坚作为头等大事来抓。驻村 3 年多来，他利用驻村第一书记专项资金 50 万元为 4 个自然村修建道路，硬化面积 4200 平方米，达到“户户通”标准；多方筹措资金近百万元，为 5 个自然村全部安装太阳能路灯；对 8 户贫困户的危房实施改造，解决贫困户的危房问题；对 5 户贫困重度残疾人家庭实施残疾人无障碍改造；对 10 户贫困户实施“六改一增”项目；为贫困户王其太、王其瑞修建养殖设施，使其增加收入，早日脱贫致富。

该村脱贫后，他积极开展脱贫攻坚“回头看”，确保脱贫不脱政策。他通过村“四议两公开”制度，及时新增因患大病享受低保的人员 15 人，对有特殊困难的 36 人实施政府临时救助，对 5 户重病建档立卡贫困户医疗保障进行跟踪问效，确保他们不因大病导致贫困；继续实施危房改造工程，为 3 户低保户申报了危房改造项目；为 1 名考上大学的贫困户学生申请助学金 5000 元，为 3 名考上职专的贫困户学生申请“雨露助学”项目。他还自己拿出 3 万多元奖励村内考上大学的学生，对贫困户考上大学的学生进行重奖，鼓励村民积极培养孩子受更高层次的教育，较好地切断了代际贫困的根。他和村“两委”班子先后引进河南省汇乐生态渔网有限公司、中原古文化传播有限公司等 5 家企业入驻村产业园，带动近万人在家门口就业；利用省派第一书记专项资金 50 万元建设香菇种植基地，采取“公司 + 农户 + 贫困户”模式，带动 8—10 人就业；积极促进县扶贫车间在村产业园尽快运营，打造渔网加工物流园，每年为村集体经济增加 8 万元收入。截至目前，村集体经济年收入已达 34.8 万元，实现了历史性突破，大大提升了村“两委”为群众服务的能力。

强化设施换新颜

吕俊峰带领村“两委”班子，筹措15万多元新建村室80余平方米，为支部安装远程视频教育学习系统；筹措60多万元建设村内文化长廊，对村室、文化广场等重点场所进行升级改造；以建设省级文明示范村为契机，发动群众推进农村厕所革命，改造厕所338户；积极筹措资金50多万元，为5个自然村全部修建了文化健身广场，深受老百姓欢迎；大力推进村内环境整治，改善村内环境，改变村容村貌，投入10多万元进行坑塘清理、垃圾清运和环境整治。在杨庄、段庄两村，他带领群众利用废旧砖瓦、轮胎等垒建花池花栏，在街道两旁种植绿化树、花、草等，在紧临文化广场处又建设游乐园，使村内环境、村容村貌得到极大的改善。

发挥优势办实事

吕俊峰充分运用省残联业务特长，协调省辅助器具中心为全镇残疾人、老年人提供各种适配辅助器具，如手摇轮椅、助行器、坐便椅、双拐、助听器、盲杖等共369件，价值22万多元；为镇卫生院、医养中心被托养人员免费配发各类辅具39件，价值2万余元；省残疾人福利基金会为医养中心困难人员家庭免费赠送价值1万余元的洗漱用品及药品。省残联党组书记、理事长王丽坚持每季度到村走访慰问贫困户，指导驻村扶贫工作，党组理事会班子成员每月到村指导驻村帮扶工作，协调解决村里的困难。省残联机关各支部及直属事业单位各支部定期入村入户走访慰问，送去慰问品、辅助器具等，帮助他们解决困难。

廉洁自律树形象

吕俊峰认为，既然来驻村，就要从当农民开始，始终坚持吃住在村，倾听老百姓的心声，协调解决老百姓遇到的各种困难。他严格遵守党员干部廉洁从政规定，制作宣传栏，带头公布自己的手机号码，接受各级党组织及群众的监督。他廉洁使用职权，严格规范使用第一书记工作经费和专项经费，做到不贪不占，把有限的经费用在刀刃上。在给老百姓谋福利时，个别村民拿着礼品表示感谢，被他坚决拒绝。他对村民说：“看到你们富裕了，我比什么都高兴，这些都是我应该做的！”

杨永，男，汉族，1978年12月出生，河南淅川人，2001年5月入党，2005年7月参加工作，郑州大学研究生学历、文学硕士。现任中共河南省委组织部组织二处二级调研员。2017年11月—2021年2月，被派驻周口市商水县汤庄乡西赵桥村任党组织第一书记。驻村以来，他坚持政治引领、党建先行，谋划确立以建强组织为核心，以精准脱贫、乡风文明为关键的“一体两翼”发展思路，在周口率先实行党员积分量化管理，在全省首创党员网格化联系服务群众制度，深入开展群众先进典型评选表彰，建立完善精准帮扶台账，积极推进“金秋助学”工程，加快发展仓储物流产业，推动集体经济突破30万元大关，实现贫困户可支配收入持续增长，村民满意度、幸福感大幅提升。他先后获得周口市优秀共产党员、河南省脱贫攻坚奖贡献奖等荣誉。2021年2月，河南省委组织部驻商水县汤庄乡西赵桥村工作队荣获“全国脱贫攻坚先进集体”称号。杨永作为先进集体代表赴京参加表彰大会。

党建引领脱贫路，幸福村光滚滚来

周口市商水县汤庄乡西赵桥村是全省建档立卡贫困村，辖5个村民组、324户1459人。由于缺资源缺技术缺劳力和疾病残疾等致贫因素叠加，精准扶贫、稳定脱贫的任务很重。2017 年 11 月至 2021 年 2 月，河南省委组织部选派杨永担任驻村第一书记、驻村工作队队长。他始终坚持政治引领、党建先行，抓支部带支书、抓组织领党员、抓脱贫促振兴，有力推动西赵桥村基层党建、脱贫攻坚、人居环境等工作走在全省前列，圆满完成“一年打基础、两年上台阶、三年树形象”的发展目标。2019 年以来，西赵桥村先后获得河南省首批农村基层党建示范村、河南省卫生村和周口市文明村、平安村、产业富民村、美丽宜居示范村等殊荣；村党支部被评为周口市先进党组织。

统筹谋划理思路

驻村先“驻心”。他坚持调研先行、实干开路，一入村就俯下身子，集中 3 个月时间把全村走访一遍，了解村民生产生活现状和亟须解决的问题，编制《西赵桥村情民意档案》，把握重点难点事项，明确发展主攻方向，切实增强帮扶工作的前瞻性、主动性、有效性。群众的眼睛是雪亮的。杨永知道要想让群众尊重你、亲近你，就不要进门端架子、坐凳要垫子、说话扯调子，要在生活细节上、从日常习惯中体现出对群众的感情。每次入户走访时，他都是先坐下来递支烟，了解家庭基本情况，再到庭院看一看卫生怎么样，到厨房看一看伙食怎么样，然后再征求对村“两委”班子建设、脱贫攻坚、产业发展的意见建议。有次开党员会聊起这些事时，老党员赵文明说：“现在政策好，大家吃喝不愁，群众在意的是你是不是瞧得起他。你到家里坐一坐、聊一聊，他们感到自己受重视，心里面就会跟你亲近。”

在深入调研的基础上，经村“两委”班子研究、支部大会讨论，谋划确立了以建强组织为核心，精准扶贫、乡风文明为关键的“一体两翼”驻村工作思路。深入实施“12345”工程，打造一个先锋驿站党建平台，美化感恩奋进、美丽宜居两个文明家园，抓好农村党员、先进典型、贫困群众三个关键群体，推进党员队伍、乡风文明、产业项目、综治平安四项基本建设，落实积分管理、网格服务、“一编三定”、主题党日、典型表彰五个党建抓手，真正把党员队伍管起来、把群众典型树起来、把困难群众扶起来，切实解决好党的建设最需要、村里发展最迫切、党员群众最关心的问题，不断提高村民的获得感、幸福感、安全感。

党建引领筑根基

群众富不富，关键看支部。为提升支部引领力和党员带动力，他采取切实有效措施加强支部建设和党员管理，持之以恒地抓基层打基础。一是抓好教育提素质。坚持开展“会前10分钟、党在我心中”学习活动，全面落实“不忘初心、牢记使命”主题教育安排，多次为全村党员上党课，征引案例谈初心、话担当、谋发展。二是建强组织筑堡垒。探索党员包片联户网格化服务群众工作机制，建立网格长、协理员、网格员三级便民服务网络，为村民量身定制幼儿托管、服务代办等17项便民服务；建立健全村妇联、团支部组织设置，建设专门阵地，定期开展活动；盘活用好在外人才资源，择优遴选12人进入乡土人才库、4人进入村级后备干部库。

三是管好党员做先锋。创新开展党员积分量化管理，每月一总结、每季一表彰，基本实现加强农村党建工作的“两不愁三保障”，即召开党员会议不愁、组织党员活动不愁，加强党员教育管理有保障、落实基层党建制度有保障、发挥党员先锋作用有保障。周口市、商水县分别召开现场会，到村观摩学习。四是落实制度见成效。认真落实组织生活会、“三会一课”等基本制度，全面推进无职党员“一编三定”，对19名无职党员分类编组、定岗定责，推动党的思想政治建设抓在日常、严在经常。五是夯实阵地促提升。改造提升党员活动室硬件设施，精心设计墙体标语、建设文化橱窗，打造具有豫东特色的红色党建“文化墙”，让村里处处是课堂、党员时时受教育。

聚焦主责惠民生

杨永坚持把落实惠民政策和决战脱贫攻坚结合起来，在发展中补齐民生短板。一是在推动精准扶贫上，对建档立卡贫困户“一对一”把脉问诊，相继采取危房改造、产业扶持、社会救助等形式，全面提高生产能力和生活质量；坚持志智双扶，与贫困户签订劳务合同，村内用工优先雇用，贫困户张春雷仅此一项年增收近万元。推动村内扶贫产业“黑色农庄”系列农产品走进展销中心，利用淘宝、京东等电商平台网上直销，销售额累计达20万元。二是在发展教育事业上，争取社会公益资金，推动幼儿希望工程“梦想屋”建设，配备多媒体教学一体机、电子教鞭、有声图书等幼教设备；实施“金秋助学”工程，仅2019年就对29名困难生发放助学金3.5

万元，鼓励贫困学子笃志向学。三是在发展集体经济上，采取集体参股、定额分红模式，与阿尔本制衣公司合作发展集体经济，协调入股企业提供岗位 70 个，优先保证贫困群众就业。采取“支部领办、党员入股、群众参与”的办法，整合集体建设荒地，发展仓储物流产业，引进商水中通快递分拨中心，仅此一项村集体经济年增收 20 万元。四是在加强基础建设上，扎实推进后街道路加宽绿化、路灯改造升级亮化、党建主题公园建设、护城河道清淤绿化、村内坑塘综合整治等“七大工程”；投资 110 万元建设赵桥公墓，解决征地群众后顾之忧；出资 55 万元对村民补贴，推进天然气管道进村入户，村里人居环境显著改善，群众生产生活更加方便。五是在推进征地拆迁上，号召党员带头，把力量下沉到家庭，及时了解拆迁对象的顾虑、诉求和期待，着力宣讲征地拆迁的各项优惠政策，积极利用亲戚、同宗、熟人关系做村民工作，最终圆满完成了征地拆迁任务，实现了“零上访”工作目标。

德润乡村育新风

杨永坚持以德润心、以德化人，让乡风文明绘就美丽乡村幸福底色。一是加强感恩教育。组织村史展、扶贫展，展现过去与现在的强烈反差；设计墙体彩绘 2100 多米，加强社会主义核心价值观教育，教育群众知恩情、明是非。二是培育文明乡风。持续开展群众先进典型评选活动，每季度表彰一次。2017 年以来，共评选表彰文明卫生户 43 户，以及孝亲爱老、最美庭院、助人为乐等各类典型 52 人。三是倡导健康生活。大力开展优生优育、疾病防治教育，定期开展免费义诊、文化下乡活动，积极推进厕所革命，全村改造分体式水冲厕所 278 户，引导群众树立健康新观念、过上文明新生活。

秦倩，女，汉族，1986年5月出生，河南泌阳人，2010年5月入党。海归，法学硕士。现任共青团河南省委学校部部长。2016年11月被派驻周口市西华县迟营乡孙庄村任党支部第一书记，被称为“闺女书记”。驻村以来，她新建基础设施21项，引进资金3800多万元；建立河南省首家第一书记互联网分级诊疗医院；创办产业7个，其中“邵蛮楼胡辣汤”，为孙庄村留下了巨大的品牌商业价值；创新“有机盆栽”活体菜，建立第一书记电商服务站。她获得全国先进工作者、全国脱贫攻坚奖贡献奖、全国三八红旗手、全国巾帼建功标兵、“最美奋斗者”、河南省脱贫攻坚奖创新奖、河南省优秀共产党员等多项荣誉。她还作为全国脱贫攻坚先进事迹报告团成员，赴8个省为100余万人宣讲脱贫攻坚故事及精神，中央电视台、《人民日报》、新华社等媒体先后对其报道300余次。

“闺女书记”青春奉献在脱贫一线

周口市西华县孙庄村是省级贫困村，帮扶前，村里贫穷落后，道路坑坑洼洼，大病病人多，有贫困户163户596人，经济发展严重落后，村民生活水平低，思想保守封闭，是无村庄规划、无集体收入、无基础设施的远近闻名的“三无”深度贫困村，脱贫攻坚任务重、难度大。经过几年的帮扶，村年集体收入超过 100 万元，从远近闻名的“穷村庄”变成了富裕文明宜居的美丽乡村，先后有 100 多个兄弟省、市、县、村到该村参观考察。秦倩把新观念新思维带到农村，引领村民走上一条快速便捷高效的可持续发展的“孙庄脱贫模式”致富路。

以医疗扶贫济困为切入点，为全省医疗扶贫做出贡献

孙庄村有一个叫李二磊的小伙子，秦倩第一次走访时，他已经瘫痪卧床 8 年了，骨瘦如柴，23 岁的年龄看上去只有十几岁的身材，浑身贴满了膏药，动弹不得。他得的病是强直性脊柱炎和双侧股骨头坏死，生活不能自理，吃饭、上厕所甚至简单的一个翻身，都需要母亲协助，家里为了给他治病花光了所有的积蓄，已经绝望放弃治疗，父母甚至为他提前准备好了后事。还有一个远近闻名的 13 岁的先天性脑瘫患儿孙俊豪，常年被一条粗粗的铁链子拴在树上，浑身是土。他的父亲因病去世，母亲离家出走，爷爷奶奶又年迈多病，他还有一个弟弟，一家四口人依靠低保相依为命。他爷爷白天下地干活带着小俊豪，因为小俊豪跑丢过几次，爷爷无奈只能把孩子拴到家门口的大树上。

看到试图挣扎铁链的小俊豪和近乎绝望的李二磊，秦倩暗下决心，不管付出多大的努力，一定要把他们给治好！秦倩通过各种途径多方联系资金渠道，把李二磊送到河南省人民医院免费手术治疗，节省费用 23 万元。如今的李二磊行动自如，成了电商老板，开设淘宝店铺 100 个，年收入 15 万元，并担任了孙庄村团支部副

书记。小俊豪也被送到了河南省儿童医院免费治疗,病情得以缓解。

李二磊重生了，为了让全省更多的像他一样的贫困家庭患者得到救治，秦倩就想是不是可以建立一种渠道，引进此项医疗救助工程落户河南，帮助河南省所有这类患病的人来免费医治。她多方奔走协调，最终共青团河南省委联合省医和基金会共同在孙庄村启动了“中国梦·脊梁工程”精准医疗扶贫行动，成功建立渠道救治患者，将医疗救助工程引进河南，基金会为每位患者捐赠 5 万元手术费，累计投入 1 亿元，目前已经有 652 名贫困家庭患者得到救治，摆脱了贫困。这项惠及全省的医疗工程为全省医疗扶贫做出了突出贡献，意义重大，受到媒体的广泛报道。

她在孙庄村建立了河南省首家第一书记互联网分级诊疗医院，形成了“互联网 + 第一书记 + 健康扶贫”的新模式，通过远程网络医疗资源共享，让村民在家门口就能找到专家看上病、看好病。

以创办惠民产业为关键点，增强贫困村造血功能

针对资源匮乏的现状，秦倩开阔思路，大胆创新，利用西华县是河南特色小吃胡辣汤的发源地这一特点，以孙庄村的一个自然村邵蛮楼村命名，创办村集体产业“邵蛮楼胡辣汤”，自创品牌，注册商标，并邀请邓亚萍为代言人。现在邵蛮楼胡辣汤远近闻名，不但为孙庄村留下了巨大的品牌商业价值，还开启了西华县胡辣汤电商产业链的大门。

她引导农民发展百农园合作社，聘请农科专家运用科技创新“有机盆栽”活体菜，环保美观无公害，现吃现摘可观赏，深受城

市居民喜爱。她帮助合作社建立微信公众号、网站，用“互联网+合作社+农产品”的模式销往全国各地，促产增收，带动100户352名贫困群众入股，每年增收2000元。百农园连续两年参加全国农产品展示大会，受到农业农村部领导的肯定。她建立扶贫车间诚信鞋厂，为老弱病残的贫困户提供就业岗位；建成光伏发电产业，使贫困户每年增收1100元；引进160万元建立村集体经济产业入股加油站，年收益18万元，全面开发产业造血功能。

以智志双扶拔穷根为出发点，激发群众脱贫的内生动力

为阻断贫困代际传递，秦倩引进科大讯飞“智慧课堂”，争取到价值80万元的智能化小机器人教学设备，让孩子们通过“互联网+教育”模式认识世界，有效拉近乡村和城市距离。她组建小学足球队和“追风少年”乒乓球队，先后请王励勤、邓亚萍、李雪英等奥运冠军来到学校。她37次协调社会爱心人士为村里捐赠现金、衣服、营养餐等。为助力大学生圆梦，她大力整合资金，为西华县累计捐赠280万元，资助大学生350余名。她还通过成立夕阳红文艺队、孙庄村广场舞队、腰鼓队，开展乡村振兴大讲堂，为党员干部发放带有“孙庄加油”标语的统一服装等措施点燃希望，激发群众主动脱贫的内生动力，形成和谐、淳朴、积极、向上的村风民风。秦倩开通了微信公众号“河洛赤子”，记录每天在村里的所见所闻，影响激励了一批青年，其扶贫日记被多次展览。

以倾尽心血办实事为落脚点，动员社会力量添砖加瓦

秦倩想尽一切办法、克服一切困难、动用一切资源，千方百计协调、发动社会各界力量，争取资金和项目，先后硬化道路 26 公里；整合 580 万元建设小学餐厅、办公楼、足球场等配套设施；引进 105 万元整治坑塘；新建成孙庄村文化广场、产业扶贫车间、新村委、公共厕所等；投资 250 万元建设村民文化大院和第一书记电商服务站；绿化植树 2255 棵，安装路灯 130 盏，添置垃圾桶 152 个；等等。

村里的大病病人全部被秦倩送到了郑州免费治疗，大娘们都拉着她的手劝她："傻闺女！你把大病病人都送到郑州，万一有个三长两短，人家赖上你怎么办？闺女你太傻了！别人都不管，你也别管了！"但是秦倩没有一点犹豫，始终有一种信念，"但行好事，莫问回报"。她每次去看脑瘫患儿孙俊豪，都先给他洗脸洗手喂饭。有一天，平时不会说话、智商只有一岁小孩水平的小俊豪，突然喊了一声"妈妈"，秦倩吓了一跳，眼泪哗哗地流了下来。对于一个未婚女孩，大爱下这一声"妈妈"是何等的珍贵啊！

李二磊 8 个小时的手术她全程陪同在手术台旁，脑瘫患儿孙俊豪每次治疗都是她亲自接送，她每周都抽出时间陪眼疾病人孙红生聊家常，一有空她就和孤儿梁梦雨小姑娘一起抓知了卖钱。正是这种付出和真心换来了父老乡亲对她的真情。大娘们都亲切地叫她"亲闺女"，孩子们有叫"姐姐"的，有叫"姑姑"的，更有叫"姑奶"的，他们把她的事迹写成诗歌、编成小品和戏曲广为传播。

为打赢脱贫攻坚战，秦倩把青春、热血、精力奉献给了她深爱的孙庄。作为青年干部的楷模，她扎根农村做一名实干家，用奉献燃烧青春、感动村民，成了河南百姓的亲闺女，她无愧于一名共产党员的庄严承诺。

韩宇南，男，汉族，1968年12月出生，河南沈丘人，现任国家税务总局周口市税务局老干部科科长。2015年8月被派驻周口市太康县马厂镇前何行政村任党组织第一书记。驻村以来，他自掏腰包7.9万元帮助村民购买180亩辣椒种子和240亩荠菜种子，集体经济年收入突破20万元。为支持他的工作，妻子潘丽英跟随他志愿扶贫。潘丽英组织妇女们编藤椅、织渔网、跳广场舞，关爱孤寡。韩宇南先后获得河南省优秀驻村第一书记、河南省脱贫攻坚奖贡献奖、“中国好人”、“中国好税官”、全国脱贫攻坚奖贡献奖、全国脱贫攻坚先进个人等荣誉。

驻村七年为百姓，夫唱妇随扶贫情

周口市太康县是国家级贫困县，前何村是太康县典型的深度贫困村，村民的生活很困难，行路难、吃水难、用电难、通信难、上学难、就医难、基层组织混乱、经济发展水平低。全村607户2329人，2014年前有贫困户173户、贫困人口822人，是全县出了名的穷村、乱村。2015年8月，带着组织的重托，韩宇南到前何村任驻村第一书记，他夯实基层党建，完善基础设施，发展特色产业，使前何村由一个昔日最穷最乱的村变为一个文明村、卫生村、平安村、产业富民村、生态宜居村、党建示范村。

从乱村到强村，强根固基抓党建促脱贫

村里要发展，党建是关键。作为第一书记，韩宇南把夯实基层党建作为驻村工作的首要任务，把抓支部带支书作为第一职责，把留下一支不走的工作队作为驻村帮扶的根本任务，以党建高质量助推脱贫攻坚高质量，确保脱贫攻坚决战决胜。农村富不富，关键看支部，支部强不强，关键看“领头羊”。他在村“两委”换届中充分发挥民主，让党员和群众选举信得过的村“两委”，为村民选出了一个坚强的党支部，为村子留下了一支不走的工作队。

从质疑到信任，一条路开启一扇门

2015 年 8 月，韩宇南进村的第一天适逢一场大雨刚过，村中到处都是烂泥塘，一个水坑连着一个水坑，水深处没过膝盖，成群的鸭鹅戏水，小学生上学要靠大人背着艰难跋涉，他是溜着墙根儿进村上任的。村民担心地说：“他来就是镀金的，干不成啥事”“他能解决啥问题，看看门口这条路，晴天一腿泥，雨天蹚水过，有本事先把这烂路给咱修了”。

修路是乡亲们最渴盼解决的难题，也是他作为第一书记走马上任面临的首要任务。可垫路的土从哪里来？钱从哪里凑？当他在全体村民大会上征求意见时，原本热闹的会场变得鸦雀无声。会后他一家一家走访，村里的老木匠何富金说：“村里修路弄了好几

回了，都没弄成。你一个外来户凭啥本事能给他们修成？”村民不相信，他也不服输。一天，周翠萍老大娘拉着他的手说：“韩书记，俺都 80 多岁了，在俺闭眼之前，还能不能看到咱修的路啊？”他说：“大娘，一定能！”

看到群众的期待和信任，他暗自较劲，既然来了，就要为乡亲们干点事儿、干成事！干，就要干出个样子来！挖坑塘，垫路基！为了筹钱，他和村干部反复研究，为了公平，让临路的群众多出钱，其他的群众少出钱，这次大家都没了意见，很快捐资 2 万多元。钱的问题算是解决了。劳动力不足，他就领着村干部拿着铁锹从早干到晚。村民们说：“韩书记都亲自干了，咱还等啥？走，拿着家伙上工地吧！”全村大人小孩全部出动，附近打零工的村民也回来帮忙。当时正值寒冬，全村共出动 1100 多人次，挖土 800 多车，终于垫平水洼，铺平道路。一条路连通一街两行心，乡亲们走在平坦的大路上，冲他竖起了大拇指：“韩书记，中！”村里的小伙子高兴地说：“韩书记，路修好了，俺就不愁找媳妇了吧。”

接下来，在省、市、县领导的大力支持下，他又为村里争取各项资金 2000 多万元，改善基础设施……

从“输血”到“造血”，一片丹心上下求索

带领村民精准脱贫，是韩宇南时刻挂在心头的职责，但要真正脱贫，产业是支撑。然而，在基础薄弱的农村发展产业谈何容易。为了打消群众的顾虑，他通过多方努力签订了“公司 + 农户”订单合同，但是群众仍然不相信，连买辣椒种子的钱都不愿意出。原来

群众害怕再像前些年种菠菜一样，种出来了卖不掉，浪费力气还赔钱。为了让大伙儿放心，他说："买种子的钱我出，赚了是你们的，赔了算我的。"他自掏腰包5万多元，购买了180亩辣椒种子。有人笑话他说："你这是疯子的想法、傻子的做法。"当时他说：为了前何村早日脱贫，我就是要"疯着干"，为了村民有福气，我就宁愿冒"傻气"！

这年辣椒喜获丰收，每亩增收4000多元。成功后，他们又采取了一系列增收措施，确保有劳动能力的贫困户有一个以上产业增收项目，有参加培训意愿的贫困户掌握一门以上就业创业技能，有能力就业的家庭至少有一人有工资性收入。这些措施带动了800多人外出务工，78人在扶贫车间就地增收。他带领村民种植迷迭香300亩，还套种了梨树，又建36座温室大棚，种植了蜜瓜，还自费2.8万元购买240亩荠菜种子。村里有了产业项目，老百姓的腰包鼓起来了，脸上的笑容多了，发展生产、勤劳脱贫的劲头更足了。乡亲们逢人便说"有困难，找老韩"。2017年前何村顺利退出贫困序列。

从反对到追随，携手扶贫比翼齐飞

韩宇南的妻子潘丽英退休后来到村里志愿扶贫。想当初，听说他要到贫困村去扶贫，她一百个不情愿。她说："你从小在农村长大，现在好不容易来到城市，再说咱父亲都80多岁了，你去那么远，要是有个好歹，可咋办？"他出发那天，她为他整理行囊，把他送到电梯旁，一脸哀愁，两眼泪花。

不久，她在他的微信朋友圈看到前何村一村民房屋失火，他站在着火的房顶灭火，她心疼地哭着给他打来电话：“你不要命了，要是掉到火窝里大火烧着了，你可咋办？”她很担心他的生活和身体状况，和家人商量后来村里照顾他。她来到村里很快就融入这个大家庭，组织妇女们编藤椅、织渔网增加收入，还自任教练组织成立舞蹈队丰富村民文化生活。驻村以来，他俩把村里的孤寡老人和留守儿童像亲人一样照顾，6 年来自掏腰包爱心帮扶累计 2 万多元。

如今的前何村，路宽了，灯亮了，人精神了！打了机井、建了桥梁、架了高压线，农民体育广场、党群服务中心建好了，扶贫车间开工了，光伏电站发电了，小学教学楼建起来了，自来水、电力、宽带户户通，天然气入村了，村民的幸福感、获得感大大提高。韩宇南的驻村工作得到了各级领导和村民们的大力支持和赞扬，他先后获得河南省优秀驻村第一书记、河南省脱贫攻坚奖贡献奖、“中国好人”、“中国好税官”、全国脱贫攻坚奖贡献奖、全国脱贫攻坚先进个人等荣誉。

看着乡亲们再次联名挽留他的红手印，今年已是他带着妻子在村里连任第一书记的第七个年头了。越过一山，再登一峰。在乡村振兴的道路上，韩宇南正践行着他在春节联欢晚会上代表全国 300 万第一书记立下的铮铮誓言：我们第一书记，在乡村振兴新的征程中，一马当先，冲锋在前。

程春雷，男，汉族，1982 年 4 月出生，河南周口人，2000 年 10 月参加工作，2001 年 7 月入党，本科学历。现任周口市住建局房地产租赁服务中心主任。2017 年 4 月—2021 年 3 月，被派驻周口市沈丘县白集镇刘院村任驻村第一书记。驻村以来，程春雷积极召开会议向村“两委”了解村里贫困人口情况，积极走访贫困户，带领驻村工作队配合镇、村两级干部，深入开展调研，召开贫困户座谈会，让贫困户自己分析致贫原因，寻找脱贫措施，制订脱贫计划，在充分尊重贫困户意愿的基础上，科学确立了发展种植、养殖业为主的脱贫致富的路子。他始终心系贫困群众，动态制订帮扶计划，时刻为贫困户排忧解难，圆满完成了脱贫攻坚任务。他因此获得了 2020 年度河南省脱贫攻坚奖贡献奖。

脱贫攻坚练就本领，扎根基层方显初心

周口市沈丘县白集镇刘院村是沈丘县典型的艾滋病软弱瘫痪村，村民种植结构单一，基础设施薄弱，经济发展水平低下。全村 260 户 1103 人，2017 年前有贫困户 17 户、贫困人口 78 人。2017 年 4 月，程春雷到刘院村任驻村第一书记。他积极履行一个扶贫干部应尽的职责和义务，先后解决了村里的硬件设施建设、贫困户的“造血”产业发展和村子的人居环境改善等问题，使帮扶村发生了翻天覆地的变化。

心系民生疾苦，勇挑扶贫重担

扶贫干部意味着肩头的一份责任、一份重担，能否不辜负党和人民的信任，如何有效地帮助村民摆脱贫困、让百姓过上幸福生活，成了他的第一要务。他所在的刘院村，属于艾滋病软弱瘫痪村，村民种植结构和收入来源单一，建档立卡贫困户致贫原因复杂多变，人居环境极差，全村百废待兴。他就暗暗地下定决心，一定要和村民一起努力，在党和政府的领导下，彻底改变刘院村面貌，帮助村民脱贫致富，给组织交上一份满意的答卷。

在刘院村，提起程春雷的名字，几乎所有人都是一个评价，那就是：“小伙很能干，不怕苦！”这种高度一致的评价背后是程春雷在扶贫工作中夜以继日的默默付出。同事们都说，“找程春雷很容易，他只会出现在三个地方，村办公室、村里和去村里的路上，而且他手机 24 小时都开机，有啥不了解想咨询的随时都可以问”。他就是这样一个人，一个一心扑在扶贫工作中忘记自己的人，一个手机为扶贫 24 小时开机的人，一个始终把群众的需求装在心里的人。

不忘艰苦奋斗，成就一番事业

程春雷积极召开会议向村“两委”了解村里贫困人口情况，积极走访贫困户，挨家挨户入户调查。他深知无论是村干部还是村民，他们对第一书记的迫切期望是帮助解决一些棘手的实际问题，这是他多次参加中心工作的切身体会。经过走访座谈，村里的路网建设、贫困户的脱贫“造血”计划和村子的环境卫生改善这三个问题摆在了程春雷面前，此外，还有村民医疗保险、养老保险参保工作，村民看病难、养老难问题，村民之间的矛盾纠纷等，这些让他感到有了努力的方向，同时也让他的心中有了重担。他在反复思索、参考文件的同时，积极听取各方意见，参考其他村扶贫工作开展经验，将问题的关键集中在资金来源和协调关系两个突破口上。他日思夜想，为这些关键问题的解决寻找新办法新思路，认认真真“跑项目”，跑部门、找领导，多次召开协调会，最终在帮扶工作队多方努力下为刘院村完善了村落路网，陆续投放了垃圾桶300余个、垃圾清运车4辆，安装路灯，种植景观树，改造危房，建设文化广场，对村室进行标准化翻建，村容为之一新。他积极协助“两委”班子顺利举行换届选举，协助梳理村民医疗保险、养老保险参保工作，解决村民看病难、养老难问题，积极帮助村民排解矛盾纠纷，关心呵护建档立卡贫困家庭学生，定期开展贫困户走访慰问工作，村民生活为之改变。群众目睹了村子里扶贫工作的每一步，见证了党和政府开展扶贫工作的决心，为人民服务、让百姓过上幸福生活的初心，最终程春雷的工作也得到了组织和群众的认可，他荣获2017—2019年度“优秀驻村工作者”称号。

强化理论指导，坚持学习新思想

程春雷在工作之余，不忘学在深处。理论清醒方能政治坚定，思想对路方能行稳致远。他认真学习领会习近平总书记精准扶贫精准脱贫战略思想，无论是习近平总书记在中央农村工作会议上的讲话、在中央扶贫开发工作会议上的讲话，还是在全国“两会”期间的重要讲话，他都要认真研读、细心领会。他也经常在村委会工作专题会上宣讲国家、省、市扶贫开发决策部署，引领大家以更高的站位、更宽的视角、更深的层次去理解习近平总书记关于扶贫开发方面的战略思想。他立足刘院行政村实际，谋划发展，确立扶贫工作的目标定位和“转方式、补短板、防风险”的工作主线，推动了上级决策部署在刘院行政村落地、落细、落实。

因地制宜扶贫，发挥特色优势

程春雷带领驻村工作队配合镇、村两级干部，深入开展调研，召开贫困户座谈会，让贫困户自己分析致贫原因，寻找脱贫措施，制订脱贫计划，在充分尊重贫困户意愿的基础上，科学确立了发展种植、养殖业为主的脱贫致富的路子。在发展特色产业方面，他主要以以下几个方面为抓手：发展一户贫困户养羊脱贫致富做脱贫典范；扶持一户技术农户种植冬桃成为致富带头人，引领贫困户增产增收；在全镇开展泥瓦工匠培训，变“输血”为“造血”，成功地在村里形成先进模范典型的带动作用。扶贫“造血”策略方兴未艾地进行着，为群众带来了收入，为扶贫工作的开展捋顺了思路。

程春雷积极协调周口市建设职工培训中心在其所在驻地免费开展全镇范围内的泥瓦工匠培训工作，免去每人培训费用800余元，培训后考试领取上岗证。持技术证务工能大幅度提高收入，这也成为当地因人而异、因地制宜提高收入的一个亮点。

三年的驻村工作，程春雷坚持奋战在扶贫一线，协助村“两委”开展各项工作，始终坚持把驻村作为服务农村、服务群众的新平台，用恒心、热心、决心和耐心为刘院村的和谐、稳定、发展做了一些实事，赢得了村镇领导、同事和广大群众的普遍好评。

王新奇，男，汉族，已故。1968年8月11日出生，河南周口人，1989年7月参加工作，1992年7月入党，大专学历。生前任国网河南省电力公司商水县供电公司发展建设部主管。2016年8月—2020年10月，被派驻周口市商水县平店乡刘大庄村任党组织第一书记。驻村期间，他将村小学内一间废弃的房屋当成寝室和办公室，引导村民调整农业种植结构，依托扶贫车间发展渔网、服装加工等产业，邀请专家到村里举办技能培训，为村民寻找务工渠道，帮扶村在全乡率先实现脱贫。2021年2月25日中共中央、国务院追授王新奇全国脱贫攻坚先进个人，2021年1月11日中共周口市委、市政府追授他周口市脱贫攻坚奖贡献奖，2020年12月3日中共商水县委追授他商水县优秀共产党员。

情洒帮扶路，不改赤子心

周口市商水县是国家级贫困县，位于黄淮平原西部的平店乡刘大庄村，曾是全县有名的贫困村，全村2277人中，有建档立卡贫困户139户633人，人均年收入仅3850元，各类资源匮乏、交通相对闭塞，连片的黄土地是当地人几十年来安身立命的依靠，经济发展水平非常低下，脱贫任务十分艰巨，是全乡扶贫工作的“硬骨头”。2016年8月，带着组织的重托，王新奇到刘大庄村担任驻村第一书记。到任后，他根据脱贫攻坚工作部署，牢记工作使命，忠实履行职责，严守驻村纪律，统筹推进精准扶贫、基层党建、环境整治、文明创建、平安乡村等基层基础重点工作，历时 4 年多，把一个软村、弱村、穷村转化提升为全乡闻名的先进村、富裕村。

在全省打响决胜全面小康、决战脱贫攻坚收官之战，刘大庄村即将全员脱贫之际，加班加点连续奋战的王新奇突发心脏病，猝死在村室，告别了这块他奋斗了近 5 年的土地。2021 年 2 月 25 日，全国脱贫攻坚总结表彰大会在北京人民大会堂隆重举行，王新奇被评为全国脱贫攻坚先进个人。

村里来了“精兵强将”，有了扶贫堡垒

王新奇是拥有 24 年党龄、27 年工龄，从事过多个专业岗位，管理、党建等工作经验丰富的一名共产党员。为了彻底摸清现状，不等找好落脚的地方，王新奇就开始了走访。当时，村里扶贫工作队只有他一个人，他毅然走遍全村，尤其是贫困户。为了节约时间，不给村民添麻烦，他每天以方便面充饥，将小学内一间废弃的房屋当成寝室和办公室。

如何帮助群众脱贫致富？经过对相关数据的条分缕析，王新奇认为，扶贫手段可以多种多样，最根本的是党的领导，有坚强的党组织带领，是战胜各类困难的关键。

“两学一做”学习教育、“不忘初心、牢记使命”主题党日活动、党的十九大报告专题学习会……王新奇结合当时的党建工作重点和村里现状，开展了一系列建强基层党组织活动。规范、稳定的党

组织生活，让村里党员认清了扶贫形势和自身职责。这些措施，让村党支部的凝聚力和战斗力增强了，党建工作四项制度在村“两委”得到充分落实，组织软弱、涣散局面得到迅速扭转，刘大庄村有了打赢脱贫攻坚战的坚固战斗堡垒。

能干会干，脱贫局面迅速打开

和王新奇打过交道的人，都知道他比较注重工作方法。乡党委每次布置工作要点，王新奇领完任务，就回去迅速落实，工作报告、工作举措、整改台账等简洁明了、思路清晰。为了避免帮扶计划简单、可操作性不强，在充分掌握刘大庄村村情后，王新奇和村“两委”结合周口市委、市政府关于扶贫工作的指示精神，制订了“造血式”精准扶贫帮扶计划，通过“规划到户、责任到人”的扶贫方式，建立瞄准机制、靶向疗法，定点、定人、定项帮扶，实行“一事一策、一户一法”，建档立卡、动态管理、精准扶贫。

王新奇认为，刘大庄村看似没有优势资源，却有潜在的增收路径。比如村里一部分人外出务工，收入显然高于单纯种植粮食作物。村里虽然没有发展旅游业、养殖业等产业的基础，2040 亩耕地却属于适宜耕作的土壤，且位置临近项城市区，如果种植高附加值经济作物，大家的口袋也能鼓起来。

2016 年年底，刘大庄村开始调整农业种植结构。在王新奇和村“两委”人员的大力宣传和引导教育下，部分村民利用土地流转的方式，建起了花卉、蔬菜、水果大棚，昔日的贫困户周立新如今成了全村致富能手。

扶贫举措全面开花，刘大庄改天换地

土地流转到特色种植业，村里的大量劳动力得到解放。王新奇谋划起转移就业扶贫，他考虑不仅要让更多人走出去，还要提高他们的务工收入。为此，他前后多次跑到商水县劳动局，向相关负责人和专家请教，并邀请他们来村里做有针对性的劳动技能培训。王新奇还四处奔波，为村民寻找外出务工渠道，到2017年年底，全村1315名劳动力中，外出务工人数达到892人，有效解决了增收难的问题。

与此同时，刘大庄村的基础设施建设也提上王新奇和村“两委”的工作日程。为了方便村民出行，便于农产品运输，村里利用上级拨付的81.15万元扶贫资金修建了2000米水泥村道。教师出身的他时刻惦记着教育事业，他争取120万元专项资金，完成村小学危房改造工程，给孩子们带来崭新、坚固的教学楼和硬化地面的校园。此外，安全饮水工程、村文化广场和图书室项目等陆续实施，村室也改建完毕，扶贫工作有了稳固阵地，村民提高文化素质、享受闲暇时光有了更好的去处。

低调的工作狂，新潮的驻村书记

“五年的驻村足迹，闪耀着时代的光芒……村里发展在心头萦绕，项目建设没少奔跑，村室广场修路建桥，入户慰问、卫生打扫，细致入微群众叫好，比较低调，人缘很好……”这是王新奇去世后，平店乡党委一名干部写的悼念诗。他说，自己与王新奇交集不多，但几年来，王新奇的低调为人与出色成绩形成了鲜明对比。

自从 2016 年来到刘大庄村，王新奇五天四夜的驻村书记工作时间,基本变成了七天七夜,晚上 12 点前基本没睡过觉。贺文亮说：“在这五年里，王新奇很少有星期天、节假日，吃住都在村里，与村‘两委’干部形影不离，拧成了一股绳。这五年里，他不在村室工作，就在农户家中。”

总是记挂他人，也被他人缅怀

村里人说，王新奇书记是个善良、细心、豁达的人。贺文亮回忆说，自己视力下降，没想到王新奇不声不响买回工作台灯和恢复视力的药品，让他“难以忘怀”；王新奇从来不打官腔，不像个干部，比老百姓还老百姓，从来没见他闲着过；大事小情，他心里总是装着大家。

王新奇先后三次为村小学捐款，为全校小学生买书包和文具。村室的打印耗材、办公用品用完了，他说去乡里申请会耽误工作，全部自己网购。上级组织发给他的慰问品和生活补给，他也全都分给贫困村民和其他工作人员。

去世的当晚，刚刚完成周口供电公司现场考核的王新奇，还在忙于编写村里的动态调整资料，确认每一个贫困户的脱贫信息。根据他遗留的资料，经过几年苦干，截至 2020 年 10 月，村里年人均纯收入已经达到 9960 元，7 户仅剩的因病致贫村民人均年收入超过 6000 元，外出务工人员每人每年增收 3 万元以上，村民的整体生活达到富足水平，所有的贫困户劳动力均有了稳定的收入来源。

欲问秋果何所累，自有春风雨潇潇。王新奇在脱贫攻坚这个没有硝烟的战场上，用奉献和付出在中原大地上谱写了一曲平凡而伟大的英雄赞歌；王新奇走了，他闪光的足迹将永远停留在刘大庄村的田间地头和全村老少爷们儿的心里头。

吴树兰，女，汉族，1957年11月出生，河南新蔡人，1978年4月加入中国共产党，1980年8月参加工作，河南省委党校经济管理专业毕业，省委党校研究生学历，高级兽医师，原河南省扶贫开发办副厅级巡视员。她从“厅官”到“村官”，倾心扶贫10余年，先后任河南省新蔡县大吴庄村、确山县西王楼村、范县胡屯村党支部第一书记，探索了平原村、山区村、滩区村脱贫路子，在生态文明、新农村建设和党支部建设方面取得显著成效，直接带动11万贫困人口实现脱贫。她写下250多万字的驻村日记，其中《驻村日记》和《进山日记》被保存到国家博物馆。她曾获全国劳动模范、全国优秀共产党员、全国脱贫攻坚奖贡献奖、全国科技工作先进工作者等50多项荣誉。她还在国内外期刊发表论文70多篇，荣获18项科研成果奖，出版《河南农业综合开发论》等9部著作。

一个共产党员的扶贫情结

一个共产党员能否受到群众的欢迎，不在于他(她)的职位高低，而在于他(她)为人民群众贡献了什么；不在于他(她)干了多少惊天动地的事业，而在于他(她)为老百姓切切实实地做了哪些好事实事。吴树兰之所以连续在3个地方任驻村第一书记并且都受到了群众的好评，是因为她真正实实在在为当地人民做事情。而支撑她这样做的动力，正是共产党员全心全意为人民服务的理念和一直未了的扶贫情结。

故土情深，重返家乡踏征程

2010 年 6 月，吴树兰得知河南省要从省直机关选派一批干部到扶贫第一线驻村时，她立即报名，挤进了省直首批 18 名驻村第一书记的行列。她是这批下派驻村干部中年龄最大 (53 岁)、职务最高 (副厅级) 的，也是唯一的一名女同志。6 月 18 日，吴树兰回到离别 30 多年、生她养她的家乡——新蔡县孙召镇大吴庄村，她要为家乡脱贫致富尽心尽力，让父老乡亲们尽快走出贫困的境地。

吴树兰望着家乡田地里一堆堆被丢弃的麦秸秆，学畜牧专业出身的她动起了脑筋：何不用秸秆养牛，既能消化大量的秸秆，同时又能变现，说不定也是一条致富的路子呢！但是，上这么大的项目，首先要改变乡亲们的生产观念，再就是要有资金。为了解决这些问题，她苦口婆心地向乡亲们宣传秸秆综合利用开发的前景。没有启动资金，她用自己的房子作抵押，筹集了 100 多万元。经过努力，大吴庄村奶牛养殖场初步形成规模养殖，伊利集团闻讯赶来，与他们建立了长期战略合作关系，该村也成为伊利集团的优质奶源供应基地。这个奶牛养殖场项目，年产值 598.6 万元，仅此一项，全村村民年收入就达到 250 万元，人均纯收入增加 1800 多元。在奶牛养殖场逐渐步入正轨的同时，她还积极筹措 75 万元，创办了 5000 多平方米的养鸭小区。如今，仅鸭子养殖项目，每年就能实现利润

90 多万元，76 户贫困户因此脱贫致富。

为了帮助家乡脱贫，吴树兰真是动足了脑筋、操碎了心。当她听说东莞一家服饰制衣有限公司有投资办厂的意愿之后，就马上与厂方洽谈，多个回合下来，终于引进投资 300 万元，建成可容纳 200 台机器的厂房，在大吴庄村建成了广谊隆针织有限公司，350 名农民就地转业进厂成了工人。为了家乡的扶贫，每一个项目的每一个环节,吴树兰都付出了心血和汗水。为了上一个沼肥汽化项目，当她打听到有关专家正在北京开会后，就专程跑到会场附近，足足等了 11 个小时去见那位专家。吴树兰用真情和执着感动了专家，因此拿到了 310 万元的项目启动资金。通过该项目，她把奶牛养殖场发展成 2000 多头的规模，把牛粪做成了有机肥料，一吨卖 400 多元，帮助参与的群众一年增收 5000 多元，大吴庄村终于走出了一条利用秸秆养牛综合发展的路子。

吴树兰驻村期间，新修道路 11 条，创办企业 4 家，为群众办实事 53 件。她十分重视村里的学校建设，她的努力使大吴庄村小学很快发生改变,就读学生增加到 60 多名,教学质量排到全乡第一。同时，她狠抓党支部建设，充分发挥党员先锋模范作用，号召村民改变生活习惯，加强精神文明建设，大力开展植树造林活动。她离开该村时，大吴庄村不仅环境改变了、群众脱贫了，而且还成为全省扶贫示范村、全省生态文明示范村和全国文明村。

不辱使命，五十七岁又出征

在完成了家乡大吴庄村脱贫任务后，57 岁的吴树兰再次向组织提出了申请，要求到贫困山区驻村。经过组织批准，2014 年 4 月，她来到了确山县竹沟镇西王楼村任驻村第一书记。竹沟镇曾经是抗战时期中共中央中原局和河南省委所在地，而她所驻的西王楼村，仍然是个较为贫困的山村，46 个自然村分散在几座大山的沟沟壑壑里。

当时的西王楼村没通水、没通电、没通路，为了摸清村里的情况，吴树兰背着水、带上方便面就上了山，徒步挨家挨户登门走访。经过调研，吴树兰不仅了解到当地群众的贫穷状况，同时也看到了山区发展的资源和优势。吴树兰认为，西王楼村致富路上有三只“拦路虎”：一是没通路，二是缺水，三是信息不畅。当务之急是要赶快搬掉这些“拦路虎”！

吴树兰凭借丰富的阅历和工作经验，认为要想带领群众脱贫，千头万绪还得先从抓组织建设入手。于是，吴树兰和村里的党员干部，逐门逐户进行家访，召开了 23 场直选会，让村民们推选自己信得过的“能人”当带头人，很快完成了村“两委”的组织建设。接着，她又让村民推选 23 名村民组长、23 名妇女小组长，让全村党员挂牌上岗，对参与公益活动的党员采取积分制管理办法，大大激发了党员群众的积极性，使一个落后的党支部很快成为先进党支部。要想富，先修路。吴树兰决定先降伏这第一只“拦路虎”。经过多方努力，她终于筹措到第一笔 45 万元的修路资金，先修通了贯穿全村的主要道路。群众对修路的热情十分高涨，党员干部带头出义务工，仅仅十几天的工夫，一条崭新的道路便修好了。之后，他们又整理路基 15 公里，新修道路 67 公里，还打通了山间 28 公里的盘山路。

西王楼村位于山区，水资源匮乏，旱季时群众连吃水都困难。

缺水这只“拦路虎”的问题也很快被摆上了议事日程。吴树兰和村“两委”经过调查研究，制订了西王楼村解决吃水用水问题10年规划，并多方筹集资金，很快打成了两眼深水井，并安装了供水设施，解决了山区村民们祖祖辈辈要下山挑水的难题。路不通和缺水这两只“拦路虎”的问题解决之后，她又着力解决西王楼村的配套建设问题，建成了360平方米的卫生院，解决了贫困农民看病难问题；建设了教学楼、教师楼、学生餐厅，解决了山区孩子上学难、吃饭难问题。

西王楼村位于山区，自然资源丰富，适合发展种植、养殖、农副产品加工等多种产业。但以前由于交通闭塞、信息不畅、山区人思想守旧，导致这里经济发展一直较缓慢。吴树兰决心搬掉这第三只信息不畅“拦路虎”。于是，她发动党员干部打开思路多方搜集信息，并根据掌握的有关信息，确立了西王楼村重点发展养殖业的思路。为了帮助村民掌握科学饲养技术，吴树兰从省城请来畜牧业专家为农民讲课，同时她也深入养殖户中，与其结成帮扶对子。经过吴树兰及其他党员干部3年多的努力，全村养殖业发展很快，仅山羊养殖量就有5万多只，并很快占领了广州市羊肉市场20%的份额。

在发展养殖业的同时，吴树兰还狠抓西王楼村种植业和加工业的发展，号召全村扩大药材种植面积，仅夏枯草种植面积就有1600多亩，每亩收入有4000多元。此外，吴树兰还根据该村有制造小提琴手工艺人的优势，发展壮大了小提琴制作产业，带动100余人参与小提琴制作生产，其产品远销美国、意大利等十几个国家和地区并广受好评。由于多种产业共同发展，2014年，西王楼村人均收入达到6900元，较2013年增长33%。2015年，人均收入突破8000元，村集体收入达到30万元。现如今，这里1000只以上规模的养羊场有 7 个，50 头以上规模的养牛场有 5 个，大型养猪场有 3 个，100 只以上规模的养羊户有 102 户。

集体经济发展起来了，贫困户的问题吴树兰一直挂在心上。为了精准扶贫，吴树兰带领村“两委”班子成员，配合 57 名企业人员和 48 名爱心人士，与 200 多户贫困户结成了“一对一”帮贫对子，在全村开展了有针对性的帮扶活动。2016 年，西王楼村 220 户 800 多名贫困群众全部实现脱贫。

老骥伏枥，退休之后续新篇

2016 年 10 月 17 日，全国脱贫攻坚奖表彰大会在北京召开。当吴树兰在会上接过国家领导人颁发的“全国脱贫攻坚奖贡献奖”证书时，她心潮澎湃、激动万分，并认为自己只不过是一个小小的驻村干部，只是为群众尽了一个普通共产党员应尽的义务，而党和国家却给了自己如此巨大的荣誉，于是，她决心回去后即便是拼上余生，也要再为贫困地区人民做一点事情。

2017 年 4 月的一天，吴树兰踏上了去往范县黄河滩区的路途。与以往驻村不同的是，因为她已经退休，组织上没给她下红头文件，也没人安排具体任务，她是名副其实的无编制、无任务、无补贴的“三无”驻村干部。到达范县之后，吴树兰受到县里的重视，被聘为脱贫攻坚顾问，陈庄镇口头宣布吴树兰任胡屯村驻村第一书记。吴树兰一进胡屯村，她那种拼命三郎的劲头又来了。

胡屯村位于黄河滩区，农业生产基础落后，村容村貌也亟待改善。吴树兰到胡屯村之后，筹资 2000 多万元建成田园综合体；大力发展旅游产业，建成了游乐园、观光园，旅游旺季每天客流量超过 10 万人次；建成了 1600 亩的莲藕产业基地，成为陈庄镇万亩荷花园的核心景区。2019 年，胡屯村被范县评为美丽村庄。

吴树兰根据自己的扶贫实践经验，以科技扶贫为抓手，在胡屯村大力推广农业新品种、新技术：鼓励群众引进优质莲藕 1600 多亩，使胡屯村莲藕价格提高了 20%；种植优质水稻 500 多亩，生产的富硒大米每斤能卖到 198 元；在稻田和藕塘中放养泥鳅，实现了种植养殖综合发展；建起泥鳅苗场，每年销售泥鳅苗 1000 多万尾。为了推广销售农副产品，吴树兰让有知识、有文化的青年开展电商销售，足不出户就可以将村里的农副产品销售到全国各地。她还四处“化缘”，筹集资金 50 多万元，在胡屯村建成一座 2100 平方米的农产品分拣中心。截至 2019 年,全村人均纯收入超过 1 万元，村集体经济收入达 13 万元。

经过吴树兰和村民的共同努力，现在的胡屯村已形成莲藕产业、优质水稻产业、泥鳅种苗产业、养鸭产业、养羊产业、服装加工产业、太阳能光伏发电产业等多个产业齐头并进、多种经营共同发展的新局面。

如今，三个村的面貌变了，村民的精神头足了，发展前景明朗了。吴树兰和村民们都相信，在党的领导下，只要大家团结一心、积极向上，未来的生活一定会更加美好！

陈召起，男，汉族，1976年11月出生，河南唐河人，1997年5月加入中国共产党，1998年7月参加工作，毕业于河南中医药大学，医学硕士。现任河南省人民医院宣传部（新闻中心）主任。2015年8月—2018年3月，被派驻驻马店市上蔡县五龙镇高白玉村任党组织第一书记。驻村以来，陈召起引进各类资金2300余万元，全村贫困发生率由5.7%降到1%。他在河南省第四次脱贫攻坚推进会上得到省委主要领导点名表扬，上蔡县委下发向其学习的决定。他先后获得河南省优秀驻村第一书记、河南青年五四奖章、河南十大年度扶贫人物等荣誉，入选2017"感动中原"十大年度人物候选人。

"口号喊千遍，不如攒劲干！"

高白玉村是河南省艾滋病防治重点村，也是国家级贫困县上蔡县的建档立卡贫困村和党组织软弱涣散村，辖8个自然村，村大底薄，情况十分复杂。而出人意料的是，河南省人民医院驻村第一书记陈召起在村不到3年，该村就面貌一新：贫困发生率由5.7%降到1%，"头痛落后村"成了"驻马店市扶贫开发示范村"。

乡亲们的“好学生”

2015年8月，肩负组织重托，陈召起赴任高白玉村第一书记。

“高白玉村比较偏，位于三乡交界，一进村就发觉路况突然差起来，大窟窿连着小窟窿，车轮过处尘土飞扬。”队员杨千说：“进到村部，右边是预制板厂工地，左边杂草丛生。村里非常破败，群众士气低落，班子一盘散沙，3081口人中有134户167人‘涉艾’，可供发展的资源几乎为零……”

陈召起没有气馁，一入村便“每天跑断腿、磨破嘴”，当好“学生”，虚心请教村子的发展出路。“精准扶贫，必须对症下药，解决‘扶志’（即帮村民树立生活信心、鼓起战胜贫困的勇气）和‘扶智’（即教会村民如何理智、智慧应对及解决困难）的问题。”

苦心人，天不负。“在陈书记带领下，党旗挂起来了！基层‘四项制度’建起来了，实现了‘四议两公开’。艾滋病救治工作扎实推进，还制订了《高白玉村精准脱贫攻坚规划》，提出了围绕‘精、细、实’，切实做好软硬、点面、纵横‘三结合’，稳步精准扶贫的工作思路。”村支委员王忠华说：“‘精’就是扶贫对象精准识别，解决扶持谁的问题；‘细’就是扶贫措施细化创新，解决怎么扶的问题；‘实’就是扶贫政策实在有效，解决扶得好的问题。”

“乡亲从当初对我们的冷漠，到逐渐理解、信任、支持，再到配合我们的工作并积极主动参与进来，其中经历了太多的磨合。”陈召起感慨。

村子里的“干事人”

村委角落一间小屋是陈召起的办公室兼宿舍，屋内相当简陋，最醒目的是办公桌上方鲜艳的党旗。他说：“我是共产党员，不管再苦再累，每天看到党旗，心里就充满力量。同时党旗也时刻提醒我，不忘初心、牢记使命，实实在在为乡亲办些事。”“树立脱贫致富信心，就要让村民们首先感受到党组织是乡亲们的贴心靠山！”“处在脱贫攻坚第一线，只有沉下身、稳住心，撸起袖子加油干，才能不辱使命，造福一方。”

“原以为驻村就是来镀镀金、走过场的，谁知陈书记动真格了。他热心，有韧劲儿。”“为提升群众精气神，他在村里组建了腰鼓队，还自掏腰包买队服，请来了戏剧团和电影放映队。”村民班继华说：“并且发动他周围朋友捐款捐物，为村里老人捐 200 部手机，还对考上二本以上大学的 15 名准大学生每人资助 5000 元钱呢……”

2017 年五龙镇的汇报材料显示：“两年来，高白玉村在河南省人民医院及社会各界支持下，新发展共产党员 2 名，入党积极分子 2 人；新建设文化大院 1 个、文化广场 2 个、教室 11 间、生产井 64 眼、生产桥 49 座，修路 12 公里、下水道 3000 余米，植树 6000 余棵，更新课桌椅 280 套，整治坑塘 1200 多平方米，安装路灯 168 盏，建 6 个种植 (养殖) 专业合作社、1 个木板厂，成立高白玉村美丽乡村培训学校，开展月嫂、电商、种植技术等技能培训 196 人次，申请‘古蔡高白玉’商标，捐赠优质种羊 100 只、图书 4000 册……”

“精准脱贫，务必要有产业支撑才可持续。他反复与村‘两委’和党员、村民代表商量‘在村里建一座800平方米标准化厂房’。让人想不到的是，陈书记在资金土地都紧张的情况下出奇制胜，在上蔡县首次以竞价招租的方式筹资建设，并且全程公平公正、公开透明。”镇干部田程鹏钦佩地说：“现在村光伏扶贫基地项目也已经落地，可确保贫困群众年收入不低于3000元。”

陈召起说：“高白玉村前进的每一步都与省医及各级领导关心密不可分。省医领导每季度都要到村里帮助解决实际问题，还连续两年免费为所有中直、省派驻村第一书记进行健康体检，做好保健服务。”

扶贫中的“精细人”

“入村那条泥土路十多年前就破得没法走了，陈书记进村就一边四处张罗筹措资金，一边动员群众为修这条路作准备。”村委员刘用景说：“按规划修路须拆一些路障，这很难的！是陈书记精细的工作、真诚的态度和实干的作风感动了大家，后来是群众自觉把路障清理掉的。”

村小学校长王立东说：“为让村里孩子上好学，陈书记四处求援，千方百计筹集资金……如今不仅全村孩子上学问题解决了，而且全上蔡的患者还能在县医院通过陈书记协调的远程系统直接联系省医院专家，在家门口就能享受高水平诊治。”

杨千说：“资金争取不容易，用好更不容易。2016年争取到一笔150万元项目资金，陈书记说‘好钢要用到刀刃上，必须把资金用好，让乡亲有更多获得感、幸福感！’最终经当地领导协调，资金入股到带贫企业，贫困户每年便可分红 15 万元。”

高白玉村有耕地 5300 亩，种植结构单一。为增强贫困群众自我发展能力，培养具有“带头富、带领富”能力的致富增收领头雁，加大产出附加值，他带领村民 8 次外出考察，提出了“个人种植 + 农业合作社 + 集体产业”的发展思路，以多业态打出产业发展“组合拳”。“一开始村民们都在观望。村民刘飞在外务工多年，陈书记就劝他带头。”村支书刘本青介绍：“刘飞说陈书记是干事的，我信他！ 2016 年刘飞建起了特色农产品种植合作社，率先种植花生 30 亩。”“我去年种了 8 亩核桃，春季在树下套种西瓜，西瓜熟后再种大葱，收入增加了 3 倍。”周卫民非常兴奋地说。

“‘精准扶贫’，可充分考验干部是否‘知行合一’。”陈召起说：“从‘精’上讲：工作不精心不行，业务不精思不行，点子不精良不行，为人处事不精诚不行；从‘准’上讲：工作方向不准不行，干事没有水准不行，说话没准头不行，扶贫策略和行为与村民的主观因素及客观需求对接得不准到丝丝入扣不行。”

贫困户的“家里人”

“陈书记是村里脱贫攻坚领路人，更是贫困户的‘家里人’。郑德臣是陈书记分包的 5 户贫困户之一，他年纪大了，儿子还有肺气肿和肾积水。陈书记经常到他家‘走亲戚’，为他申请了低保，搬砖建房，打扫卫生，还帮助联系看病，安排他做村里的保洁员……村民现在已把陈书记当亲人了，见面离老远就喊‘兄弟’‘老陈’，热乎着呢……”村民王捞抹说：“他来村子后，高白玉变化真是太大了，村干部站起来了，老百姓心里暖了、亮了，村子面貌和以前的照片对比，完全变样了。”

王书祺，男，汉族，1970年12月出生，河南淮阳人，1988年9月参加工作，1992年5月入党，河南省委党校研究生学历、工学学士。现任河南省财政厅基层财政管理处副处长。2017年11月—2021年2月，被派驻驻马店市新蔡县砖店镇大宋庄村任党组织第一书记。驻村以来，他带领村“两委”班子强化学习感悟初心、为民解忧践行使命，不断强化村党支部的领导力和执行力，全村贫困户197户678人如期脱贫，大宋庄村由以前的软弱涣散贫困村跃升为全县“红旗村”。他先后协调资金800余万元建设猕猴桃种植合作社、电商服务站、冷库等产业项目，村内产业从无到多渠道发展，集体经济实现年收入近50万元；筹资1300万元用于村内道路、供水、供电、文化广场、小学整修、人居环境整治等项目建设。他2018—2020年连续三年考评优秀，2018年获评新蔡县优秀驻村第一书记，2019年荣获河南省脱贫攻坚奖贡献奖。

心　灯

大宋庄村位于砖店镇政府西1公里、大广高速入口2公里处，辖8个自然村16个村民组，1182户4319人，耕地总面积5496亩，共有建档立卡贫困户197户678人。2017年，王书祺主动申请到新蔡县砖店镇大宋庄村任驻村第一书记。出生于农村的他，对农村、农民有着永远割舍不断的情愫。3 年多来，他争取资金 2000 余万元改善村里基础设施、推进脱贫项目实施，村里的脱贫产业从空白到现在多渠道发展，村集体经济年收入近 50 万元，所有建档立卡贫困人员如期实现脱贫……大宋庄发生了脱胎换骨的变化，先后被市、县、镇表彰为“红旗村”、“四美乡村”示范村。王书祺用真情诠释了共产党员的初心和使命，在百姓心中点亮了一盏灯。

打造强劲“火车头”

2015 年以前，大宋庄村不仅是贫困村，而且还是全县有名的基层组织软弱涣散村。双重“标签”无疑给这位刚刚上任的第一书记带来很大挑战。

当时的村支部书记由一名乡干部临时兼任。通过一段时间调研，王书祺了解到，以前的村支部书记处事不公，村“两委”班子成员不团结，群众意见很大。

于是，王书祺一方面深入党员群众当中，物色新支部书记和班子成员人选，一方面及时向镇党委汇报情况。他利用村“两委”换届之机，对村支部书记及“两委”班子成员进行了调整，把政治觉悟高、有能力、愿意为村民做实事做好事的人员吸纳进来。

再好的“火车头”，如果不及时“保养”、加“燃料”，也不会产生强劲的动力。王书祺带领村党支部严格落实“三会一课”、主题党日等活动，开展“不忘初心、牢记使命”主题教育，学习贯彻习近平新时代中国特色社会主义思想，注重把学习效果转化为推进村内重点工作、为群众办实事解难题上来。

大宋庄村有近70名党员，常年在村30余名，多数为年龄较大的老党员，很少有机会到外边走一走、看一看，作为党员的存在感、光荣感不强。王书祺组织党员到宝丰、竹沟等红色圣地接受革命历史教育，到支部建设先进村参观学习，邀请村支部党员参加厅机关举办的基层财政管理和乡村治理培训班，不断提升村支部党员干部的综合素质。

在实施美丽乡村项目建设时，王书祺协调资金50余万元，在村委附近建设了1600平方米的党建文化园，为党员和群众学习了解党的历史和政策提供了有利条件。

誓做群众贴心人

2017年11月8日，是他入村的第一天，适逢村内召开群众代表议事会。在走廊里，他听到一些群众在悄悄议论自己，“看他那样，戴个眼镜文质彬彬的，能吃得了苦、真能驻得下来吗？”“也就是来装装样子吧。”

怀疑和不信任给了他当头一棒。晚上，他躺在床上翻来覆去难以入眠，内心充满了酸楚，但转念一想，自己刚来，凭什么让大家相信呢？一定要干出个样子来，让大家接受认可。有想法更要有行动。于是，白天他到田间地头、到群众家里与乡亲们聊天谈心，晚上与村干部座谈交流，理思路、想招式。

2018年1月25日，一场大雪从夜里下到第二天中午才停。村内有10多户孤寡老人，生活保障是否有困难？院内积雪如何清除？

想到这儿，他顾不上吃午饭，迅速通知村干部分工负责帮助孤寡老人清扫积雪。当他来到村南头70多岁的王大娘家时，看到老人正站在堂屋门口面对齐膝的积雪，为无法去厨房做饭而束手无策。他赶紧安顿好老人，拿起铁锹开始铲雪、清扫院子。就这样，王书祺铲完这家的雪再去扫那家的院，到了晚上才想起自己连午饭都没吃。

3年多来，他把群众当亲人，乡亲们对他的态度也发生了巨大变化，对他由刚驻村时的怀疑和不信任，到如今拿他当亲人。

产业铺就致富路

打赢脱贫攻坚战、推进乡村振兴，让贫困群众真脱贫、有后劲、能致富，离不开产业支撑。

多年来，大宋庄村的农业生产一直以传统种植养殖业为主。大宋庄如何发展产业？王书祺多次和村“两委”干部、群众代表座谈，一起分析大宋庄的优势，明晰发展路子、选择发展项目。

——成立村猕猴桃种植合作社。王书祺积极与河南省农科院联系，邀请该院专家多次到村进行实地考察论证，并争取技术和资金支持，成立种植面积近100亩的村猕猴桃种植合作社，开展特色种植，带动村民致富。

——建设村电商服务站。为了发挥大宋庄村区位、交通优势，王书祺想办法筹措相关资金147万元购置486平方米商业用房，作为村集体资产，建设村电商服务站，每年为村集体带来10余万元的收入。

——建设大宋庄生活服务中心。王书祺筹措资金60万元与当地企业合作建设大宋庄生活服务中心。每年为村集体增加5万元的收入，同时为村民尤其是村内老年人生活提供了便利。

——做好镇设施农业项目建设。依托当地农业龙头企业，王书祺协调资金在大宋庄村建设300亩有机蔬菜种植基地，为群众免费学习蔬菜种植技术提供便利，同时为70多名群众提供了就业岗位。

——建设多功能冷库。王书祺积极争取相关资金140万元，想办法解决选址等困难，建设2600立方米冷库一座，为猕猴桃储存销售提供必备条件，空余部分用于租赁经营，每年为村集体带来15万—20万元的收入。

2019年9月，大宋庄村凭借有机蔬菜种植，入选农业农村部组织的第九批全国“一村一品”示范村镇。

培育乡村文明风

针对扶贫过程中出现的“等靠要”现象和一些不良社会风气，王书祺深切感受到，要让群众真正感到幸福，不仅要解决生活上的困难，还要树立培育乡村新风尚。

2018年初夏的一个晚上，王书祺在一次与村民交谈时得知，村内没有大家能遛弯儿纳凉、开展文体活动的场所，村民休闲的方式就是沿着路边走走。

第二天上午，他召开村“两委”班子会、群众代表会，把自己看到的和初步设想向大家作了介绍，他希望可以利用已经争取来的美丽乡村项目资金为每个村修建1个文化广场，大家均表示赞同。

于是，他利用美丽乡村项目资金300万元和县配套资金160余万元，在群众房前屋后废弃的空闲土地上，为每个自然村均修建了群众文化广场，还组织群众对村内人居环境进行了全面整治。

培育乡村新风尚，要发挥典型引路作用。每年他都要想办法筹措3万元左右的经费，开展“优秀党员”“好婆婆”“好媳妇”“脱贫模范户”“文明星级户”等评选表彰活动。同时，他利用村道德大讲堂举办传统文化讲座，充分发挥村文艺宣传队作用，将宣传教育与丰富群众文化生活有机结合。

如今的大宋庄，村“两委”班子坚强有力，基础设施和公共服务设施日趋完善，村容村貌焕然一新，产业发展势头良好，村集体经济不断壮大，群众的获得感、幸福感不断提升。脱贫摘帽后的大宋庄正昂首阔步走在乡村振兴的大道上！

冯永超，男，汉族，1974年3月出生，河南鲁山人，1991年12月参加工作，1993年6月入党，大连舰艇学院本科学历、工程硕士。现任河南省收费还贷高速公路管理中心航空港管理处副处长。2017年11月—2021年2月，被派驻驻马店市上蔡县邵店镇后杨村任党组织第一书记。驻村以来，他共引进资金636.45万元，支持后杨村的脱贫攻坚。目前，所有贫困户全部脱贫，所有自然村通了柏油路，生产路修到了田间地头，道路路灯全覆盖，集体经济得到较好发展，美丽乡村初现成效。2018年和2019年后杨村和后杨村党支部先后被上蔡县委、县政府评为平安建设先进单位、先进基层党组织；2020年后杨村被驻马店市评为市级卫生村；2021年2月，后杨村驻村工作队荣获“全国脱贫攻坚先进集体”称号。

一心赤诚为乡亲，实干铸就小康梦

驻马店市上蔡县邵店镇后杨村辖5个自然村、17个村民小组，总人口1011户4572人，建档立卡贫困户69户237人，是全省艾滋病患者人数最多的行政村。后杨村以前是个不稳定村，上访告状、拦路抢劫时有发生。2017年11月，带着河南省交通运输厅厅党组的重托，冯永超任上蔡县邵店镇后杨村第一书记。3年多来，他俯下身子，真抓实干，加强组织建设，谋划产业发展，开展环境整治，投入脱贫攻坚工作。目前，村内贫困户全部脱贫，所有自然村通了柏油路，生产路修到了田间地头，道路路灯全覆盖，集体经济得到较好发展，美丽乡村初现成效。2018年和2019年后杨村被上蔡县委、县政府评为平安建设先进单位，2020年后杨村被驻马店市评为市级卫生村，2021年驻村工作队被中共中央、国务院授予“全国脱贫攻坚先进集体”荣誉称号。

“给钱给物，不如建一个好支部”

建强基层组织是河南省委组织部交给驻村第一书记的第一项任务。冯永超入村后发现，村里布置日常工作时，有的村民组推进工作很积极，有的村民组问题百出。找负责的村干部谈话，他们就推脱说某某村民素质差，工作不积极，还教唆一群人捣乱。后来深入走访村民时发现，村集体有50亩经济田，一直被几名村干部及其亲友强占使用，从没有向村里交过一分钱，群众对他们有意见，自然也不会听他们的指挥。就此事，他向时任村支书了解情况，支书对他说：“冯书记，这是历史遗留问题，已经很多年了，你最好别管，否则对你下一步开展工作不利。”他开诚布公地跟支书说：“组织派我来是为后杨村4000多口人服务的，不是为哪个人服务的，像这样的事情如果不查处，老百姓谁还会相信我们，我们咋能带领村民脱贫致富，这件事我们必须管。”随后他一个又一个地做这些干部的思想工作，大部分干部都主动退回了集体土地。个别不听劝阻的干部在镇党委的支持下也都受到了相应的处理。2018年借助村“两委”换届的机会，他将以权谋私的几个原村干部全部清理出班子队伍，还选出了一名 33 岁的年轻退伍军人担任村支部书记，村“两委”班子更加年轻化、更加有文化。收回的村集体土地已按照“四议两公开”办法进行了招租，每年增加村集体收入 1 万多元。村“两委”在群众中的公信力建立了起来。在推进后杨村美丽乡村建设时，村“两委”班子主动立下“军令状”，对涉及自家的乱搭乱建设施，带头拆除，对一般村民群众，工作队和村“两委”包户负责，村内几十处乱搭乱建整治顺利完成。在新一届村“两委”的努力下，后杨村获得了脱贫攻坚先进单位的荣誉称号，基层组织的战斗堡垒作用进一步显现，一支带不走的工作队正在形成。

“办实事，一心为民惠民”

这三年是脱贫攻坚决战决胜的关键时期，正如习近平总书记所讲，剩下的都是贫中之贫、困中之困，都是难啃的“硬骨头”。后杨村剩下的“涉艾”贫困家庭大部分都是因病、因残无劳动能力，主动脱贫能力弱，处理不好就会产生新的不稳定因素。冯永超走近他们，了解他们的疾苦，走遍所有“涉艾”家庭，逐户登记，分析致贫原因，因户施策，用真心去化解矛盾，用真情去取得他们的信任。在各级党组织的帮扶下，后杨村的光伏发电项目已连续两年实现收益分红，覆盖全村 69 户贫困户，林业产业扶贫实现了全村每户 1000 元的林下经济收益。护林员、护路员、保洁员等公益性岗位向贫困户倾斜，引导贫困户到村办养鸡场、合作社、农家院打工，23 户贫困户实现家门口就业。冯永超协助村“两委”流转土地 2000

多亩，种植香葱、小黄姜、花生等经济作物，全村土地流转已经过半，农村产业结构进一步调整，村民收入有了进一步提高。他利用省派第一书记资金投资 50 万元建设后杨村 1000 平方米扶贫厂房一座，每年为村集体创收 4 万元；充分利用后杨村的种植优质小麦优势和面粉加工的历史传统，建设后杨村面粉加工厂，增加村集体收入，增强自身“造血”功能。有的“涉艾”家庭危房得到了改造，有的甚至盖起了楼房，有的家里孩子考上了大学，“涉艾”家庭被重新唤起了对生活的希望，村里再没发生过一起患艾病人上访事件。

3 年来，冯永超共投入引进资金 636.45 万元，支持后杨村的脱贫攻坚，改变农村的生产生活环境。他协调项目资金 450 多万元，建设农村公路 2.3 公里，对后杨村 4 公里的主干道路破损路面进行了改造，对村内的坑塘进行了整治。他带领村民美化环境，绿化道路，建设美丽乡村，村内生活垃圾实现村收集、乡转运、县处理，后杨村人居环境大幅改善。他申请资金 12.3 万元连续 3 年对考上大学的 72 名大学生发放助学金；申请资金 44.4 万元开展送温暖活动，每年中秋节和春节对艾滋病患者、贫困户、“五保户”进行慰问；申请资金 10 万元为后杨村小学每个教室、每个办公室安装了空调；投入资金 10 万元建篮球场一个；投入资金 8 万多元维修及新建路灯 60 盏；投入资金 40 万元，建设扶贫车间围墙、变压器等附属工程；协调资金 6.75 万元，实施农户改厕工程；投入 5 万多元，修缮了村委办公楼，改造厕所、电路，为村委会购置了打印机、沙发、空调等办公用品；邀请民营企业郑州正大化妆品有限公司为后杨村捐赠了价值 3 万多元的洗护用品；引导厅属单位购置当地农产品，为后杨村销售黄姜 1750 斤、蒲公英茶 208 盒。

“作表率，强化责任担当”

驻村扶贫是一名党员的责任所在，也是驻村第一书记进行党性锤炼的一次难得机会。3 年多来，冯永超严格落实驻村工作制度，严格执行各项廉洁纪律，严格执行“四议两公开”，与村民一起工作，一起劳动，不搞特殊，不摆架子，不给村“两委”和群众增添任何负担，坚持自己种菜、自己做饭、吃住在村，发挥好党员的模范带头作用。驻村工作期间，冯永超亏欠最多的是家人和队友，他的母亲脑梗后一直卧床，父亲做了两次股骨头置换手术，不能独立行走，由哥哥姐姐轮流照顾；孩子小升初，父亲母亲病重去逝，冯永超也鲜少陪伴照顾；驻村队员吴风利诊断出肺部肿瘤，做了切除手术，现在还在用药，但从未影响脱贫攻坚工作。冯永超在驻村工作中收获了信任和友谊，收获了与队员们同吃同住同劳动的战友情怀，收获了与后杨村党员干部和村民结下的兄弟般的友谊，收获了从基层群众身上汲取的抗争和摆脱贫困的坚韧精神。

刘先权，男，汉族，1974年10月出生，河南罗山人，1992年12月参加工作，1998年7月入党，河南省委党校研究生学历，高级会计师。现任河南省广播电视局信息网络视听节目传播监管中心主任。2014年、2017年先后两次被派驻驻马店市上蔡县刘庄村任党组织第一书记。驻村以来，他累计协调资金3600多万元，建造高标准农田4500多亩，建成奥斯卡影城，引进专利企业、培育发展香菇种植等10余项产业，在县域内率先实现全村硬化道路“户户通”、夜晚照明“户户亮”、水冲厕所“户户改”，受到群众广泛好评。他先后获得河南省艾滋病防治帮扶工作先进个人、河南省脱贫攻坚奖贡献奖、河南省退役军人标兵、河南“好人榜”人物等荣誉。2021年2月，刘庄村驻村工作队荣获“全国脱贫攻坚先进集体”称号。

丹心照亮扶贫路，情系群众暖民心

驻马店市上蔡县曾经是国家级贫困县，刘庄村在上蔡县城西北方向12公里处，土地、道路、水利等基础设施薄弱，经济发展水平低。全村总人口880户3932人，2020年有建档立卡贫困户84户256人。2014年、2017年，带着组织的重托，刘先权先后两次到刘庄村任驻村第一书记。他倾听百姓声音，坚持党建引领，完善基础设施，发展特色产业，累计引资3600万元，带领刘庄村高质量脱贫，当前，刘庄村邻里之间和谐稳定，成为远近闻名的文明村。

舍小家为大家，再当脱贫攻坚排头兵

2014年刘先权被选派至刘庄村任第一书记，由于表现突出、成绩优异，2017年11月，他再次被选派到上蔡县刘庄村担任第一书记。2017年入村的时候，他的孩子正在读初三，是考高中的关键期，3年过去了，孩子上高三，又是关键期，父母80多岁，爱人身体不好。谈起村里的孩子，儿子常说自己也是留守儿童。刘先权深知驻村条件艰苦、扶贫任务艰巨、家庭困难重重，但作为一名有着20多年党龄的共产党员、一名经过艰苦环境锻炼的高原军人，“初心使命”已然决定了他的选择，组织的一声令下，他毅然决然奔赴脱贫攻坚战一线。身处脱贫攻坚一线，唯有用心工作，出色完成任务，才不负组织的信任和家人的牵挂。

以真心换真情，赢得群众高度信任

带着“群众期盼的就是我们要干的”理念，带着“不破楼兰终不还”的那股劲头，刘先权3个月内走遍全村所有农户家，倾听百姓心声，集思广益，倾心尽力提升群众最关心的基础设施水平。他协调资金修生产道路近10公里，建造生产桥3座、200米灌溉机井21眼，架设高低电线8.77公里，建造变压器房6座，种植树木

3200 株，建成高标准农田 4500 多亩；修建村内游园 4 个、村级文化广场 1 座、门前路 248 条 3 万多平方米，安装路灯 216 盏、太阳能庭院灯 881 盏，改造水冲厕所 881 户。尤其是在县域内率先实现全村硬化道路“户户通”、夜晚照明“户户亮”、水冲厕所“户户改”，受到群众广泛好评。

他坚持志智双扶，建少年宫、高水平运动场，通过远程教育设备让孩子们享受名校教育，与河南省新闻出版学校、天泽幼儿园等优质教育资源“手拉手”并签订就业协议，发起成立刘庄村教育基金，激励优秀的孩子更优秀，帮助困难孩子上学不发愁，赢得了群众的认可和赞誉。他每年选出 5 名刘庄村“希望之星”，让他们不间断地参与筹办六一儿童节、关注留守儿童、与高考优秀学生联欢、开展夏令营等活动，通过他们来影响其他的孩子，让所有孩子影响全村的家长。他还通过组织接老人回家、返乡人才大会、“五好家庭”评选、脱贫标兵颁奖、困难群众共进饺子宴等活动激发村民勤劳致富的内生动力，提升乡风文明。2019 年刘庄村被评为县级文明村。

他苦口婆心劝不愿上学的学生返校学习、为高考落榜的学生找复读好学校、为逃学的学生办理休学手续静待孩子自动复学、隔三差五去看望在郑上学的贫困户学生等等。他细腻地工作，真心地为民，赢得了群众的认可和信服。修高速路，需要在村里耕地取土，因为政策表述不清，村民多次到镇里讨要说法，刘先权出面轻松化解了矛盾，老百姓说：“我们分得清是非，我们也支持修高速公路。刘书记的话，我们信。”一次周末，村民打电话说家里生病的老人不能吃饭，一吃就吐，怕是不行了。他立即从返回郑州的路上赶到医院。一看见他，老人像是见到亲人，号啕大哭。他端碗喂饭，老人破涕为笑，竟然能吃不吐了，旁边的人听说他是省城来的驻村干部，直夸“党的政策是真好，群众有依靠”。

扶真贫真扶贫，发展产业助乡村振兴

赢得了百姓的信任，好的想法就能得到百姓的支持。入村后，刘先权围绕着建强基层组织展开工作，调整班子结构，充实年轻干部进入村委。他通过把专家、学者、致富带头人和种植养殖能手“请进来”，组织村干部、党员、致富带头人“走出去”等方式方法提升乡村治理能力，村支书带班子能力显著提升，村“两委”班子团结协作战斗力明显增强。他倡导实行“双推双评三全程”，积极推行村里无职党员“一编三定”，通过党员“挂牌亮户先锋行”“包亲戚、包邻居、包朋友”走访活动，严格落实党组织各种工作、生活制度，组织引导党员积极作为。刘庄村党支部先后两次被上蔡县委评为“全县先进基层党组织”，被邵店镇评为“先进村委”“先进基层党组织”。

为了规划产业，刘先权带领村“两委”班子走遍了村里的坑坑洼洼；为了发展产业，他作规划、写报告，努力争取省、市、县各级政府、部门和企业的支持；为了引进产业，他大年初三就回村召开返乡人才会；为了推进产业，他苦口婆心地做村干部和群众的工作，“抓不住季节，就又耽误一年”，面对群众的犹豫不决，他自己拿出10万元推进香菇种植，并对村民说：“赚了是你们的，赔了算我的！”功夫不负有心人，2018年至今，刘庄村陆续建成奥斯卡影城等10余个产业项目。目前，200多人在村内就业，累计脱贫84户256人，且年人均纯收入达到18,928元，实现贫困人口全部脱贫，村集体经济收入由零变为40万元。2020年，河南省脱贫攻坚领导小组对182家定点扶贫单位考核，省广播电视局获得第1名。

刘华伟，男，汉族，1979年7月出生，河南遂平人，2003年7月参加工作，2003年12月加入中国共产党，硕士，高级实验师。现任黄淮学院后勤服务中心党总支书记。2017年11月—2021年2月，被派驻驻马店市西平县焦庄乡高庙村任党支部第一书记。驻村以来，刘华伟创新思维，真抓实干，创新开展党建“1+1”“我家有党员　乡亲向我看”“高校党建专家进基层”等活动；实施志智双扶、文化帮扶、消费扶贫等措施，设立黄淮学院红薯研发基地，打造“西地红”品牌，帮助成立薯业有限公司，举办红薯文化节，实现全村38户98人全部稳定脱贫。2020年4月，高庙村实现了从省级贫困村到省级文明村的转变。刘华伟先后荣获西平县首届“最美扶贫人”、河南省高等学校优秀党务工作者、河南省社会扶贫先进个人等称号。

党徽闪耀勇前行，不忘初心担使命

高庙村位于驻马店市西平县东南部。全村615户2201人，耕地2160亩，人多地少，种植结构单一，产业不发达。2017年11月，黄淮学院委派刘华伟到该村担任第一书记。他以“创新发展思路、创新产业特色、创新服务理念”为指引，带领高庙村实现了从省级贫困村到省级文明村的转变，走出了一条以特色红薯产业为主打的发展道路。

加强党建引领，筑牢基层堡垒

“火车跑得快，全靠车头带。”推动农村发展，打赢脱贫攻坚战，关键在于加强党支部的战斗力和凝聚力。刘华伟严格落实组织生活各项制度，全程参与“两委”换届工作，以“有理想、有干劲、有能力、有纪律”为标准，积极组建新的支部团队。他创新活动载体，激发党员活力，联系学校二级学院党总支结合自身专业优势，与高庙村党支部联合开展党建“1+1”帮扶联谊主题党日活动。为激发党员活力，他于2019年6月创新开展了“我家有党员　乡亲向我看”等活动，极大鼓舞了党员干部干事创业的热情。为补齐党建短板，他先后多次组织赴馆陶、新河、明港等地学习先进经验与方法，并多次开展高校党建专家进基层活动，聘请学校理论专家到村里面向基层党员讲党课，极大地增强了基层党员干事创业的自信心和理论素养。他又以“四个堡垒”为抓手，积极向地方党委组织部争取，通过制作宣传板、宣传标语等方式，在展示中国共产党艰苦卓绝的发展历程的基础上，挖掘高庙党支部为人民服务的优良传统，提升支部形象。

发展特色产业，打造红薯小镇

为全面了解村情，刘华伟入村伊始便开始逐村逐户地摸排走访。他依靠学校组织专门人才多次实地调研，并与地方党委、政府多次沟通，确定了立足红薯产业谋发展的思路。但群众的不信任、内生动力不足、基础薄弱却成为致富路上的三大“拦路石”。针对问题，刘华伟积极创新合作模式，采取“先受益，后投入”等方式，降低群众投资风险。他积极促成学校与西平县“志智双扶”项目对接，不仅多次组织帮扶责任人深入户中进行走访，解决“要我富”变为“我要富”的难题，更从各院系精选力量，开展科技培训，向群众传授技能，形成从“我想富”变为“我能富”的局面。为增强产业基础，他积极完善“黄淮学院＋专业合作社＋村集体经济＋贫困户”四位一体的发展模式。依靠学校，他不仅提出了打造“西地红红薯”等品牌的发展思路，更夯实了“特色红薯小镇”的基础。学校为村绘制特色红薯漫画近1000平方米，并组织专家进行乡村规划，直接节约费用近25万元。他通过建立微信群、联系教职员工及食堂等方式帮助村民销售当地产品。他还积极奔走于各大平台推广产品，使得全国电子商务进农村综合示范项目于2019年12月正式落户高庙村。

做好惠民实事，增强民众幸福感

民众幸福是我党奋斗的重要目标，习近平总书记就要求广大党员要“想群众之所想、急群众之所急、解群众之所困”。刘华伟坚持做到“两个到位”:“走访到位”，逐村逐户排查走访掌握村情民意；“宣传到位”，建立政策宣讲制度，激发困难群众参会热情，将党和国家的扶贫政策宣传到户、讲解到人。同时他规范议事程序，加强民众监督，严格执行“四议两公开”的工作原则和程序。针对群众反映的基础设施差、教育文化资源匮乏等问题，他多方协调资源。3 年来，他累计争取上级资金 500 多万元，实现了高庙村电力系统升级改造、文化广场新修扩建、村室翻修重建。他还协调学校为高庙村党员活动室、合作社社员室捐赠各类物资。2019 年 11 月，他协调学校投资 10 万余元筹建了黄淮学院农家书屋。自 2018 年起，他先后协调动画学院等在高庙村开展大学生暑期“三下乡”社会实践活动及形式多样、内容丰富的文艺下乡活动。另外，在“三夏”“三秋”时节，他还积极争取资源对困难群众进行了资助，确保困难群众的生产生活得以有序展开。

改善干群关系，树立纪律榜样

刘华伟始终将群众挂在心头，时时想着为群众排忧解难。在去脑出血病人郭雪家中走访时，他细心排查其家用设施，发现煤气罐没有关，及时排除隐患。在去独居盲人刘守理家时，他发现刘守理因连续下雨已经几日没有馒头吃了，便自掏腰包帮其买来馒头。事情虽小，但却让百姓感动不已。婷婷是 2018 年参加高考的贫困户孩子，刘华伟对她的升学问题格外关心，为其耐心细致地讲解高招政策，并指导婷婷重新补报了志愿。后来婷婷成功考上大学，现就读于河南工业职业技术学院。第一书记心系群众，群众也把第一书记当亲人。村民吴会丽送来自家煮熟的玉米棒、陈俊红送来亲手烹饪的热腾腾的豆腐脑……“礼物”虽然微薄，反映的却是民众对第一书记工作的肯定和深厚感情。但刘华伟深知对党性和工作纪律必须坚守，为群众工作不讲回报的精神必须坚持，因此每次都自掏腰包作为酬劳。

有付出就有回报。黄淮学院连年获评“脱贫攻坚帮扶工作先进单位”。高庙村先后获得“先进基层党组织”“河南省文明村”等荣誉称号。目前，高庙红薯特色产业年产值已达 800 万元，村集体收入也已接近 20 万元。

李佩阳，女，汉族，1982年5月出生，河南安阳人，2003年12月参加工作，2004年12月入党，郑州大学本科学历、郑州大学公共管理硕士。现任河南省委宣传部农村精神文明建设处二级调研员。2017年11月—2021年2月，被派驻驻马店市上蔡县邵店镇高李村任党组织第一书记。驻村以来，她坚持党建引领，充实“两委”干部6人，完善工作制度40余项；累计帮助群众销售蔬菜2300余万斤、家禽7.2万只（头）、水果54万斤、苗木3万株。村集体年收入从零上升到30万元。她累计帮助400多名特困群众解决实际困难；协调资金近2000万元，建成全省首个乡村“智慧课堂”、全省首家乡镇级奥斯卡影院、村级党群服务中心等；组织开展各类文体活动30余次。2020年11月高李村被评为河南省“扫黄打非”进基层示范点。2019年10月李佩阳荣获河南省脱贫攻坚奖贡献奖，2020年10月被评为河南省优秀共产党员，2021年2月被评为全国脱贫攻坚先进个人。

答好“四张卷子”，赶好脱贫大考

习近平总书记说：“时代是出卷人，我们是答卷人，人民是阅卷人。共产党人不忘初心和使命，就要永葆‘赶考’心态。”驻村对于李佩阳来说就是一次人生大考。

驻马店市上蔡县是国家级贫困县，高李村同时还是艾滋病重点帮扶村，全村1069户4769人，贫困户69户235人，因病因残致贫率高达85%，是全县有名的“老大难”。2017年11月，李佩阳主动请缨到高李村担任第一书记。3年多来，她围绕“充实脑袋、丰实米袋、厚实口袋”的思路，通过强核心、树信心、抓重心、聚人心，把一个穷村、乱村、上访村蝶变为先进村、幸福村、明星村。

用心解最难的题

针对村里干群关系紧张、矛盾错综复杂的情况，她充分发挥“领头雁”作用，在强班子上下功夫，充实“两委”干部6人，完善日常管理、责任分工、纠纷调解等8类40余项工作制度，多次组织“两委”班子、党员赴兰考焦裕禄纪念馆、竹沟革命纪念馆等地进行党性教育，提高能力素质，激发干事热情；她在建强党员队伍上下功夫，创建党员微信群、脱贫帮扶群，组织开展“党员亮户先锋行”“六面红旗村创建”活动，实行党员分片包干机制，党员参加组织生活、参与村级事务管理、发挥先锋模范作用的积极性明显增强。

用情做最实在的事

刚入村时，满腔热情的李佩阳准备大展拳脚，可现实给了她当头一棒。老百姓根本不把她当回事，说的没人听、做的没人信，质疑声铺天盖地。李佩阳连着几夜睡不着，她想起总书记说要和百姓心连着心，只有把群众当亲人，大家才不把自己当外人，必须尽快融入乡亲们，如果这第一考都过不了，以后也就别开展工作了。

为了迅速打开工作局面，她白天调研走访、座谈，和乡亲们拉家常，晚上在支部写日记、理思路、想对策。她经常进行入户走访，面对面了解群众“急难愁盼”的事，累计走访贫困户、孤寡老人、残障群体、普通群众1500余人次，积极帮助群众解决实际困难，积极协调省、市残联捐助轮椅、拐杖等助残用具，惠及全村群众40余户；帮助残疾贫困户通过小额贷款，发展蘑菇、小黄姜种植，年人均增收1万余元；多次争取上蔡县红十字会为残疾困难家庭提供帮扶救助；积极引导帮助在山西、广东等地务工人员1000余人返厂复工。她还通过直播带货帮助群众销售蔬菜180多万斤，帮助养殖户销售大鹅4500只，被大家亲切地称为“鹅书记”。

用力啃最硬的骨头

脱贫致富，需要实实在在的产业支撑，然而，在基础薄弱的农村发展产业谈何容易，更何况是被贴了“标签”的高李村。有好多次，李佩阳想方设法找朋友托关系为村里引进项目，谈到半道对方打了退堂鼓。与其看人脸色、等人来扶，不如让高李村自身富起来、强起来。她立足实际，在“农”字上做文章，大力优化农业结构，发展特色产业，积极协调130万元发展蔬菜大棚种植，带动30余户群众务工增收；想方设法扩大高李村特产小黄姜的销路，在朋友圈当起了代言人，联系多家企业与高李村签订长期收购协议。2019年，在全省驻村第一书记农产品展销会上，她又帮助高李村和上蔡县、河南省财政厅签订小黄姜发展合作协议。通过成立种养联盟，她累计帮助群众销售蔬菜2300余万斤、家禽7.2万只（头）、水果54万斤、苗木3万株。村集体年收入从零上升到30万元，有效带动贫困户214人，年人均增收2100元，贫困户全部实现脱贫。

用青春描绘最美的画卷

有段时间，高李村“等靠要”思想很严重，甚至争当贫困户都成了一些群众的追求。李佩阳深切地认识到，扶贫不仅要“富口袋”，更要“富脑袋”，只有拔掉思想上的穷根，激发群众的内生动力，才能真正清除制约发展的障碍。她充分发挥行业资源优势，坚持“志智双扶”，积极协调资金近2000万元，建成全省首个乡村“智慧课堂”、全省首家乡镇级奥斯卡影院以及村级党群服务中心；累计协调资金500余万元，举办各类群体活动30余场，开展爱心助学支教、关爱留守儿童、拍摄“最美老人”、义诊送药等活动，让群众感受温暖；筹集130多万元修建村级文化广场，组织举办庆祝中华人民共和国成立70周年群众大联欢活动、贺新年趣味运动会、全省文化进万家启动仪式、戏曲进家门活动等，有效丰富了群众的精神文化生活。该村2020年11月被评为河南省“扫黄打非”进基层示范点。

现在的高李村“两委”班子坚强有力，基础设施逐年完善，特色产业稳步推进，村容村貌大幅提升。从最初群众眼中脚不沾泥的省城干部，到如今乡亲口中的“高李亲闺女”，3年多来，李佩阳初心不改，奋斗不止，以村为家，把百姓当亲人，从最接地气的工作干起，从关乎群众利益的事情做起，用实干打开群众心里的锁，用真情捂热乡亲的心，让大家信她、认她、跟她一起干，以实实在在的工作成效践行了一名驻村第一书记的使命担当，在大战大考中交上了一份成绩优异的答卷。

杨耀强，男，汉族，1981年7月出生，河南禹州人，2001年12月入党，2005年9月参加工作，郑州大学研究生学历、法学硕士。现任河南省纪委监委第十五审查调查室副主任。2017年11月—2021年2月，任驻马店市上蔡县黄埠镇小王营村第一书记。驻村以来，他履职尽责、建强支部，先后完成6个自然村硬化、绿化、亮化、净化等多项工程；建成村光伏电站、围村经济林、食用菌大棚、育苗基地；建成、出租扶贫加工点1处，筹集资金建成加油站1座；建成“幸福苑”小区，解决群众安全住房、互助养老、土地节约、资金高效等问题；制定村规民约、卫生保洁、“红白理事会”等制度，积极开展“五好家庭”等评比表彰活动，激发贫困群众内生动力。小王营村先后被评为“河南省文明村镇”“国家森林乡村”“全国乡村治理示范村”。2019年，杨耀强获河南省脱贫攻坚奖贡献奖，2020年获河南省五四青年奖章。

不忘初心、牢记使命，坚决打赢脱贫攻坚战

小王营村位于驻马店市上蔡县城西南9公里、黄埠镇东北2公里处，距京港澳高速公路遂平收费站14.5公里，223省道穿村而过，

辖6个自然村、7个村民组、3994亩耕地。全村总人口922户4073人，共有建档立卡贫困户47户124人，是黄埠镇唯一一个软弱涣散村。

2017年11月，根据河南省纪委安排，杨耀强作为驻村第一书记，怀着激动又忐忑的心情，奔赴远在200公里以外的上蔡县黄埠镇小王营村。虽然有一定的思想准备，到村里后，还是被眼前的情形惊呆了：村部低矮破旧，和周围群众的小楼格格不入；村“两委”正式干部只有两人，还有临时帮忙的3人，精气神明显不足；村委对面的坑塘沟渠遍是垃圾，水体黑臭，狭窄的水泥路坑坑洼洼，路旁是杂乱的简易厕所、柴堆和菜地……随后一个多月时间里，他马不停蹄地走村入户，寻找问题症结，了解村情民意。河南省驻村办规定第一书记必须“五天四夜”在岗，为了尽快熟悉情况，他往往两三周才回郑州一次。在家照顾半岁大幼子的家属原本心有怨言，但看到他疲惫又带有歉意的眼神和晒得黝黑的面庞，又硬生生把嘴边的怨言咽下了。领导的重托、家人的理解、群众的期盼汇聚成了全心投入、扎实驻村的不竭动力，激励他沉下心、俯下身、凝下神干好驻村帮扶工作。

着力抓党建，持续强化组织建设

牢固树立“抓好党建就是最大政绩”理念，坚持抓班子、建机制双管齐下、一体推进。1. 突出配强班子、推进工作开展。坚持“三会一课”，抓思想教育；搞党员评议，做好示范督促；选好配强班子，促进工作开展。2. 强化监督制约、确保规范用权。把所有关乎群众利益的事项都采取“四议两公开”程序，置于村监委和党员群众的监督之下，确保公开透明、阳光操作。3年多来，小王营村班子战斗力增强了，党员群众积极参与到村里的各项事务中来。

着力筑根基，持续改善基础设施

1. 遍访农户，作好规划。深入走访调研，广泛征求民意，吃透村情户情，理清工作思路，精心制订《小王营村脱贫发展规划》《小王营村环境整治规划》等。2. 迎难而上，搞好建设。作好规划以后，团结“两委”、带领村民，多方协调推进基础设施建设。先后完成6个自然村下水道管网建设，彻底整治村内河道坑塘，实施道路硬化扩宽工程，安装路灯实施亮化工程，改造桥梁5座，新建文化广场、游园各1处，村卫生室1所，文化活动室3间，垃圾中转站1座，水冲式公厕3座……如今的小王营村卫生整洁、道路通畅、水质清澈、美丽乡村初见雏形。

着力促发展，持续发展扶贫产业

1. 利用资金，自建产业。抓住光伏扶贫机遇，建成发电规模500千瓦的村光伏电站；立足生态扶贫，建设围村经济林100余亩，发展林下经济；建成食用菌大棚47座，增加就业促增收。2. 争取资金，建设基地。围绕项目发展，主动奔忙协调，建设育苗基地，培训技术、扦插育苗；争取中原证券捐赠资金，建成扶贫加工点一处。总之，千方百计带动群众就业增收。

着力建项目，持续壮大集体经济

坚持把壮大集体经济作为重要任务，彻底扭转过去集体经济“一穷二白”的面貌。1. 建设车间，出租受益。利用中原证券捐赠资金 90 万元，建成加工车间 1 处，每年为村集体带来租金收入 8.9 万元。2. 建加油站，稳定增收。利用本村地理位置优势，筹集资金 350 万元建加油站，目前已经开工建设，预计投产后每年可增加集体收入数十万元。

着力解难题，持续办好惠民实事

聚焦群众诉求，坚持抓创新解难题，确保惠民利民政策落实落细。1. 出实招解难题。针对困难群众住房难问题，率先提出集中保障住房模式，整合使用危房改造资金，在村集体建设用地上，由村集体统筹建设“幸福苑”，安排贫困户中“五保户”“双女户”集中居住，使老有所居、老有所乐；针对群众就医上学难等问题，落实好医疗助残助学各项政策，大力实施健康扶贫、教育扶贫，定期开展送医问诊、捐赠图书等爱心活动，提升群众幸福感。2. 抓就业防返贫。充分利用县级相关政策，合理开发公益岗位，安排贫困户担任村级光伏电站管理员、巡河员、托养中心护理员、保洁员等，每人每月可增收 500—2000 元不等，有效防止了返贫现象的发生。

着力育新风，激发群众内生动力

1. 制定村规，涵养新风。组织召开党员、村民代表会议，进一步详细制定村规民约、卫生保洁制度、“红白理事会”等制度，同时切实抓好制度落实。2. 弘扬孝善，培育家风。以孝善养老为切入点，积极开展“接父母回家”活动，认真评选“尊老孝亲”家庭，潜移默化弘扬孝善敬老文化，不断培育良好家风，促进农村和谐稳定。3. 强化乡风，推进文明。把乡风文明建设和脱贫攻坚有机结合，积极开展“五好家庭”、卫生评比等表彰活动，培育文明乡风，实现物质富有与精神富足联动推进、同频共振，切实激发贫困群众内生动力。

在驻村第一书记的带领下，在村“两委”和党员群众的共同努力下，通过抓党建、强基础、兴产业、办实事，几年来，小王营村发生了翻天覆地的变化，先后荣获“河南省文明村镇”、“国家森林乡村”、“全国乡村治理示范村”、县“六面红旗村”、“脱贫攻坚先进村”等一系列称号。

郭勇，男，汉族，1972年9月出生，河南夏邑人，1987年10月参加工作，1991年3月入党，本科学历。现任中共河南省委政法委员会政法宣传教育中心主任。2015年8月—2020年12月，被派驻驻马店市确山县新安店镇郭庄村任党组织第一书记。驻村以来，他坚持建强基层组织，优化班子结构，修建水泥路、村部、文化广场、宣教基地等21个项目，累计投入资金3700万元；发展生态旅游产业，种植花草产品7500余亩，养殖户63户存栏1.3万余头；建成扶贫车间和村级光伏电站，增加村集体收入10万元；结对27户贫困户，解决60名贫困群众就业，协调眼科医院为千余名村民检查，为83人免费手术；发动省委机关和爱心企业人士为村小学捐赠设施，向贫困生捐款，5年间98人考入大学。郭勇荣获“2018年度全省优秀驻村第一书记”称号。2021年2月郭庄村驻村工作队荣获“全国脱贫攻坚先进集体”称号。

磐石扎基层，孺心连群众

驻马店市确山县是国家级贫困县，郭庄村便位于确山县南25公里处的浅山丘陵地带，由32个自然村组成。虽然面积有近32平方公里，但该村土地贫瘠，道路、水利等基础设施落后，曾是一个靠天吃饭的典型贫困村。全村730户2816人，2014年前有贫困户194户、贫困人口467人，是全县有名的穷村、乱村、移民村。2015年8月，作为省派第一书记兼任驻村工作队队长的郭勇，脚步匆忙地离开机关大院，来到了近300公里外的郭庄村，而这一走就是5年。5年来，他始终牢记驻村第一书记“建强基层组织、推动精准扶贫、为民办事服务、提升治理水平”的责任和使命，争取项目资金5700多万元，基础设施全面提升，村容村貌大为改观，产业扶贫稳步推进，全村194户467人全部脱贫，精准脱贫成效显著。

抓党建，基层组织充满活力

“村看村，户看户，群众看党员，党员看干部”，这是郭勇驻村5年中说得最多的一句话。在2018年村“两委”班子换届选举中，他严格选举程序，充分发扬民主，广泛征求党员和群众意见，鼓励支持在外创业群众积极参与，真正选出了群众满意、敢于担当、带头致富的优秀基层干部，“两委”班子成员平均年龄也从58岁降到了50岁。他始终把政治建设放在首位，坚持“四议两公开”制度，设立了“党员承诺牌”“党员服务岗”，将所有事项向群众公开公示。他大力推行“爱民便民”措施，丰富党日活动内容，用党的关爱温暖脱贫路上的每一个人。他还充分利用“三会一课”、主题教育等时机，组织党员干部开展批评与自我批评，查找真实问题，改进工作方法。在建党97、98、99周年之际，他组织郭庄村50多名党员赴杨靖宇革命纪念馆、鄂豫皖革命根据地、临颍县南街村，学习革命先烈和先进典型，重温入党誓词，增强组织凝聚力，筑牢党员理想信念，不断提升基层执政能力和水平。

干实事，基层治理稳步提升

干实事，就是常进农家门、听农家言、知农家事、解农家难，着力解决群众最急、最缺、最盼的问题。为解决群众出行难问题，他争取资金2700万元，累计修路61.7公里，安装太阳能路灯350个，全面实现了户户通水泥路。同时，投入480万元新打7眼井，解决了所有村组安全饮水问题，还投资270万元改造电网，更新14台变压器，确保村民用电安全。为改善村委破落小院的办公条件，提升乡村文明建设水平，他跑省进市协调资金380万元，新建办公用房25间，建成法律宣传文化广场3个、建党70周年文化长廊1个。为进一步提升基层治理水平，他协调资金100多万元在全村安装探头40个、高空瞭望“蓝天卫士”2个、电子围栏1个，确保监控区域全覆盖、无死角。其间，他还协调省委政法委30万元援建资金，建成村级反邪教警示教育基地1个，配备电动巡逻车2台。“金杯银杯，不如老百姓的口碑”，村民们都说：“我们来了一个好书记，村容村貌大变样！”

做家长，帮困助学持续发力

“让每一个家庭都能感受到组织和社会的关爱，让每一个贫困孩子都能接受良好的教育，和城里的孩子站在同一条起跑线上，这是每一名党员干部‘家长’的分内事！”郭勇是这样说的，也是这么做的。2015年驻村以来，他协调资金46万元建成教师周转房14间，更换所有教学桌椅，新配电脑20台，捐赠综合塑胶运动场1个、图书6000余套，全面改善了郭庄村小学的教学环境。同时，通过机关党委援建活动，募集资金4.9万元，为郭庄村每个学生和教师捐赠2套校服，共计80套。他发动社会各界开展“教育惠民”专项行动，为贫困户中84名学生发放就学补助金合计185,300元。为帮助困难家庭的学子顺利完成大学学业，他协调爱心企业人士，为28名贫困户大学生捐款11.6万元。2016年至2020年，郭庄村共培养大学生98人（贫困户学生21人），其中，博士生2人，研究生8人（贫困户2人）。

抓生产，发展产业力推脱贫

授人以鱼，不如授人以渔。2015年以来，他引导协调爱心企业济民生物科技有限公司援建，打造产业扶贫就业基地，投资100万元建成1116.5平方米扶贫车间，投入500多万元装修及购买设备，让60名贫困群众在家门口就业，既能照顾家庭，又增加了收入。截至目前，企业发放工资共270多万元。他争取投资300万元建设500kW村级光伏扶贫电站，为村集体增加收入10万元。他组织党员干部和种植专家翻山越岭徒步调研，利用浅山丘陵的地貌优势，发展高效种植业；协调爱心企业建成70亩玫瑰花种植示范园，带动全村种植夏枯草130亩、艾草223亩、花生7000余亩，提高了土地利用率，带动贫困户发家致富。他组织养殖户到养殖基地观摩学习，邀请省市技术人员实地培训，全村养猪20户存栏1.2万头，养羊 35 户存栏 1000 头，养牛 8 户存栏 50 头。养殖户老孙头说起来总是笑得合不拢嘴："养了猪、存了钱，郭书记来了，我就不愁养老了！"

惠民生，落实政策精准帮扶

郭勇注重因户施策，让贫困群众实实在在受益。在省委政法委关爱支持下，他组织机关党员为贫困户捐款 6.36 万元，结对帮扶 27 户贫困户，帮助他们解决生活问题。他协调争取"卫生安康"计划，连续 5 年组织邀请郑州华夏（原艾格）眼科医院，为全村 1000 多人进行免费眼科检查，组织白内障患者到郑州接受免费治疗，为符合手术条件的 83 名白内障患者进行手术治疗，帮助他们重见光明。53 岁的白内障患者李大妈接受免费手术后，拉住前来探望的郭勇，哽咽道："郭书记，农村人嘴笨不会说，但俺打心眼里感谢你啊！"5 年来，郭庄村为 61 户贫困户 174 人代缴城乡居民医疗保险、大病保险、意外保险合计 64,380 元。通过实施"金桥富民"工程，安排公益岗位增加贫困群众收入，其中保洁员 31 人、护林员 2 人、保绿员 2 人。

2020 年 6 月，郭庄村代表河南省迎接国务院第三方抽查评估帮扶工作，受到考核组高度评价；2021 年 2 月，郭庄村驻村工作队被中共中央、国务院表彰为"全国脱贫攻坚先进集体"。

崔志军，男，汉族，1971年12月出生，河南泌阳人，1989年参加工作，1998年入党，北京大学法学博士。现任河南省卫生健康干部培训中心党支部书记。2017年11月—2021年2月，被派驻驻马店市上蔡县芦岗街道文楼村任党组织第一书记。驻村以来，他认真落实“建强基层组织、推动精准扶贫、落实基础制度、办好惠民实事”等职责，2020年全村贫困人口年均收入约7500元，比2016年翻两番，全部实现脱贫。他进一步建强基层组织，全面提升基础设施，解决了群众就业、就学、就医困难，为文楼村发展作出了突出贡献。2018年以来，文楼村先后获得“省级文明村”等荣誉称号6项；2021年2月，河南省卫生健康委员会派驻文楼村工作队荣获“全国脱贫攻坚先进集体”称号。

惟求理想路，此生真不同

驻马店市上蔡县是国家级贫困县，文楼村位于上蔡县城以东3公里处的芦岗街道（原芦岗乡）内，辖6个自然村17个村民小组，总人口937户3740人。全村经济发展水平比较落后，2015年建档立卡贫困户77户252人，其中，因病致贫者占59%，因残致贫者占19.8%，因学致贫者占10.7%，因缺技术致贫者占5.3%，因缺劳动力致贫者占4.9%。2017年11月，崔志军到文楼村任第一书记，用 3 年 5 个月的时间带领河南省卫生健康委员会驻村工作队，认真贯彻落实中央、省、市、县脱贫攻坚决策部署，按照省定点扶贫和驻村帮扶工作要求，紧紧围绕“建强基层组织、推动精准扶贫、落实基础制度、办好惠民实事”总体任务，兢兢业业、踏踏实实，切实做好抓党建促脱贫攻坚、产业扶贫、基础设施建设、美丽乡村建设等各个方面工作，着力增强群众的幸福感、获得感，群众满意度持续提升。2018 年以来，文楼村及其党支部先后获得河南省“省级文明村”，上蔡县委、县政府“县级文明村（居）”，上蔡县委“全县先进基层党组织”，上蔡县芦岗街道工委“先进基层党组织”“党建观摩先进村”等荣誉称号；河南省卫生健康委员会驻文楼村工作队荣获“全国脱贫攻坚先进集体”称号，受到党中央、国务院表彰。

抓产业稳增收
村庄变富了，贫困群众脱贫了

2016 年，文楼村人均收入约 3000 元，基本没有集体经济收入；贫困人口年人均收入不足 2000 元，贫困发生率 6.74%。2020 年，全村人均收入翻了一番，约 6000 元，村集体经济收入达到 30 万元；贫困人口年人均收入翻了近两番，达到 7500 元，全部脱贫。崔志军积极拟定脱贫规划，分年度制定脱贫任务，建立工作台账；因户施策，制订帮扶计划。2020 年，针对村民许天兴全年收入较低的情况，他两次提交帮扶申请，积极协调“一对一”结对帮扶单位，协调帮扶资金 8000 元，确保人均收入达到脱贫标准。他组织开展大走访活动，每年对贫困户遍访 1 次，对重点贫困户跟踪走访。他

积极落实“两不愁三保障”基本政策，全面落实城乡居民医疗保险、定期巡诊等基本医疗保障政策；全面落实符合义务教育阶段教育保障和资助制度的政策；实现危房清零；自来水通水率达到100%。他还积极推进产业扶贫，引进小型光伏电站，每户分红500元；引进扶贫专项集体经济资金150万元，年分红收益10%；发展林下经济花木（玉兰）项目130亩、杏李109亩；筹措专项资金170万元，实施冷库带贫项目，可以吸纳村贫困群众20人长期稳定就业，每年稳定增加全村贫困户收入1000元，增加村集体经济收入40余万元。

强基层筑“堡垒”
村“两委”班子干劲更足了，基层治理能力提高了

崔志军把建强基层组织作为重点工作，切实提高村“两委”的战斗堡垒作用，提高基层治理能力。2018年4月，村里顺利选举产生新的村“两委”班子，当选党支部书记、村主任的刘根柱说：“新‘两委’班子有县委、县政府和办事处党工委的坚强领导，有工作队的支持帮助，我们将大干一场。”崔志军注重加强思想建设，认真学习习近平新时代中国特色社会主义思想，扎实开展“不忘初心、牢记使命”主题教育，增强政治意识、大局意识、核心意识和看齐意识；注重加强队伍建设，2018年以来新发展党员2名；注重加强阵地建设，筹措资金48万元，新建文楼村党群活动中心。他组织开展“手拉手”结对共建基层党组织活动，2019年、2020年，河南省人口计生科研院党委、妇幼处党支部连续两年与文楼村开展

结对共建基层党组织活动。他组织部分党员到村调研，向村党支部赠送学习书籍、资料；走访慰问贫困党员，与老党员谈心交流，上一次党课；组织村第一书记、村党支部书记赴湖南韶山和长沙进行培训学习；组织村 15 名党员到省委机关进行座谈交流，到兰考开展主题教育，重温入党誓词，并在人口计生科研院进行了健康体检。2020 年河南省医学情报所党员赴文楼村举办建党 99 周年庆祝活动，与党员召开座谈会，讲党课，看望慰问贫困户和贫困老党员；组织 28 名党员赴确山县竹沟红色教育基地学习。妇幼健康处党支部、生殖健康科研院党委赴文楼村开展“结对共建‘手拉手’ 烈日炎炎送清凉”活动，与党员代表座谈交流。此外，崔志军还着力加强基层基础制度建设，坚持“三会一课”制度，落实民主生活会制度，落实“四议两公开”工作制度，开展便民服务，协助 1200 余名外出务工人员办理健康证明。

办实事惠百姓
全村环境变美了，村民满意度提高了

崔志军注重加强基础设施建设，2018 年以来，直接投入帮扶资金 715 万余元，引进帮扶资金 422.5 万余元，实施项目 33 项；切实解决群众教育、就业、就医等实际困难，2018 年以来，资助全村 75 名新考入大专、本科院校的大学生；深化结对帮扶，连续 5 年开展六一儿童节结对帮扶慰问活动，为文楼小学全体学生捐赠校服、笔记本、书包等物品；每年 2 次开展“一对一”结对帮扶慰问活动，河南省卫健委机关处室、直属单位分别与 77 户贫困户进行“一对一”结对帮扶；落实“四免一关怀”政策，做好艾滋病家庭关怀关爱工作，每逢节日，给予艾滋病病人家庭双份慰问品。全村286名艾滋病病人生产生活持续稳定，思想持续稳定。艾滋病病人马贺丈夫去世后再婚，全家6人享受B级低保，每人每月178元，她本人有艾滋病补贴每月200元，7亩地年收入约7000元，儿子有一辆大型运输车，年收入约6万元，儿媳妇在县城超市上班，年工资收入26,400元，全年家庭总收入约11万元。

增知识健体魄
群众健康意识提高了，健康素养水平增强了

崔志军发挥行业优势，大力推进健康扶贫。他坚持开展义诊活动，11次组织河南省人民医院、郑州大学第一附属医院的300余名专家、医生到村义诊。他还筹措资金50万元开展健康促进村建设试点，建成健康小屋1座、健康步道600平方米、健康科普长廊66条，制作“三减三健”宣传板12块；举办首届村民运动会，并进行健康促进知识竞赛活动，村民们高兴地表示：“这样的活动很有意义，一定要坚持下来。”

原玉荣，女，汉族，1967年12月出生，中共党员，现任驻马店市新蔡县狮子口村驻村第一书记、李桥回族镇人民政府副镇长。2016年9月—2017年1月任李桥回族镇狮子口村第一书记；2017年1月至今任李桥回族镇副镇长、狮子口村驻村第一书记。驻村以来，她把狮子口村当作自己的家，把贫困群众当作亲人，被群众称为“贴心书记”。她先后跑遍全县60多家单位，共争取项目26个、资金1200万元。她本人于2017年4月，被授予“全国巾帼建功标兵”荣誉称号；2017年12月，被授予“2017河南十大年度扶贫人物”称号；2018年3月，被授予“优秀驻村第一书记”称号；2018年6月，被评为“河南省脱贫攻坚工作先进个人”；2018年10月，被授予“河南省脱贫攻坚奖贡献奖”；2019年3月，被评为2018年度全国“三八红旗手”；2019年4月，被授予“河南省先进工作者”荣誉称号；2021年3月，被评为“全国脱贫攻坚先进个人”。

巾帼不让须眉，实干干实拔穷根

新蔡县是大别山区集中连片特困县之一，狮子口村位于李桥镇东南部，三面被小洪河包围，地势低洼、位置偏僻、交通不便，全村共909户3950人，2014年共有建档立卡贫困户191户817人，曾是闻名方圆数十里的穷村、乱村。2015年9月，原玉荣被组织部门选派到狮子口村任驻村第一书记以来，她带领全村干部群众上项目、兴产业，实干干实拔穷根，昔日贫穷落后的狮子口村一跃变为富裕村、先进村。

抓班子带队伍的行家里手

面对既熟悉又陌生的工作环境，原玉荣注重找准工作的着力点和切入点。从驻村一开始，她就俯下身子，走家串户，把熟悉村情作为驻村工作的第一步。她广泛征求村民意见和建议，在与镇党委汇报、沟通后，通过召开村党员代表和村民代表会，选强配齐了新一届村“两委”班子。以“两学一做”活动为契机，她注重加强村“两委”班子和党员队伍建设，组织村“两委”成员认真开展批评与自我批评，深入查找自身不足，明确整改措施和整改方向。结合狮子口村实际，她动手起草制定了狮子口村财务管理、矛盾纠纷调处等12项规章制度，完善议事规则和决策程序，推进村务、财务、重大事项公开，坚持用制度管事管人，使该村各项工作逐步走上制度化、规范化道路。

原玉荣的人格魅力和高尚情怀，感染和带动村“两委”干部在脱贫攻坚的主战场学会了善打硬仗、啃“硬骨头”，学会了无私奉献、争比贡献，村里有啥活需要干的，村民们都会从家里拿着工具参加义务劳动，挖树穴、种竹子、修路肩、整治环境卫生，处处可见群众义务劳动的场景，先前瘫痪多年的基层组织，又重新焕发出新的生机与活力。

群众的贴心书记

“你和百姓，只隔着一颗他们还未懂、还未明白你的心。”刚到狮子口村驻村时，她就在驻村日记里写下这么一句自勉的话。农村工作就是群众工作，群众工作就是掏心窝、办实事好事的工作。要赢得群众的一颗心，就必须要把自己的一颗心交给群众，然后和群众以心换心。

驻村以来，她在狮子口村经常背着一个双肩包，随身的笔记本上密密麻麻记着每家的基本情况，每家的情况她都能像数家珍似的一一道来。正是靠着这种独特的农村工作法，她很快与群众打成一片，与群众的心连在了一起。

村民时成龙患再生障碍性贫血，先后去天津、郑州、石家庄看病花去 20 多万元。原玉荣多次去他家询问病情，鼓励他要以良好的心态面对病情、战胜病魔。通过朋友关系，她又把时成龙的女儿介绍到广东一家服装厂上班。后来，又帮他家办理了低保，这是让时成龙想都不敢想的。

68 岁的贫困户时克智身体不好，40 多岁才结婚生子，但他儿子时保蛟学习成绩出色，考上了东北财经大学。“一人成才，全家就能脱贫，这么优秀的孩子是全家脱贫的希望。”原玉荣找到了时家的脱贫突破口。为支持时保蛟读书，原玉荣给他争取贷款、交了学费。这让时克智感动万分：“长这么大，我还没有见过这么好的干部！”时克智的儿子时保蛟放寒假回来，专门跑到狮子口村委办公室，当面向原玉荣致谢。

村民时培兵一家是狮子口村最贫困的一户。他的爱人患有精神病，12 岁的儿子患先天性脑瘫，智力相当于两岁孩子的水平，3 个女儿都在上学。驻村 5 个年头里，原玉荣有 3 年是和时培兵一家一起过年的。原玉荣为他家送的米面油、棉衣被等不计其数，还帮他建起了新房、办理了低保，还介绍时培兵去河南省农科院跟专家学习种植草莓，后来时培兵和外甥合伙种草莓，当年就喜获丰收，顺利实现了稳定脱贫。

时任省委书记王国生在新蔡县调研时，曾对原玉荣的事迹给予高度评价，称赞她走遍千家万户，沾满两脚黄泥，时刻保持着对人民群众的那股亲劲，是为群众排忧解难的知心人，是带领群众脱贫致富的好干部。

驻村几年来，她把狮子口当作自己的家，把贫困群众当作亲人，舍得付出、舍得奉献，把一件件好事实事办在群众心坎上，被群众称为“贴心书记”。

在扶贫路上争分夺秒地和时间赛跑

为让贫困户早日摆脱贫困、早日奔向小康，原玉荣从精准识别上下功夫，把村里的贫困户全部走访了一遍，认真分析致贫原因，找准“贫根”，开好“方子”，强力推进精准扶贫，2017 年年底，狮子口村整村脱贫。

每一天的 24 小时，对原玉荣来说都是不够用的，于是她努力想赢得每一分每一秒的时间。正是靠着这种与时间赛跑的意念与精神，她跑遍了县里 60 多家单位，先后争取到 780 万元修建乡村公路 12.3 公里，争取省统战部项目资金 200 万元用于发展产业，争取到县委组织部村级集体经济发展资金 147 万元，争取资金 144 万元建成了 3 座标准化扶贫车间。同时，为村小学添置了体育设施，学校厕所也由蹲便式的老便池改成水冲式；为村争取到光纤入村工程，在狮子口村有电脑就能上网；实施了安全饮水项目，全村 909 户都用上了清澈的自来水；村里建成了 1000 平方米的文体广场、小游园，还组建起狮子舞蹈队、腰鼓队、广场舞蹈队等；3 栋标准化厂房拔地而起，引进藤编、服装加工等加工项目；占地 15 亩的光伏发电站，增加了集体经济收入；通往弯枣树、时小寨、前寨、后寨、李楼和后楼 6 个自然村的农村公路宽阔平整，入户道路硬化率达 90% 以上。2017 年年底，狮子口村顺利退出了贫困村行列。

让狮子口像花一样美丽

2017 年狮子口村整体脱贫以来，原玉荣就和村“两委”班子以时小寨为试点，着手谋划“四美乡村”建设，把村里的道路、小巷、家家户户门口进行了硬化，把围墙都改造成徽派式的弧形墙，建起了小游园和风亭。围村池塘全部栽上了莲藕，岸边又种上了樱花、梅花、玉兰、海棠等风景树。家家户户门口，都开辟出一处小花园来，种上麻秆花、格桑花、长春花。对家家户户的卫生，一星期一评比，评出了群众的精气神，评出了村容户貌新气象。

在通往 6 个自然村的主干道两旁，先后栽植了 1500 棵樱花树、500 棵紫薇、200 棵桂花树、1700 棵红叶石楠等，樱花大道、紫薇大道等一道道亮丽的风景线，成了狮子口人茶余饭后道不完的话题。尝到文明甜头的狮子口人，在村口建起了民俗博物馆，把以前的老物件纷纷捐献出来，老石磨、破斗笠、锈犁铧等，一一摆进陈列室。还将黑白电视机、缝纫机、老式自行车等，连同大红的“福”字一起嵌到墙里，砌起一道时光墙，让村民留得住青山绿水、记得住乡愁。

如今狮子口村，村容村貌大变样、群众思想大转变、干群关系大融合……一幅产业兴、百姓富、生态美的美丽画卷正徐徐展开，勤劳勇敢的狮子口干部、群众正接续发力全面建成小康社会。

任云飞，男，汉族，1976年5月出生，河南项城人，2000年7月参加工作，2003年6月入党，沈阳工业大学本科学历、法学学士。现任河南交通投资集团有限公司法律事务部经理。2017年11月—2021年2月，被派驻济源示范区大峪镇王庄村任党支部第一书记。驻村以来，他以村为家，把村子发展、村民小事作为自己的大事，积极探索"扶贫+乡村"旅游模式，带领村民建成AAA级景区、全国生态文化村、中国美丽休闲乡村。他帮助发展和引进扶贫企业6个，带动近百人就业，截至2020年年底，村集体资产突破640万元，集体收益累计突破100万元。他获得河南省脱贫攻坚奖贡献奖、济源"十佳第一书记"、省管企业优秀党务工作者等荣誉。

锲而不舍见真情，咬定目标促振兴

济源示范区大峪镇王庄村是典型的豫西北山区建档立卡贫困村，地处济源市西南约26公里，属王屋山余脉浅山地貌，区域面积12平方公里，耕地面积668亩，共6个居民组22个自然村，全村165户602人，其中建档立卡贫困户12户40人。2015年9月，河南交通投资集团定点扶贫王庄村。在父母年迈、两个孩子年幼的情况下，2017年10月，担任河南交通投资集团所属三级企业主要负责人的任云飞主动报名参加驻村工作。入村以来，任云飞以村为家，坚持五天四夜吃住在村，把村子的发展、村民的小事作为自己的大事，一心一意为村民谋幸福、为村子谋发展，理清思路加快王庄村脱贫致富和乡村振兴，村脱贫攻坚和各项事业取得明显成效。

作为河南交通投资集团派驻王庄村的第二任第一书记，2017年12月，任云飞刚入村的第二个月，王庄村就退出了贫困村行列。当时，全村上下特别是村“两委”班子普遍存在三种情绪：一是自满情绪，感觉经过扶贫，集体经济有了收益了，有点沾沾自喜；二是懈怠情绪，村子脱贫了，都想歇一歇，干活也不像以前那么积极了；三是迷茫情绪，村里的主导产业是乡村旅游，但平时游客不多，以后会咋样，心里都没底。如何理清发展思路，在确保稳定脱贫基础上加快王庄振兴，是任云飞绕不过去的使命和任务。

突出“四个坚持”，抓好党建夯实基础当好排头兵

打铁还须自身硬。刚入村的任云飞很快认识到，要想使王庄村的各项工作再上新台阶，必须强基固本，持续打造过硬的村党支部和“两委”班子。为此，任云飞坚持从我做起、以身作则，集团派驻的驻村工作队4个人，始终严格遵守五天四夜考勤制度，把干好工作放在第一位，遇事抢着干认真干，以实际行动影响和带动大家。在此基础上，任云飞明确提出以“四个坚持”为重点、持续抓好党建促脱贫攻坚的工作思路。一是坚持基层基础基本制度。村“两委”班子严格遵守每周例会、值班坐班和“四议两公开”议事决策等基本制度。二是坚持支部每月25日主题党日制度。三是坚持在全体

党员中开展“五事争先”先锋指数管理活动，激励和督促党员创先争优。四是坚持党员联系分包贫困户和一般群众，持续开展“党员联户帮、携手奔小康”活动。这四个坚持，贵在坚持，也难在坚持，但村党支部3年来锲而不舍坚持下来了，过硬的作风也就养成了，真正成了加快王庄发展的核心力量。2019年至今，王庄村被济源市委组织部、市委党校（愚公移山干部学院）确定为脱贫攻坚现场教学点，先后迎来各类调研考察和现场教学200余次4000余人次。村党支部先后被表彰为全市“先进基层党组织”和脱贫攻坚“十佳村党支部”。

突出内生动力，真帮实扶确保稳定脱贫不返贫

王庄村有建档立卡贫困户12户40人，经过帮扶，到2017年年底时已经脱贫退出10户34人。任云飞入村后发现，多数脱贫户的产业项目实施时间不长、收入还不太稳定，仍需要密切关注，增强内生动力，加大帮扶力度。他经常挨家入户走访，摸清实际，掌握动态；积极向集团汇报申请，持续加强“一对一”结对帮扶，督促各结对帮扶单位每月到村入户走访，共同商议确定强化帮扶措施，帮助树立信心，建立深厚情谊。同时，持续推动集团每年在王庄村设立产业发展、结对帮扶、助学解困三项资金，帮助解决了许多现实问题和困难。平时，通过村里的集会活动等，任云飞经常进行扶贫政策和脱贫典型宣讲，定期组织开展“最美脱贫户”等评选表彰活动，给予适当奖励，营造干事创业氛围。2018年8月，国务院大督查第十六督查组到王庄村深度督查调研，随机走访了村里

的四户贫困户，督查组对王庄村扎实有效的各项扶贫工作给予了充分肯定。经过 3 年来的持续帮扶，各脱贫户的产业、就业持续稳定，2020 年全村脱贫户人均纯收入达到 25,932 元，与 2015 年不足 3000 元的人均纯收入相比翻了 8 倍多，实现了高质量稳定脱贫。

突出加快产业发展，带领全村创建成为AAA级景区

近年，王庄村选择了投资期长、投资额大、回收效益缓慢的乡村旅游作为村里的主导产业。对乡村旅游一时摸不着头脑的任云飞，入村后没有畏惧发展旅游的现实困难，在迅速学习掌握扶贫政策措施的同时，他开始着了魔似的到处搜集乡村旅游案例，一有时间就到省内起步好的村参观学习，见人就聊乡村旅游。在市镇旅游部门指导下，任云飞立即组织创建 A 级景区小组，多方协调筹措资金，明确责任分工和标准，加快工作进度，于 2018 年 4 月成功达标创建成为济源市首家以整村为主体的 AAA 级乡村旅游景区。在此基础上，以汽车公园、太行周庄农家乐为示范引领，任云飞先后协调建成了花溪汽车客栈、大峪酒庄、农产品加工展销中心等村集体经济项目，协调引进了饮料厂、口罩厂等扶贫企业，带动近百人就业；建设了 6 公里多的滨河登山步道，新建标准化公厕 4 座，新增花溪冰挂、文化广场等旅游项目 10 余项。截至 2020 年年底，村集体资产已突破 640 万元，村集体收益累计突破 100 万元。同时，任云飞注重通过网络微信等，加强宣传营销，积极组织开展登山、垂钓、乡村旅游节等活动，扩大王庄乡村旅游知名度和美誉度，提

升景区服务管理水平。在近3年时间里，景区实现了从无到有、从有到规范的良性发展，任云飞也被大家称为“旅游书记”。

突出生态宜居和乡风文明，带领全村创建成为全国生态文化村和中国美丽休闲乡村

生态宜居是乡村振兴的关键，更是王庄发展乡村旅游的基础条件。任云飞入村后，自我加压，主动提出申报创建全国生态文化村和中国美丽休闲乡村，确定了以创建为主线，全面推动景区建设、河道生态环境治理、人居环境整治，积极开展乡风文明和文化活动的总体思路。他紧紧抓住各项扶贫政策机遇，完善基础设施，争取协调修建了8公里多水泥道路，为村内道路安装护栏，为各居民组安装太阳能路灯，积极帮助建设、运营温馨舒适的村幸福院和卫生室，积极创建特色鲜明的省级“四美”示范村庄，持续开展“五美庭院”创建活动等。2018年12月，王庄村被中国生态文化协会评为全国生态文化村。2020年9月，王庄村被农业农村部评为中国美丽休闲乡村。这些惠民利民的实事好事，在改善基础设施和生态环境的同时，大大增强了群众的获得感和幸福感，为加快实现王庄村振兴打下了坚实的基础。

成富营，男，汉族，1976年4月出生，河南济源人，1996年7月参加工作，1996年7月入党，河南省委党校研究生学历。现任济源示范区农业农村局党组成员、扶贫办副主任、扶贫服务中心主任。2015年8月—2018年6月，被派驻济源市大峪镇曾庄村任党组织第一书记。驻村以来，他创新工作思路，规范“红白事”办理，使村里每场“白事”节省1.5万元左右，其引导文明节俭办理“红白事”的做法被《人民日报》报道；创新“公司＋村集体＋租用农户房顶”的光伏发展模式，每年增加村集体收入20万元左右；创办济源第一个村级微信公众号、第一个村级法律帮扶中心、第一个村级扶贫助学基金、第一个村级产业扶贫扶持基金、第一个村级光伏扶贫基金，全面激发贫困群众内生动力，多项创新做法在全省、全市推广。2018年以来，他先后获得河南省优秀驻村第一书记、河南省脱贫攻坚奖创新奖、河南省扶贫宣传先进个人、全国脱贫攻坚先进个人等荣誉。

创新思路抓驻村，真情无限助脱贫

曾庄村是河南省定贫困村，位于济源市大峪镇东北部，全村有6个居民组11个自然村，196户706人。区域面积5平方公里，耕地面积900余亩，基础设施落后，集体经济薄弱，2014年人均纯收入5511元，建档立卡贫困户9户32人。2015年8月，成富营肩负着组织的重托，来到大峪镇曾庄村担任驻村第一书记。他紧紧围绕第一书记“抓好基层党建、推进精准扶贫、落实基础制度、办好惠民实事”四项任务，俯下身子抓调研，创新思路抓工作，因地制宜求实效，走出了一条具有曾庄特色的驻村帮扶之路。

创新精神文明建设思路，以“红白理事会”为突破口，迈出关键步

2015年8月30日，成富营到曾庄村报到，村干部、老百姓充满了质疑：一个机关干部到农村，能真正住下来吗？能做什么呢？万事开头难，赢得村干部和老百姓的信任支持是打开驻村工作局面的关键。经过深入调研走访，成富营了解到曾庄村办理“红白事”比较铺张浪费，一场“白事”要花费1.6万元到2万元。扶贫先扶志，治贫先治愚，他把第一步放在了“红白理事会”上。

成富营带领村“两委”，多次入户走访、开会征求意见，经过10多次修改，形成了《曾庄村关于文明节俭办理红白事的暂行规定》。规定非常接地气，可操作性强，比如办理“白事”，用烟不能超过10条，其中10元左右一盒的不超过2条，5元左右的不超过8条；“白事”取消酒席，改用大烩菜，大肉不能超过50斤；严禁吹唢呐、搞演出，花费总额不得超过3500元。2015年11月召开了“红白理事会”成立大会，曾庄村196户村民全部签订了承诺书。截至2018年6月底，新规出台后曾庄村共办理“白事”11起，平均花费3380元。文明就是动力，节约就是增收，文明节俭办理“红

白事”的做法得到了村民的热烈欢迎，孝老爱亲、厚养薄葬在曾庄村蔚然成风。

因为量化可行、操作简单，曾庄村因地制宜为“红白事”画“红线”的做法在全济源市推广。2016 年 6 月，河南省委宣传部政策研究室对曾庄文明节俭办理“红白事”的做法进行专题调研，2017 年 1 月 26 日，《人民日报》对大峪镇曾庄村成立“红白理事会”的做法进行了报道。

同时，成富营创办了全市第一个村级微信公众平台“大美曾庄”，构建了文明和谐的微村落；成立全市第一家村有法律帮扶中心——河南凌峰律师事务所大峪曾庄法律帮扶中心，免费为群众提供法律咨询、法律援助；开展文学、诗歌、戏剧、书法、诵读、公益骑行“六进曾庄”活动，提高了村民素质，倡树了文明新风。反映大峪镇曾庄村乡风文明建设的创新案例《以乡村文明建设助力农村脱贫攻坚的探索与实践》，入选《2016 年务实宣传在基层——河南宣传思想文化工作创新案例选编》一书。

创新基层党建思路，以党员队伍建设为关键点，增强凝聚力

建强基层党组织战斗堡垒是打赢脱贫攻坚战的重要基础。给党员过以“七个一”为主要内容的“入党纪念日”，是成富营加强基层党建的第一步。“七个一”即建立一本党员生日册、重温一次入党誓词、组织一次专题谈话、赠送一份生日礼物、签订一份公开承诺、进行一次党课教育、开展一次公益活动。参加了入党纪念日活动的

老党员赵贵平激动地说，她入党50年了，从来没有像今天这样激动，想想为党做的工作真是太少了。其他党员也一致表示，通过入党纪念日活动，切实感受到了党的关心和温暖，在以后的工作中，要多为村里发展作贡献。

之后，成富营又制定了曾庄“党员八条”，开展了党员公开承诺、党员分包项目、党员分包贫困户、党员志愿服务、党员捐赠特殊党费等一系列活动，增强了支部的凝聚力和战斗力，为曾庄留下了一支永远不走的工作队。

创新精准施策思路，以精准扶贫为出发点，打好组合拳

在脱贫攻坚过程中，在成富营的倡导主持下，曾庄村创立了“三基金一保障”精准扶贫法。“三基金”，即成立曾庄扶贫助学基金、创业扶持基金、光伏扶贫基金，基金总额50万元，分别对贫困学生和品学兼优学生进行扶持奖励，对曾庄村民特别是贫困户发展蔬菜制种、乡村旅游、养殖、光伏产业进行扶持；“一保障”，即健康帮扶保障。“三基金一保障”有效解决了曾庄贫困群众上学难、看病难、创业难、缺资金等难题，激发了贫困户的内生动力。“三基金一保障”精准扶贫法在全市得到了推广。

特别是创业扶持基金，首批金额5.5万元，由帮扶单位济源市委宣传部和帮扶企业国电豫源公司、济源新华书店共同出资，重点扶持蔬菜制种产业，贫困户每亩扶持300元，一般农户每亩60元。曾庄村的蔬菜制种面积已经由2015年的100余亩发展到350多亩，

小基金扶出了志气，扶出了干劲，激发了大动力，撬动了大发展。

创新光伏产业发展模式，以发展村集体经济为着力点，走出振兴路

为进一步推进乡村振兴战略，激发农村经济活力，增加集体收入，强化产业扶贫，打赢脱贫攻坚战，成富营带领曾庄村抓住省级集体经济试点项目资金的机遇，以光伏产业发展为重点，结合实际，不断探索，创新模式，通过“公司 + 村集体 + 租用农户房顶”“金融扶贫 + 基金扶持 + 贫困户投资”“银行支持 + 农户贷款 + 公司担保还款 + 屋顶入股分工”等多种模式，安装光伏 460 千瓦，逐步探索出具有曾庄特色的可复制、可推广的光伏产业发展经验。其中，按照“1 : 1 投资、1 : 1 收益”的原则，共投资 324 万元，采用“公司 + 村集体 + 租用农户房顶”的方式，安装了家庭分布式光伏电站 400 千瓦，2017 年 12 月底全部实现并网发电。此一项每年增加村集体经济收入 20 万元左右，农户出租屋顶收入每年 1.5 万元左右。光伏产业发展模式使贫困户受益、一般农户受益、屋顶出租户受益、公司受益、村集体受益，一举多赢，为乡村振兴奠定了产业基础。

一分耕耘，一分收获，本想收获一缕春风，却收获了整个春天。2016 年 11 月 30 日，全省“走进新农村，感受乡村事”座谈会在曾庄村召开；2017 年 7 月 11 日，济源市抓党建促脱贫攻坚现场会在曾庄村召开；成富营本人也获得全国脱贫攻坚先进个人、全省优秀驻村第一书记和济源市五一劳动奖章等荣誉。而今的曾庄，基础设施全面改善，村民精神面貌焕然一新，乡风文明，和谐稳定，产业

兴旺，广大群众听党话跟党走的信心和决心更加坚定。

幸福都是奋斗出来的。赶上脱贫攻坚这一时代大主题，是人生的一笔宝贵财富。在未来的日子里，成富营将继续弘扬愚公移山精神和脱贫攻坚精神，在巩固拓展脱贫攻坚成果、全面推进乡村振兴中谱写新的篇章，作出新的贡献。

后 记

为全景纪录和展现全面建成小康社会的伟大历程，发挥“存史资政、教化育人”重要作用，按照中共中央宣传部统一部署，中共河南省委宣传部组织编写了反映河南全面建成小康社会奋斗历程的“纪录小康工程”地方丛书。

丛书编写工作在河南省委常委、宣传部部长王战营主持下进行，曾德亚、谭福森、尹书博具体负责，刘汉征、董林、王承哲、郭跃丽、方国根、李文平分别就各册图书编写工作给出了宝贵意见。丛书编写工作得到了中共河南省委办公厅、中共河南省委组织部、中共河南省委党史和地方史志研究室、河南省总工会、河南日报社、河南省社会科学院、河南省乡村振兴局、中原出版传媒集团等单位的大力支持，河南“纪录小康工程”工作专班审订了书稿。在此向所有参与丛书编纂工作的同志表示感谢。

《河南省驻村第一书记志》作为丛书之一，主要介绍获全国、全省脱贫攻坚表彰的 89 名第一书记，在驻村帮扶中的先进事迹。他们中，有的引资金上项目，在小村庄发展起大产业，筑牢决战决胜脱贫攻坚的支撑；有的既扶贫又扶志，把自己当作一粒火种，点燃了群众拔穷根、奔小康的激情；有的动员家人一起驻村、连干几任，让村庄焕新颜、群众笑开颜；有的带病坚守攻坚一线，群众不富誓不休，甚至献出宝贵生命……他们的事迹、他们的精神，成为奋进新时代、建设现代化河南的强大正能量。郭跃丽主持本书编写工作。参与编写工作的人员有王军祥、王刚、张世昌、余磊、肖伯杰、吕伟洋、张岩。

由于编者水平有限，难免有所疏漏，恳请广大读者批评指正。

本书编写组

2022 年 6 月